U0917783

中华上下五千年
宫廷趣话

蒋志华 编

西苑出版社

图书在版编目（CIP）数据

中华上下五千年宫廷趣话/蒋志华编．—北京：西苑出版社，2010.01
ISBN 978-7-80210-655-0

Ⅰ.中…　Ⅱ.蒋…　Ⅲ.历史故事—作品集—中国
Ⅳ.I247.8

中国版本图书馆 CIP 数据核字（2009）第 237293 号

中华上下五千年宫廷趣话

编　　者　蒋志华
责任编辑　蒋焱兰
出版发行　西苑出版社
通讯地址　北京市海淀区阜石路 15 号　　邮政编码：100143
　　　　　电　　话：010-88624971　　传　　真：010-88637120
网　　址　www.xycbs.com　　E-mail：xycbs8@126.com
印　　刷　唐山新苑印务有限公司
经　　销　全国新华书店
开　　本　787mm×1092 mm　　1/16
字　　数　288 千字
印　　张　16
版　　次　2010 年 1 月第 1 版
印　　次　2010 年 1 月第 1 次印刷
书　　号　ISBN 978-7-80210-655-0
定　　价　28.80 元

（凡西苑版图书如有缺漏页、残破等质量问题，本社邮购部负责调换）

版权所有　　翻印必究

序 言

宫廷是指帝王和其妃子居住的地方，因帝王和妃子在政治权力上的特殊性，宫廷便成为了一个国家权力和政治的核心，能左右国家和社会的发展进程，同时它也往往是历史巨轮前进的船舵，因此它无形中便具有了一定程度的政治性、历史性和权威性。

中华上下五千年的历史中，宫廷之中发生的事情对历史的影响是很大的，很多时候，历史的脚步也是由穿梭于宫廷之中的人物决定的，其中包括帝王、嫔妃、宫女、太监，甚至包括太医、御厨等，特别是后宫中的女人，有很多风云大事，江山更迭，竟原来起自后宫嫔妃们的脂粉绣幄。女性改变这个世界，是如此潜移默化、润物无声，却又如此惊心动魄，铿锵有力。

仅仅在100多年前，这些人还在宫廷之中掌控国家，左右政治。而往前上溯五千年，这些人都一直在主导历史，演绎着这样那样的故事，她们的事迹也因为身处宫廷之中而得天独厚，一直在左右人们的视听，影响人们的生活，今天读来，仍会让我们感慨良多。

本书荟萃了中华上下五千年历史中发生在宫廷之中的诸多故事、趣闻、谜案、传说、秘闻、艳史等，以宫廷中的女人故事为主线，按由远古至近代的历史顺序，用生动风趣的笔墨展开描述，翻开本书，它将带你走进万重宫阙，看那春江花月夜、秋风长门赋、玉树后庭花、霓裳羽衣舞……

目 录

先秦时期

秦汉时期

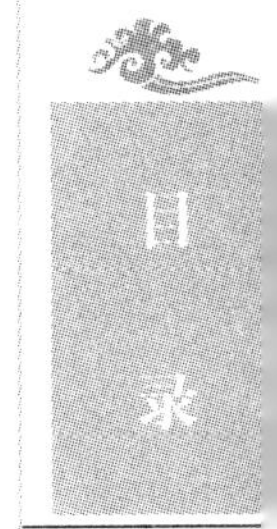

魏晋南北朝时期

隋唐五代时期

目録

宋元时期

明清时期

古代宫廷杂谈趣话

先秦时期

帝喾娶妻个个神奇

姜嫄像

相传帝喾是黄帝的曾孙，因在高辛（今河南省商丘市）有封地，所以被称为高辛氏。他于30岁那年接了颛顼的王位，成为华夏部落联盟的领导人。

传说帝喾有很多妻子，他的正妻叫姜嫄，是有邰氏部落之女，她生的儿子弃是周朝国君的先祖。不过对于弃的出生，其父帝喾可说是一点忙都没帮上。原来姜嫄在郊外玩耍时，不慎踩上了一个巨人的脚印，回到家就怀孕了，然后生下一子，就是“弃”。姜嫄因未婚先有子，觉得名声不好，就把它扔了，但这个孩子命大，最后居然让鸟兽给养活了，所以他的名字就叫“弃”。后来，弃当了“后稷”之职，就是主管农业的官员，到周朝时，周王室一族就把弃的妈妈姜嫄认祖归宗了。

帝喾的第二个妻子叫简狄。据《史记·殷本纪》记载，简狄是有娀氏的女子，她生的儿子契是商朝国君的先祖。但这个契也跟其父帝喾没关系。据说是简狄在某个春日带着两个妹妹到河里洗澡，恰巧有春归的燕子飞过，其中一只燕子叼着鸟蛋，可能是受了河里三个女子的惊吓，鸟蛋一下子掉了下来，落到了简狄所在的河边上。但这个鸟蛋竟然没有摔破，简狄很好奇，就想吃了这枚鸟蛋，结果放到嘴里时竟然给囫囵吞吃了，后来就怀孕了，生了一个大胖小子，这就是“契”。

据说契长大后因为帮助尧舜治国有功，被分封在了商地，并被赐“子”姓。后来契的商族后代慢慢发达起来，最终灭掉夏朝建立了商朝。

改朝换代之后，商族人认为祖先契品行高尚，本领高强、人格高贵，于是就把简狄作为始祖。商族人一直认为自己是玄鸟的后代，并把玄鸟作为神鸟、图腾，所以后世有“天命玄鸟，降而生商”的说法。

帝喾的第三个妻子是陈丰氏的女子，名叫庆都。庆都是尧的生母。据说庆都怀尧也没用帝喾受累，她是在黄河边上瞎溜达时，一条浑身赤红的巨龙突然从天而降，龙腾掀起的大风被庆都吸到了肚子里，她觉得不太对劲，后来才知道怀孕了。14 个月后，庆都产下一子，取名“放勋”，放勋就是尧的本名，他死后的谥号才被称为尧。

庆都不仅自己怀孩子，而且还自己生孩子、带孩子，所以尧并不随父亲帝喾姓姬，而是姓伊。这是因为庆都生放勋时，并没与帝喾生活在一起，而是住在三阿之南，寄居在一个名叫伊长孺的人的家里。

帝喾还有一个叫常仪的妻子，常仪名气不太大，但她生的儿子挚也与帝喾没关系，据说她是因为做梦时吞了太阳而受孕。常仪虽然在帝喾的妻子中排名在后，但他生儿子的时间早，所以挚是帝喾儿子中的长子。挚曾经一度接替帝喾当了领导人，但他才智比较平庸，干了九年也没啥成就。而他的弟弟放勋却在自己受封的地界上治理得国泰民安。挚自知不如弟弟有才能，就心甘情愿把一把手的位子让给了弟弟放勋。这样华夏远古历史上才出了一代圣君帝尧。

据说帝喾还十分喜欢异族的女人。他的祖先黄帝当年打败蚩尤后，把蚩尤部落中表现好的人都移民到了一个叫邹屠的地方。帝喾听说邹屠氏的女子都有特异功能，能够行不踩地、游不沾水，个个都是“草上飞”“水上漂”。帝喾有些好奇，就又娶了邹屠氏的一个女子为妃。不曾想，这位妃子的生育本领比帝喾原来那四位还要奇妙。她怀孕也是要靠做梦吞日，但难能可贵的是，她可以老做同样一个梦。据传说，她一连做了八个梦，吃进去了八个太阳，产下了八个儿子。

娥皇、女英“斑竹一枝千滴泪”

娥皇与女英

娥皇和女英是传说中上古时期舜帝的两个妃子，她们是尧帝的两个女儿。她们虽然出身高贵，又身为帝妃，但她们深受尧和舜以德修身的影响和教诲，并不贪图享乐，而总是在关心着百姓的生活疾苦。

相传在他们那个时代，湖南九嶷山上有九条恶龙，威力很大，它们住在九座岩洞里，经常到湘江来戏水玩乐，以致洪水暴涨，庄稼被冲毁，房

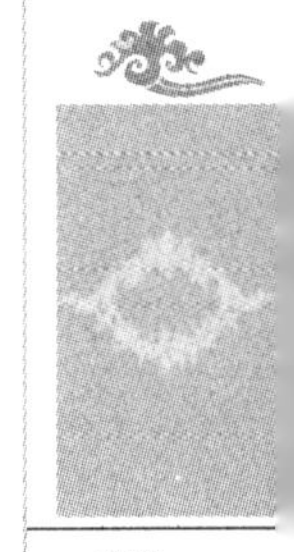

屋被冲塌，老百姓叫苦不迭。这时候尧早已过世，舜的年纪也不少了，但他仍然非常关心百姓的疾苦，当他得知恶龙祸害百姓的消息后寝食不安，一心想要到南方去帮助百姓惩治恶龙。

娥皇和女英虽然也与舜一起渡过了许许多多的磨难，但他们对舜的这次出远门也是依依不舍，并且非常担心舜的安全。但是，想到为了给湘江的百姓解除灾难和痛苦，她们还是强忍着内心的忧愁，欢欢喜喜地送舜上路了。

舜走后，娥皇和女英在家天天盼着他征服恶龙、凯旋而归的喜讯，他们日夜为他祈祷。可是一年又一年过去了，燕子来了又去，花开花落了又开，依然没有舜的消息。

娥皇心想："莫非他被恶龙所伤，还是病倒他乡？"女英也说："莫非他途中遇险，还是山路遥远迷失方向？"她们二人思前想后，觉得与其呆在家里久久盼不到音讯，还不如前去寻找。于是娥皇和女英打点行装跋山涉水，到南方湘江去寻找丈夫了。

一路顶风冒雨，风餐露宿，她们终于来到了九嶷山。但她们沿着大紫荆河到了山顶，又沿着小紫荆河下来，找遍了九嶷山的每个山村，踏遍了九嶷山的每条小径，仍是没有找到舜。

一天，她们来到了一个名叫三峰石的地方，这儿耸立着三块大石头，翠竹围绕，有一座珍珠贝垒成的高大的坟墓。她们感到惊异，便问附近的乡亲："是谁的坟墓如此壮观美丽？三块大石为何险峻地耸立？"

乡亲们含着眼泪告诉她们："这是舜帝的坟墓，他老人家从遥远的北方来到这里，帮助我们斩除了九条恶龙，人民过上了安乐的生活，可是他却鞠躬尽瘁，流尽了汗水，淌干了心血，病死在这里了。"

原来，舜病逝之后，湘江的父老乡亲们为了感激他的厚恩，特地为他修了这座坟墓。九嶷山上的一群仙鹤也为之感动了，它们一次次地飞到南海边上，衔来一颗颗灿烂夺目的珍珠，撒在舜帝的坟墓上，便成了这座珍珠坟墓。三块巨石，是舜帝除灭恶龙用的三齿耙插在地上变成的。

娥皇和女英得知实情后，难过极了，二人抱头痛哭起来。她们悲痛万分，一直哭了九天九夜，她们把眼睛哭肿了，嗓子哭哑了，眼泪流干了。最后，哭出血泪来，洒在了这里的竹子上，最终哭死在了舜帝的旁边。

之后，这里的竹子便呈现出点点泪斑，有紫色的，有雪白的，还有血红血红的，这便是"湘妃竹"。竹子上有的像印有指纹，传说是二妃在竹子抹眼泪印上的；有的竹子上鲜红鲜红的血斑，便是两位妃子眼中流出来的血泪染成的。毛泽东有诗句"斑竹一枝千滴泪"，说的就是娥皇和女英哭舜洒泪于竹结成斑的故事。

中国爱情诗的鼻祖女娇

大禹的妻子女娇

女娇是大禹的妻子，涂山氏的女儿，仪容秀美，生性娴雅，是当地有名的美女。

因忙于治水，大禹到了30岁时仍然尚未成家，后来他在涂山治水，见到女娇，二人互生爱慕之情，便结为夫妻。但由于治水的工作紧迫，大禹在婚后不久便又到别处巡视灾情，女娇一人在家孤单，心里就非常想念大禹，便派使女到涂山的南麓去等候大禹归来，可是天天去等也不见大禹回来，由此涂山氏的郁郁情衷无处可诉，便作诗唱道："候人兮猗"。意思是我在等你啊，我心爱的人儿，我想你的情思就像水纹一样一波又一波。这首诗虽只有四个字，但却是我国爱情诗的鼻祖，迄今已有4100年历史。

从这首情诗中也可见女娇对大禹的情意，但大禹不以私情贻误公事，他往来奔波，一心治水，八年间曾三过家门而不入，后来女娇的使女把此事告诉大禹，大禹感动了，遂让女娇追随自己，在治水附近的安邑安了家，照顾大禹的饮食起居。

为了把奔流肆虐的洪水引向大海，大禹不得不吃住都在治水的现场。大禹便与女娇约定，为了抢时间，他在工地上设张鼓，女娇听见鼓声就来送饭，否则就不要来。

有一天，大禹在治水时不慎碰落一块山石，石落击鼓发出声响。女娇听到了，就连忙带着食物来到了工地。但她却看见了不该看见一的幕，她发现自己的丈夫化作一头巨大的黑熊，一爪操钎，一爪执斧，站在大河中用力地开凿一座大山。

女娇大惊失色，她以为原来自己的丈夫竟然是一头面目狰狞的大熊，吓得扔下手中的食物，慌乱地奔逃而去。这时大禹发现了妻子，见状也赶紧追了上去，他想向妻子解释清楚，但急切中他居然又忘了要恢复自己的本来面目。他边追边喊，可是他越追越喊，女娇就越害怕，飞似地奔逃着。就这样，他们一追一逃间，女娇跑到了嵩山之下，终于力竭而止化成了一块大石。

大禹心急如焚，觉得因为自己的疏忽，让女娇变成了石头。大禹的部属也闻讯赶来，也都十分唏嘘。这时细心的伯益发现，女娇的石像中传来

空洞的声音，原来女娇已经怀孕了。大禹见母子俱化为石，更是悲痛不已，他对石头喊道："还我儿子。"只见石像的肚腹应声开启，一个男婴就此降临人世，由于是启石而生，天赋异秉，他的名字便叫"启"，他就是后来中国第一个奴隶制王朝的开创者夏启。

大禹治水成功后，大家推举他继承了舜的帝位，大禹便封女娇为妃。之后大禹曾两次会盟诸侯，所选的盟址一次是涂山，另一次则是在会稽山。禹之所以把第一次诸侯会盟大会的地址选在涂山，就有报答妻子部族的意思。

有怪癖的亡国美女妹喜

妹喜像

妹喜是传说夏王朝最后一位帝王夏桀的妃子。她嫁给桀之后，两人一起纵情声色，恣意享受，过着醉生梦死的生活。

为讨美人欢心，夏桀大兴土木，耗尽资财，建造了和她想象中一样恢宏壮观的宫殿。那宫殿建造了七年，方圆占地十里，雄伟高大，金碧辉煌。但可能是技术上达不到设计标准，以致那高高的宫殿从地面上看去，有倾斜的感觉。因此历史上就把它叫作"倾宫"。

妹喜有个奇怪的癖好，就是喜欢听撕裂丝帛的声音。为博美人一笑，夏桀专门命人日进丝帛百匹，让人轮流撕开来给妹喜听。就在这丝帛"兹兹"的撕裂声和美人的嘻笑声中，夏朝的大厦也开始"嘎嘎"地倾斜了。

后来，夏桀大肆搜刮民财，加重税赋以供自己享受，他还不断扩建寝宫，并建筑完善了配套设施，夏桀和妹喜每日用膳，一定要吃西北地区送来的的蔬菜，从东海捕捉的鲸鱼，南方运来的生姜，北方晒出的海盐，喝十分清澈的酒，若稍有浑浊就杀厨师，酒后则乘兴拿人当马骑，若被骑的人稍有迟疑，就会遭到痛打。

在这种虚耗无度的挥霍浪费下，原本充盈的国库终于逐渐空虚了。夏桀为了弥补这种亏空，便不断南征北讨、肆意掠夺本国和邻国老百姓的财富。

因为连年征战和建造宫殿，举国上下不分男女老幼，不是被征召去打仗，就是被遣送去服役，大量的民众不是死于战祸，就是死于饥饿或疫病，很多老百姓被逼得家破人亡，走投无

路。他们指着太阳骂道："时日曷丧？吾与汝偕亡！"意思是夏桀快点死吧，我宁肯与你一块死，于是举国上下到处弥漫着一派愁云惨雾，人民怨声载道。

夏桀专宠妹喜、不理朝政，很快也得到他应得的报应，这时"方圆百里"的小部落商迅速兴起，不几年就把夏朝给灭掉了。

一生四嫁，能征惯战的妇好

妇好雕像

妇好是国王武丁三位合法妻子之一，是一位尊贵的王后。武丁是目前已知的商王中在位时间最久的国王，享年59岁，而他所珍爱的王后妇好在他之前就去世了。

商代人迷信鬼神，崇尚天命。他们认为人世间的一切都取决于上帝、神灵与祖先。武丁对妇好的感情极为特殊，也许是相爱至深，也许是相敬如宾，他对于妇好的离去总是难以释怀。

于是，这位开明的君主就把他珍爱的妻子许配给去世已久的贤王，大概他认为，这些死去的祖先会在阴世保护他的妻子，或者他也认为，妇好的杰出完全可以与伟大的帝王相提并论。

甲骨文的卜辞正是武丁对祖先急切的询问。其中说"妇好嫁了吗？""大甲已经娶了妇好！" "妇好嫁了吗？""成汤已经娶了妇好！""妇好嫁了吗？""祖乙已经娶了妇好！"于是，国王放心了。

据说妇好也是一位手持铜钺的女将军，不仅能够统兵作战，而且还有属于自己的领地。在战争前，妇好先在一个叫做庞的地方征兵。妇好领了三千兵马加入了国王万人的军队，一起去征伐远方的国家。这是甲骨文中的最大一次战争，战斗的一方商帝国动用了上万人的军队。这在三千年前的青铜时代，是一次了不起的壮举。

后来，妇好离开了她的国王。之后嫁给了三位不同的国王。这些国王都是武丁的祖先，他们去世已久，在位时都是贤明的君主。

这些事情是人们在1936年6月，河南安阳商朝遗下的17000多块龟骨中发现的，有200多块用甲骨文记载

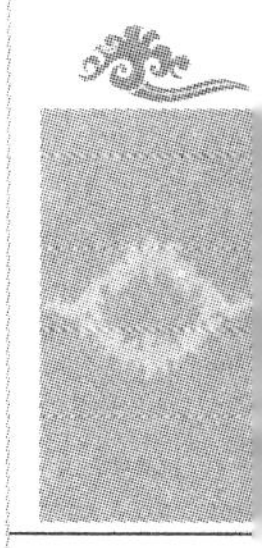

了一个叫“妇好”的女人的事迹。难以置信的是，这位生活在三千多年前的女人不仅善战，而且还接连嫁了四位国王！

1976年5月，中科院安阳考古队在进行一次例行的土地平整工作时，在小屯村西北的一片岗地上，发现了一处古墓。墓中几乎每一个种类的青铜器上都刻有一个名字，显然这个名字就是墓主人，正是那个因为甲骨卜辞而名闻天下的王后——妇好。这也验证了王后妇好的身份。

这位持钺的王后，消失于历史云烟中已经超过三千年，即便是《史记》中也没有记载过她的名字。今天，在安阳小屯村边，人们完整地保留了商代的宫殿遗址，她留下的一切，已经成了那个时代的岁月见证。

心如蛇蝎的狐狸精妲己

妲己是商纣王的妃子，地方长官苏户的女儿，长得眉如远山，眼若秋波，杏脸桃腮，艳丽异常。据说她擅房中术，一来到纣王身边。立即就把纣王迷得神魂颠倒。

商纣王原本是个很有能力的君主，他才思敏捷，武力超凡。但自从有了妲己，就开始不问政事，专宠美人了。

妲己不仅荒淫狐媚，而且性情残

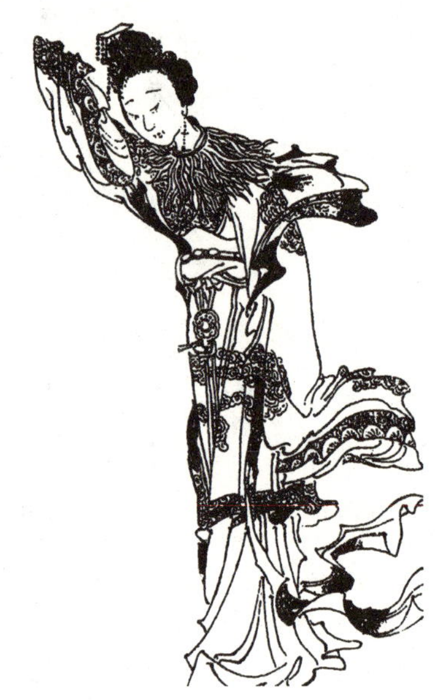

妲己像

忍，怂恿纣王设计出种种令人触目惊心的残忍酷刑，在鲜血的刺激下，她杀人取乐的欲望越来越高，并且是越残忍越快乐。纣王也对她言听计从，荒理朝政。

纣王为妲己建了一座鹿台，在上面欢宴，纣王命令嫔妃们脱去裙衫，赤身裸体地唱歌跳舞，恣意欢谑。数十位宫女不愿，妲己说：“可以在地上挖一个大坑，然后将蛇蝎蜂虿之类丢进坑里，将这些宫女投入坑穴，让百虫啮咬，这叫作虿盆之刑。”

大臣梅伯劝谏纣王召回废太子，复立东宫，妲己说：“群臣轻侮大王的尊严，都是因为刑法轻薄的原因。可铸一个空心的铜柱，里面烧火，外涂油脂，让犯人裸体抱柱，皮肉朽烂，肋骨粉碎。”纣王依言竖立铜柱，梅伯顷刻间烧得肉焦骨碎化为灰烬。妲

己又说："可以再制一个铜斗，加火在里面。罪轻而不至于处死的，让他们以手持熨斗，则手足焦烂。"自此，再没有人敢上言劝谏。

妲己又让纣王建立酒池肉林，男女裸体相戏，胜者浸死在酒池中，败者投于虿盆内。每天宫女因此被折磨至死者不计其数。

纣王为了讨好妲己，派人搜集天下奇珍异宝，珍禽奇兽，放在鹿台和鹿苑之中，每每饮酒作乐，通宵达旦。妲己目睹一孕妇大腹便便，为了好奇，不惜剖开孕妇肚皮。看看腹内究竟，枉送了母子二人的性命。妲己怂恿纣王杀死忠臣比干，剖腹挖心，以印证传说中的"圣人之心有七窍"说法，结果什么也没能看得出来，却让比干枉死。严冬之际，妲己遥见有人赤脚走在冰上，认为其生理构造特殊，而将他双脚砍下，研究其不怕寒冻的原因。听到惨叫，妲己笑得花枝乱颤，纣王也哈哈大笑。

这时西边的周发展壮大起来，周武王率大军灭了商朝，纣王在鹿台上自焚，妲己也被斩杀。

褒姒一笑，西周灭亡

褒姒周幽王的妃子，她原是一名弃婴，被一对做小生意的夫妻收养，在褒国（今陕西省汉中西北）长大。

褒姒像

周宣王死后，周幽王即位，此时褒姒已经出落得秀发如云，明眸似水，美丽异常，有一天她到门外的河边汲水，被幽王手下的奸臣洪德发现了，就把她强行抓了去，献给幽王当妃子，好给自己邀宠。

周幽王自从得了褒姒，自此朝夕相处，伴随左右，常常数十日不事朝政，幽王的正妃申后见幽王迷恋褒姒，心中大怒，她设计陷害褒姒，但没有成功，就派儿子宜臼到乡下杀了褒姒的养父。但幽王仍然迷恋褒姒，对其宠爱有加，他知道此事后就废了申后，立褒姒为后。

但褒姒心恋生母养父，听到他们被申后的儿子杀掉后，更是心怀仇恨，于是虽有幽王万般宠爱，锦衣玉食，享尽荣华，但她入宫十年却从未一笑。任幽王绞尽脑汁，也没能见到褒姒一笑，于是他传令天下，若有人能使褒姒一笑，奖黄金千两。

这时有个叫虢虎（一说是虢石父）的臣子献了一计，让他烽火戏诸

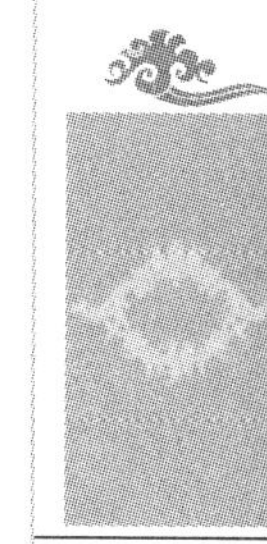

侯，幽王觉得主意不错，就赐给他千金。

这天，幽王携褒姒登上城墙，令士兵点燃国都四周围的烽火，一时之间，战鼓齐鸣，狼烟四起，四方诸侯见了狼烟，以为京城有敌兵偷袭，一个个点兵遣将，日计不足，昼夜不停地赶到京师，却不见一个敌兵身影，不由怔在那里，好生纳闷。

这时幽王让褒姒凭栏远眺，只见城下人声嚷嚷，有如蚁群，众诸侯忙来忙去，发现却并无一事，于是忍不住笑了出来。

废太子宜臼逃回申国，申后的父亲在申国听到女儿被废后的消息，怕幽王加害，联合邻国犬戎，率领大队人马浩浩荡荡地杀到镐京，把京师围了个水泄不通。

幽王吓得手足无措，士兵放烟鸣鼓，诸侯因上次受了戏弄，再也无人发兵，最终城被攻破，幽王被杀死，褒姒也被擒住，她不甘受辱，对众士兵说："大仇得报，虽死何惜?"不久后郁郁而终。

齐文姜——遭人唾弃的畸恋故事

文姜是齐国国君齐僖公的女儿，以才华著称于世，所以被称为"文"。齐文姜与她的姐姐齐宣姜，都

齐文姜画像

是当时闻名的绝色美人。据传说齐宣姜嫁到卫国时，她的公公卫灵公为之心旌摇荡，竟然食不知味，夜不能寐，精神恍惚，据说一天不见，就丢了魂似的，终将其据为己有。

齐文姜因貌美而有才，许多贵族子弟都想得到她，在众多的追求者中，齐文姜特别欣赏郑国世子姬忽，认为他端正勇健，如玉树临风，十分可意。郎有心，妹有意，于是齐、郑两国便为儿女缔结了秦晋之好。

然而郑国的世子忽然听到了"齐大非偶"的传言，提出了退婚的要求，这一桩门当户对令人艳羡的美事也终于告吹。齐文姜感到非常突然。当时退婚被认为是莫大的耻辱，长久的心情抑郁，逐渐转变成为自怨自艾和顾影自怜，齐文姜甚至产生了一种自我摧残心态，她面容日渐憔悴，终于恹恹成病。她的心思却偏偏被同父异母的哥哥姜诸儿看透了。

姜诸儿与文姜从小就在一起游玩，兄妹情长，两小无猜，如今俩人虽已

长大，但是彼此也不顾忌男女有别，授受不亲，照常往来。姜诸儿知道文姜病了，就时常来看望、安慰和照顾；妹妹的婚事遇到麻烦，做哥哥的也感同身受，时日久了，两人本来是兄妹之情，竟然莫名其妙地转变成为儿女私情了，于是两人疯狂地相恋了。

齐僖公知道后大惊失色，他认为这事有伤风化，然而家丑不可外扬，他只好一面把儿子叫来，痛责儿子；一面采取紧急且坚决的措施，严禁姜诸儿再与文姜接触，同时又急急忙忙为文姜筹办亲事。

正在这时，恰好邻国鲁桓公新立，他一心想要与大国攀亲，以争取援助，就派遣公子翚赴齐说媒。齐僖公真是求之不得，当即欣然允诺。于是齐鲁选择吉期，商妥婚嫁事宜，齐僖公为了避免姜诸儿与齐文姜私通，还一反当时兄弟送嫁的惯例，决定亲自将女儿送往鲁国成亲，以了却了他的一块心病。

就在出嫁的前夕，姜诸儿与文姜虽然无法见面，却依旧以诗传情。姜诸儿写道：“桃树有华，灿灿其霞，当户不折，飘而为直，吁嗟复吁嗟！”

齐姜比诸儿还要直接，答曰：“桃树有英，烨烨其灵，今兹不折，证无来者？叮咛兮复叮咛！”

不过，叮咛是一回事，现实又是一回事，良辰吉日已到，文姜被如期送往鲁国，成为鲁桓公的夫人了。

按照一般习俗，两家结婚之后要频繁来往，以加深感情，但是国君夫人地位尊贵，自然不能随便活动。鲁桓公对美艳绝伦的妻子十分满意，文姜一直在鲁国呆了五年，生下了两个儿子，长子名姬同，次子名姬季友。然而文姜却旧情难忘，花晨月夕，时常不自觉地想起痴恋的哥哥，常常茶饭不思，夜不安睡。

文姜嫁到鲁国第十五年的春夏之交，姜诸儿已经即位为齐侯三年了，他就是齐襄公。此时他决定向周王姬求婚，并按照周礼，邀请和周天子同姓的鲁国国君桓公来代为主持。文姜闻讯，便要求和丈夫一起去齐国，鲁桓公不顾大臣们的反对答应了她的请求。

十多年不见了，姜诸儿已为国君，举手投足间满是男人的威严英武，而齐文姜则已是风情万种的成熟美妇。如此的兄妹兼情人的重逢，两人都是心荡神摇。一番眉目传情之后，心领神会的齐襄公借口后宫的嫔妃们想与小姑见面，将文姜迎进了自己的后宫。这下诸儿和文姜终于得偿夙愿，遂在王宫里双宿双飞，缠绵在一起了。

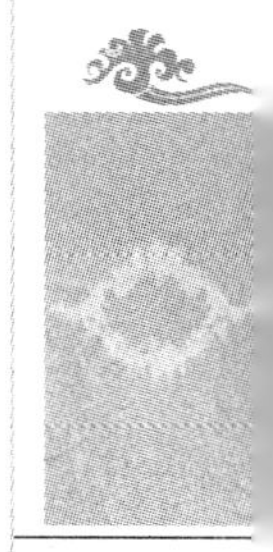

鲁桓公知道此事后，大为恼火并斥责了文姜。不想，文姜转而向兄长齐襄公告状，为和妹妹长相厮守，齐襄公竟起了杀心。他设宴款待鲁桓公，同时交待公子彭生在送鲁桓公回驿馆的路上将其杀死。一国国君为一桩畸型恋而谋杀另一国国君，在中国历史上恐怕是空前绝后的事件。可叹桓公，本是年轻有为的一国之君，现在不但被妻子背叛，还被奸夫杀害。

得知国君被杀消息的鲁国留守大臣，悲痛无比，在扶立世子姬同继位为庄公之后，便前往齐国迎回桓公的灵柩，并要求追查国君猝死的原因，要求齐国给一个交代。追查的结果当然不会牵涉到齐襄公，都是彭生干的，结果刚刚还在邀功请赏的彭生，转眼就成了齐襄公的替罪羊。

彭生被齐襄公出卖，不禁怒火中烧。既是将死之人了，当然没有什么顾忌，他在大殿上当众喊冤，痛骂齐襄公与文姜乱伦，以至弑夫，现在又嫁祸他人。

齐襄公捂着耳朵，连连挥手，武士便将彭生推搡了出去。临刑之时，彭生发下誓言，死后定为厉鬼，向齐襄公追魂索命。

姜氏兄妹料理完鲁桓公的丧事，将这件事勉强支撑过去，便迫不及待地开始享受起二人世界来。但有关二人淫乱的传言也开始沸沸扬扬。文姜的儿子鲁庄公吃不消各方非议，派遣臣工到齐国来，接母亲回鲁国去为父亲守寡。文姜拗不过公理，只得恋恋不舍地登上马车。

但是，当车子行驶到齐鲁之间的禚地时，文姜不愿再向前行，她对鲁国的大臣说："此地不齐不鲁，正是我的家呀。"

鲁庄公身为人子，只得默许了她的选择，在祝邱建了一座宫殿，让母亲住在那里。姜诸儿听说妹妹长住禚地，顿时心领神会，也在附近的阜盖了一座宫室，作为自己出猎的行宫。

此后，姜诸儿频频"行猎"，目的地当然都是禚地了。这对漏网之鱼，便在禚地逍遥快活。即位的鲁庄公默认了母亲和舅舅的暧昧关系，并且还亲自到禚地与齐襄公狩猎。齐国人为此专作民歌，讽刺鲁庄公虽然英俊有威仪，却不能端正家庭，反而和杀父仇人相善。

后来，鲁国的史臣写《春秋》，把这段不光彩的历史只好含含糊糊地一笔带过了。倒是齐国的君子们反而深以为耻，便写下了一首《敝笱》的诗：

破鞋挂在鱼梁上，鳊鱼鲲鱼心不惊。
齐子文姜回娘家，随从人员多如云；
破鞋挂在鱼梁上，鳊鱼鲢鱼相游荡。
齐子文姜回娘家，随从人员多如雨；
破鞋挂在鱼梁上，鱼儿来往好惬意。
齐子文姜回娘家，随从人员多如水。

"笱"本义是指一种捕鱼工具，暗示文姜和桓公来齐国就好比自投罗网。"敝笱"象征没有贞节的女人，指的就是齐文姜，她大概就是历史上最早获得"破鞋"称号的第一人。

姜诸儿与齐文姜在齐鲁边境快活了五年，齐国发生了内乱，大夫连称及管至父勾结，更以立正夫人的承诺，与齐襄公侧妃连妃内外勾通，将出游归来的齐襄公杀死。

还有一种传说，说齐襄公在那日出游归来的途中，看见当年被他杀之

替罪的公子彭生化成一只野猪，立在出巡的车前，说齐襄公死期已到，他前来索命。齐襄公惊吓生疾，叛军当夜轻而易举就取了他的性命。

齐襄公一命呜呼，文姜自然不能再在禚地生活下去。于是她终于回到了鲁国。归国后，文姜专心帮助儿子鲁庄公料理家务，处理政事。

这时人们才发现，在处理政务方面，文姜亦有着敏锐的直觉与左右逢源的手段。在政治军事方面也有着非同寻常的天赋。不久她就掌握了鲁国的政治权柄，并将从前的孱弱鲁国建设成经济军事双方面的富强国家，在诸侯国之间的战争中，屡屡得胜。

骊姬倾晋，遗祸五世

骊姬像

骊姬是春秋时期骊戎部落首领的女儿，长得很漂亮，但为人极有心计，且十分歹毒。

公元前 672 年，骊姬被晋献公纳为妃子。但骊姬不久后使计离间了献公与申生、重耳、夷吾父子兄弟之间的感情，并设计杀死了太子申生，一手制造了“骊姬倾晋”的事件。

那个时代，女人往往身不由己，骊姬也挺不幸的，她是当作礼品贿赂给晋献公的。当年晋献公讨伐生活在今天陕西的骊戎部落，骊戎打不过，就献出了两个美女，其中一个就是骊姬。

在此之前，晋献公已经有了一妻两妾。他的正妻早亡，没有留下子嗣。他的两妾与骊姬一样，也来自于西北的戎部落，她们分别为晋献公生下了具有异族血统的两个儿子：重耳和夷吾。但是，自打得到骊姬后，晋献公全变了。不知这个女子使了什么妖媚手段，使晋献公与她十分亲近，原来的第一夫人齐女也失宠了。

骊姬很快给晋献公生了一个儿子叫奚齐，而骊姬随嫁的妹妹也生了一个儿子叫卓子。有了奚齐后，晋献公开始疏远他原来的三个儿子。

第一夫人死得早，骊姬又得宠，于是晋献公把骊姬升格为大妃子。提了级的骊姬得寸进尺，想把自己亲生的儿子也提拔起来当太子，这样她可以两辈子不用发愁了。骊姬极有心计，她并不主动提出自己的主张，而是把

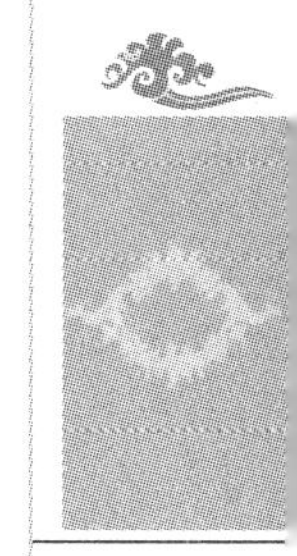

晋献公服侍好以静观其变。

果然，晋献公开始讨厌原来的三个儿子。他找一借口，把太子申生支到了曲沃看守宗庙，把重耳和夷吾分别派到了蒲和屈去守边关。而他、骊姬和奚齐坐镇都城绛。这下晋国人都明白太子恐怕要被废了。

有一次，晋献公失眠没睡好觉，对一个大臣说了。大臣很奇怪，问："您夜里没休息好吧，是不是骊姬没有陪着您?"可见当时晋献公的确离不开骊姬。

与骊姬走得越近，献公就越喜欢这个妃子。有一天，他终于绷不住了，直接对骊姬说："我想把申生废了，让奚齐当太子。"

骊姬很会表演，心里当然很高兴了，但却哭着说："这可使不得呀，大家都知道申生是太子，他会带兵打仗，老百姓也拥护他，您怎么能为贱妾废了嫡子而立庶子呢。您非要这样，我只好死给您看了!"

献公给感动的呀，几夜睡不着觉。骊姬当着献公的面不断地赞誉申生，却暗地里派人四处传申生的闲话。骊姬出身于经济、文化都很落后的骊戎部落，她的语言和行为都表现出了超常的智慧，特别是她还具备出色的表演才华，无疑这都是她的情人小施教诲的结果。

原来，晋献公有个宠爱的戏子叫小施，和骊姬有私情，骊姬曾问小施说："我要立奚齐为太子，就是担心申生、重耳、夷吾诸公子反对怎么办呢?"

小施说："把他们早点安排好，让他们知道自己的地位已经到顶点了，这样就会轻慢国君的心；如此，则不难对付。"并建议先从太子申生下手，

骊姬便又买通晋大夫梁五和嬖五，叫他们对晋献公说："曲沃（今山西省闻喜县东北）这个地方，是晋国祖庙所在，最好派太子申生去镇守，蒲城（今山西省吕梁县）和南北屈（今山西省石楼县东南），是边防要塞，最好派公子重耳、夷吾分别防守，"献公中计，只留下奚齐与卓子二人在身边，以伺机废立，史称"二五害晋"。

小施又教骊姬半夜三更在献公面前哭诉说："我听说，申生很会收买人心，恐怕要对您行凶，夺取王位，"献公说："哪会爱他的百姓，却不爱他自己的父亲呢?"骊姬知道献公仍然信任太子，于是再次密谋了陷害申生的办法。

一日骊姬劝晋献公召回太子。太子见过晋献公后去拜见骊姬。骊姬请太子吃饭，言谈甚欢。第二天，太子入宫谢恩，骊姬又请他吃饭。当晚骊姬向晋献公哭诉，说太子调戏他，还说了"我父亲现在已经老了"这样的话。又说她可以和太子一起去皇家动物园交游，让献公在台上观察。

第二天，骊姬叫太子和她一起郊游。骊姬先在头发上涂了蜂蜜，使蜜

蜂都聚集在她的头发旁边。骊姬说："太子您可不可以帮我赶走它们呢？"太子就从她的身后用袖子赶走蜜蜂。

晋献公看见了，以为调戏的事情是真的。心中非常生气，马上就想把太子给杀了。骊姬跪下来恳求说："我叫太子回来，他却被杀，是我害了他。而且皇宫里的这些事，外人不知道，就忍忍吧。"晋献公就把太子赶回曲沃去了，但是却派人暗中监视太子的行动，伺机废掉他。

为了彻底除掉申生，小施和骊姬又想了一个办法。有一天，骊姬对来都城述职的申生说："你爹夜里梦见你娘了，你赶紧回曲沃祭奠一下吧。"

申生是忠厚老实之人，听了庶母这话，甚是感动，立即回曲沃祭奠生母。祭祀后，他亲自把祭祀用过的肉送给了父亲晋献公。恰巧这时晋献公出外打猎，不在宫里。骊姬抓住这一良机，让人在那些肉里放了毒药。

两天后，晋献公打猎归来，大厨把那肉拿了上来。献公正准备吃，一旁的骊姬虚情假意说："这肉大老远送来的，也不知道有没有问题，还是检测一下吧。"结果，这肉喂狗狗死；让人尝人死。晋献公不由大怒。

察言观色的骊姬马上来了精神，开始一把鼻涕一把泪表演道："这太子也太狠了！你都这么老了他还等不及，非要毒死您抢着接班。这都是冲着我和奚齐来的呀，我们娘俩愿意远走他乡。我们要是不早死，太子不会放过我们的！"这一番话，把晋献公忽悠得肝肠欲断，晋献公下令查办申生，申生深感天地间无立锥之地，不得已自杀而死。骊姬又趁机诬重耳、夷吾也参加申生的阴谋，把两位公子也逼到狄国和梁国去了，

这样骊姬就清除了所有的障碍，见时机已经成熟，就逼献公立奚齐为太子，稳稳当当把自己的儿子奚齐扶上太子宝座，夺嫡阴谋大功告成。

公元前651年，当了二十六年国君的晋献公死了，相国荀息按照献公的遗命，奉奚齐为晋侯，骊姬为国母，自己当上了相国，总管国家大事，另外曾经帮助骊姬夺嫡的外臣梁五、东关五也得以加封为左右司马，率领晋兵，悄无声息地就对军事大权进行了调整。

本就对骊姬一党甚为不满的里克等人看见别人抢夺他们的军权，更是愤恨，就在这时，以里克为首的诸公子党羽终于要发难了。里克拉拢老战友邳郑父等人欲行废立之举，纠集原三公子之徒作乱，指责荀息："主公刚去世，重耳、夷吾二位公子还在外边，你身为国家大臣，不迎长公子就位，却扶立了小老婆生的孺子，恐怕说不过去吧？"并警告"三怨将作秦晋辅之，子将何如？"但愚忠的荀息并不买账，信誓旦旦地回答："我已经向先君发誓，要使'死者反生，生者不愧乎其言，不可以贰'，我难道还能改口，爱惜自己的身体吗？尽管

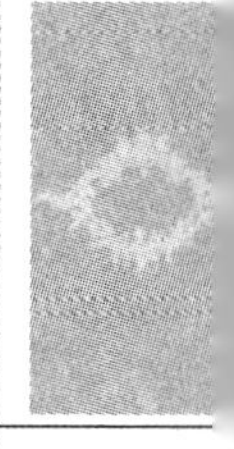

我这样做可能没什么益处，但忠于先君之心不可更改，大不了一死而已！”

当年十月，里克、邳郑父收买了个大力士，给他换上晋君卫队的服装，混杂在卫队里，在给献公办丧事的时候，把幼主奚齐刺死在灵堂上。这时，灵堂内外一片哭喊声。荀息苦心经营一场，落到这等地步，不禁伏在献公柩前痛哭起来，说着就要碰柱而死。

这时候亲信劝说道：“幼主虽死，还有卓子，也是可扶立为君嘛。”荀息听着有理，抖擞精神，杀死了数十名守灵的卫士，另派可靠的卫队守灵。

荀息把丧事草草办完，又赶快召集文武百官把九岁的卓子扶上王座，立为新的国君。

左司马梁五见大臣里只是缺少里克、邳郑父，便奏本说：“幼主的死里克一伙一定脱不了干系，今天众大臣都来朝祝贺新君偏偏不见这两个人，请立即派兵去捉拿。”

荀息说：“司马不必疑心，里克、邳郑父是先君的老臣，那会做这不忠不孝的事呢！”这个却是荀息的自欺欺人，明知是里克所为，却为了晋国朝堂的大局稳定，不便在生事端，的确是忠心可嘉，只是太过迂腐。

里克见荀息冥顽不灵，于十一月，又杀卓子于朝堂，荀息在悲愤中自杀，晋国大乱。晋献公诸子竟无一人在朝，死的死，逃的逃。

晋献公身前文臣以荀息、士蒍为首，专门为献公出谋划策。武将以里克为首，邳郑父为辅，是献公的爪牙，主要掌管军政要务，手中握有实权。连接文臣武将的纽带便是国君献公。一旦国君崩逝，新主又不能驭制臣下。那么文臣若不依附武将，便完全失去了用武之地。不管荀息如何多谋，如何忠心，都是无济于事，这样的混乱场面，是献公的一意孤行、是骊姬的一厢情愿共同造成的，全国人民都在高喊着“打倒骊姬！”大公无私的荀息就是在这样的绝望中选择了自杀。可以说自骊姬害死申生、逼走重耳、夷吾那一刻，也为自己敲响了丧钟，可谓是害人终害己。并且骊姬也给晋国带来了很大的破坏，后来西汉时的司马迁在《史记》中称骊姬给晋国带来了五世之祸。

伤心岂独息夫人，三年不语情至真

“桃花夫人”息妫

春秋时期的息国是个小国，但息国国君息侯的夫人息妫，姓妫氏，又被称为“桃花夫人”，倒是个很有名的女子。

当时蔡国的蔡侯与息侯两个国君同娶陈国陈宣公的两个女儿为夫人，便是“桃花夫人”和她的姐姐。这两位陈国女子生得都十分漂亮，一个是沉鱼落雁，一个是闭月羞花，是当时妇孺皆知的大美人。按照当时的婚姻制度，国君或大夫的夫人出嫁的时候，她的妹妹也要一同跟着陪嫁过去，称为“娣”，而随嫁的婢女则称为“媵”，总称之为“娣媵制”。陪嫁的妹妹可能是胞妹，也可能是堂妹；可能是一人，也可能是数人。

蔡侯与息侯的夫人为堂姊妹，蔡侯原本可以一箭双雕，却阴差阳错地便宜了息侯，为此蔡侯常常耿耿于怀。

息侯夫人妫氏回陈国时，途经蔡国，蔡侯为了善尽地主之谊，更为了内心深处的飘忽欲念，于是命人排筵席，热烈款待；初时尚能保持宾主的礼仪，酒酣耳热之际，蔡侯逐渐露出戏谑的态度，拉住妫氏的手不放，妫氏为了国君夫人的尊严，不待盛筵终了，便匆匆率领从人拂袖而去。

息侯知道了事情的经过后大怒，认为蔡侯欺人太甚，士可忍孰不可忍，便想找机会教训蔡国。

息侯所设的计谋是派遣使者向楚国进贡，并趁机向楚王献计。可息侯这种报仇的办法却是引狼入室：和楚国（都郢，今湖北江陵）订立攻守同盟。楚国恰巧正雄心勃勃地想北上，吞并江汉一带的小国呢，这一来正中下怀，遂采用了息侯的计策。公元前684年，假装讨伐息国，息侯求救于蔡哀侯，楚和蔡在莘地大战，以蔡哀侯的惨败而告终，连蔡哀侯本人都被俘虏了（后又被放还）。

这件事对楚国意义重大。杜预《春秋》注说：“楚僻陋在夷，于此始通上国。”是说楚国自此方为中原各诸侯国侧目，也拉开了四方征伐、跻身大国的序幕。

息侯乃平庸之辈，胆怯懦弱，但蔡侯和他比也只是半斤八两，蔡侯也想治治息侯，知道楚文王好色，就在他面前抓住机会说道：“天下绝世美色尽在大王宫中！但却还没有一个人能超过息侯夫人妫氏的美。”

楚文王为之愕然，蔡侯继续说下去：“息妫的美，天下无双，荷粉露垂，杏花含烟，国色天香，无与伦比。”楚文王不禁怦然心动，压低了声音道：“怎样才能见到？可以一见吗？”蔡侯怂恿说：“以大王的威德，何求不得？”

息侯用“借刀杀人”之计，使蔡侯成为楚国的阶下囚，如今蔡侯又如法炮制还以颜色，实是天道循环，当楚文王率领大军名为巡视，实为逼宫的一幕演出时，息侯在酒桌上被楚兵用绳索捆绑起来，也真正尝到了他种下的苦果。

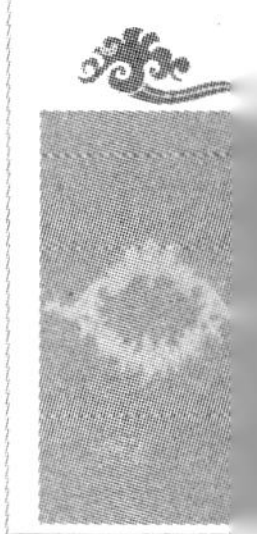

妫氏在宫中闻变，仓皇奔入后苑准备投井自杀，却被赶到的楚将斗丹拦住，斗丹劝她说：“夫人不欲全息侯之命耶?”

妫氏默然泪落，就这样经过了一番痛苦的心理斗争，她决定忍辱偷生。

楚文王既见妫氏，果见其姿容秀丽，尊贵高雅，为她人所不及，不由怜香惜玉，遂好言抚慰，答应不杀息侯，就在军中立妫氏为夫人，因为她长得面如桃花，娇艳欲滴，便把她叫作“桃花夫人。”

蔡侯和息侯两个冤家，同时也是连襟，就这样互相借刀杀人，却谁也没有占到便宜，于是息亡国，同年秋，楚大兵入蔡，蔡亦亡国。

从此息侯成了楚国都城的守门小吏。妫氏在楚宫中备受宠爱，三年的时光一晃就过去了，妫氏为楚文王生下了两个儿子，但却始终不发一言，楚文王十分纳闷，一定要妫氏说出道理来，妫氏万般无奈，才泪流满面地说道：“吾一妇人而事二夫，不能守节而死，又有何面目向人言语呢!”楚文王听了心下黯然，默默而出。

转瞬秋风送爽，桂子飘香，楚文王兴高采烈地出城打猎，预计两三天后才能回宫。妫氏趁此机会，悄悄地跑到城门处私会自己的丈夫，两人见面，恍同隔世，妫氏边哭边说：“妾在楚宫，忍辱偷生，初则为了保全大王性命，继则为了想见大王一面，如今心愿已了，死也瞑目。”

息侯心碎肠断，安慰妫氏说：“苍天见怜，必有重聚之日，我甘任守城小吏，还不是等待团圆的机会么!”妫氏认为与其痛苦地偷生苟活，不如慷慨地一了百了，于是奋力朝城墙撞去，息侯阻拦不及，眼看自己的妻子香消玉殒。息侯大恸，顿时万念俱灰，便也随着妫氏撞死在城下。

楚文王打猎回来，听说了这件事，黯然神伤，有感于二人的真情，便以诸侯之礼将息侯与妫氏合葬在汉阳城外的桃花山上。后人在山麓建祠，四时奉祀，称为“桃花夫人庙”，至今仍为汉阳的名胜之一。

晋文公身边的女人们

晋文公复国的场面

“春秋五霸”之一的晋文公，姓姬名重耳，与周王室同宗，是春秋时期著名的政治家。

晋文公是晋献公之子，因其父立幼子为嗣，曾流亡国外19年；后在秦国援助之下，于62岁时回国继位。

重耳之所以能坚持到最后获得成功，除自身努力身边大臣的辅佐外，

与他身后的几位善良贤惠、聪明伶俐的女子也是分不开的。

当初晋国内乱，重耳逃出晋国时没有归路，只好跑到翟狄之地，一是因为其母是狄人，必然会被接受，二是因为翟狄与晋国接壤，来去方便。

在狄期间，狄人俘获其他部落的两个女子叔隗、季隗献给重耳。重耳娶了季隗并生下两个儿子。五年后，晋献公死，晋国内乱，有大臣要迎接重耳回国，重耳离开狄国时对季隗说，等我25年，如25年不回来你就改嫁吧！

季隗明白重耳的意思，笑着说："等你25年，我就50岁了！到那时恐怕我的坟上都已长满了草，即使不死也已人老珠黄，谁还要我？放心走吧，我愿意等你一万年！"

重耳吃了定心丸后赶往晋国，可是他的弟弟夷吾先期到达晋国自立为君，重耳只好返回，住了12年后，重耳觉得齐桓公是位有才能的君王，遂踏上去齐国的路途。

齐桓公厚礼相待，将家族中的一位少女嫁给重耳，还陪嫁了20辆马车，于是衣食丰足，媳妇漂亮，重耳感到从未有过的满足，便呆在齐国不愿离开。

这时齐桓公死，竖刁与群公子作乱，赵衰劝重耳离开，重耳贪图享乐爱恋妻子竟有放弃重任的打算。

赵衰等人在桑树下商量如何才能让重耳离开齐国完成自己的大业，不料重耳妻子的侍女在树上采桑偷听了他们的密谋，回去后就告诉了主人。

齐女怕她泄露消息，当即杀了侍女，并对重耳说，你是一国的公子，走投无路才来这里，你不能满足现状贪图一时，你赶快走，去要实现你的远大理想吧！

重耳于是赶紧逃走，路过曹国时，曹国国君曹共公听说重耳的肋骨是连在一起的，很好奇，便想偷窥。于是，安排重耳沐浴，当重耳正在桑拿时，曹共公突然闯入看到了重耳的裸体，重耳认为他很不礼貌，心里很厌恶他的举动。

但曹国大夫僖负羁的妻子非常有眼光，对丈夫说："公子重耳绝非等闲之辈，将来一定能回国为君，为君一定称霸，称霸一定会讨伐对他无礼的人，曹国将是第一个讨伐对象，你为什么不友好地对待他呢？"

僖负羁认为妻子的话有道理，于是，送了一块宝玉给重耳，但重耳没有接受。曹共公听说了这件事，等重耳走后，他便总是给僖负羁小鞋穿，后来重耳果真讨伐了曹国，叱责曹共公的无礼要求，并且他重用僖负羁，将曹共公软禁了多年。

重耳离开曹国来到秦国，秦穆公将宗室中的五个女子嫁给他，其中两位对重耳产生过重大影响，一位是文嬴，一位是怀嬴。

文嬴是秦穆公的女儿，后来成为晋文公夫人，重耳即位，文嬴建议不要忘了狄国的妻子，并让他迎接季隗回国。

后来秦晋开战，晋俘虏了秦的三军主帅，文嬴请求儿子襄公看在秦国以前对晋国的恩惠上放他们回国。怀嬴也是秦穆公的女儿，太子圉在秦国作人质的时候，秦穆公将她许配给太子圉，晋国内乱太子圉想偷渡回国与怀嬴商量，怀嬴支持太子圉回国但不同意一起逃跑，她说，你是晋国太子回国是应该的，我没有君王的命令逃跑就是不忠，你还是先走吧。

太子圉回国被立为怀公，不久被杀，因此怀嬴一直留在秦国。重耳知道怀嬴的身世不想接受，所以在怀嬴侍候他洗手时他挥了挥手示意怀嬴走开，怀嬴很生气说："秦、晋两国是平等的国家，君王让我服侍你，为什么看不起我呢?"重耳连忙赔礼，怀嬴便没有忌恨他。

被公公占有的秦国公主孟嬴

楚平王的大臣费无忌

春秋时秦国国君秦穆公的女儿孟嬴长得非常漂亮，人送外号"梦萦"，据说男人看了会魂不守舍，做梦都会梦到她。

公元前523年，楚平王派遣大臣费无忌前往秦国为他的儿子太子芈建迎娶秦穆公的二女儿孟嬴。这是一次政治联姻，目的是为了结成盟友，以抗衡长期与楚国和秦国争霸的晋国。

但费无忌与楚国太子芈建的老师伍奢有仇，他为了报复伍奢，便想趁机挑拨楚平王和太子芈建的关系。所以，当费无忌把新娘孟嬴从秦国接回来后，第一件事就是找到楚平王说：大王啊，这个孟嬴长得美如天仙，留给太子有些可惜，大王为了天下百姓日夜辛劳，也该享享清福了，不如……"

楚平王说："这不太好吧，寡人是个正人君子，怎么能如此违背人伦呢?"费无忌说："没关系，婚礼不是还没开始吗?咱们给太子再张罗一个啊!"

楚平王看着刚刚送到眼前的孟嬴，不由惊为天人，看了许久才回过神来，说："好，就听你的。太子这么孝顺，应该会理解我的。"

就这样，孟嬴则被她未来的公公半路给截了下来，做了楚平王的宠妃，没多久，还生了个大胖小子，楚平王爱如珍宝，故取名为珍，这就是后来的楚昭王了。后来，孟嬴的陪伴丫鬟马昭仪嫁与芈建为妻，成了太子妃。

但楚平王担心有朝一日太子知道真情后，会对己不利，于是派太子建去镇守城父（今河南宝丰县东），这实际上是将太子建外遣。但费无忌一不做二不休，他为彻底除掉异己势力，诬告太子建与伍奢密谋造反。公元前522年，平王诏杀伍奢及两个儿子和太子建。太子建先行得到消息逃命宋国，伍奢的二儿子伍子胥勇而多谋，识破奸计，逃奔吴国。

20年后，吴国力量壮大，伍子胥为报父兄之仇，率吴国精锐之师攻打楚国，尽得其地，攻破都城，此时平王已死，伍子胥让人从坟墓中挖出平王的尸体，鞭尸数百下才解恨。

而吴王阖闾跑到楚国后宫，尽妻其后宫女人，这些女人没有不害怕的；而吴国将领和士大夫则尽妻楚国士大夫之妻。

当时孟嬴的儿子楚昭王还不到20岁，在吴军进城之际，他已带着一干人马逃窜。但孟嬴却被儿子留在了宫中。吴国的军队进城后，烧杀掠抢什么都作，吴王阖闾后来不知怎么就想起了楚昭王的母亲孟嬴，于是就想去奸淫她。孟嬴较早的知道了消息，她召集自己手中的宫人关闭自己宫室的大门，并拿剑自卫，阖闾来到后，孟嬴义正辞严地训了他一通，吴王非常惭愧，于是下令手下不得惊忧孟嬴。

樊姬——楚庄王的贤内助

樊姬像

一代名妃樊姬是楚庄王的夫人，以聪慧贤淑内助樊庄王霸业有成而闻名于世，据说正是在她的劝谏之下，楚庄王戒除淫乐，罢免庸臣虞丘子，勤政于朝，启用贤良孙叔敖，励精图治，终至楚国成为称雄中原的霸主。

在楚国称霸以前，楚庄王十分喜欢打猎。樊姬看在眼里，急在心上，因为她深知作为一国之君，常常喜欢打猎就会因玩物丧志而荒于国事，所以樊姬就多次去劝阻他，而楚庄王始终不听。没有办法，樊姬就断绝肉食了。楚庄王也被她的意志和行动感化了，终于觉悟过来并改过自新。

从此楚庄王不再惦记着打猎这类的事情，而把更多的时间和精力用在国家政事上，而且处理国事也变得越

来越勤奋和谨慎。

君王拥有许多嫔妃也是平常之事，楚庄王当然也不例外。这件事在眼光深远的樊姬看来，却不是小事一桩，因为她明白，一个君王若是沉迷于女色之中，那是十分危险的事情，甚至很容易因此而导致亡国。为了避免楚庄王误入歧途，樊姬就亲自负责从各地寻访美女。当然，能被樊姬所选中的美女，都是品行容貌俱佳的女子，而不是那种只重外表，不重品德修养之人。樊姬的这番举动，不仅从根本上杜绝了楚国国君身边的隐患，同时也深深感动了楚庄王，使他对夫人樊姬更加尊敬。

后来，樊姬得知楚庄王十分宠信一个叫虞邱子的大臣，而且经常废寝忘食地听他讲话，心中感到是又喜又忧。于是，她就在楚庄王一次下朝后，特意走出来恭迎他，并问：是什么重要的事情，竟然让您经常这样废寝忘食？楚庄王高兴地说：和贤能的忠臣说话，真是不知道什么是饥饿和疲倦。樊姬接着又问：您说的贤能忠臣是哪一位呢？楚庄王不假思索地说：当然是虞邱子了。

听了楚庄王的回答，樊姬心中一惊，却又立马镇静下来，并且禁不住捂住嘴巴，开始大笑起来。楚庄王见状，就不解地问：夫人为什么如此大笑？樊姬就非常认真地说：如果说虞邱子是聪明之人倒还勉强，然而他未必算是一个忠臣。楚庄王听后感到十分疑惑，就追问道：为什么这样说呢？

樊姬看着满脸疑惑的楚庄王，便对他说道：我服侍君王，算起来也有十一年了。我曾经访求品貌俱佳的女子，献给君王。现在比我好的有两个人，和我同等的也有七个人。我为什么不千方百计想办法，排除她们，一个人独自霸占您的宠爱呢？

樊姬稍微停顿了一下，一边观察着楚庄王的神情，一边又接着说：因为我知道，您是一国之君，身边需要有更多的贤德女子来照顾您的生活，我不能只考虑个人的得失，而耽误了选用贤德之人辅助您和国家。

见楚庄王听得心悦诚服，樊姬就进一步说道：现在虞邱子做楚国的丞相，也有十多年了。除了他自己的子弟宗族亲戚以外，他从来没有保举过好人进来，也没有听说他罢免哪个不贤之人，难道贤能的忠臣就是这样的吗？挡住了真正贤德之人为国尽忠的道路就等于蒙蔽君王。知道别人贤德也不举荐，就是不忠；不知道别人的贤德，就是没有智慧。

听了樊姬的一番话，楚庄王觉得十分有道理，仔细思量，确实如此，不由得如梦初醒。第二天上朝，他就将樊姬所说的话告诉了虞邱子。

虞邱子听完楚庄王的话，吓得赶紧离开坐席，站在那里不知如何是好。心中也感到万分的惭愧。于是，他下朝以后，回去躲在家里再也不敢出来，直到派人把一个贤能的忠臣——孙叔

敖迎请过来，并亲自举荐给楚庄王才稍稍安心。

楚庄王经过考察后，重用了孙叔敖，让他帮助治理楚国。三年之后，孙叔敖果然以其贤能辅佐楚庄王称霸各诸侯国。

迷晕夫差的大美人西施

美女西施

中国古代四大美人之首的西施，又称西子，名夷光，春秋战国时期出生于浙江诸暨苎萝村。西施天生丽质，禀赋绝伦，相传她皱眉抚胸的病态，亦为邻女所仿，故有“东施效颦”的典故。

在中国历史上，西施是美的化身和代名词，有“沉鱼”之貌，相传西施在溪边浣纱时，水中的鱼儿被她的美丽吸引，看得发呆，都忘了游泳，以至沉入水底。所以后世用“沉鱼”来形容女子的美貌。沉鱼落雁闭月羞花，沉鱼为先。

西施出生在一个贫苦家庭，父亲砍柴，母亲洗衣为生，西施幼承浣纱之业，故世称“浣纱女”。

当时，越国称臣于吴国，越王勾践卧薪尝胆，谋复国。在国难当头之际，西施被越王的臣子范蠡选中，要进献给吴王夫差，她只好忍辱负重，以身许国。

越王宠爱的一个宫女认为：“真正的美人必须具备三个条件，一是美貌，二是善歌舞，三是体态。”西施只具备了第一个条件，还缺乏其他两个条件。于是，范蠡花了三年时间，教西施以歌舞、步履、礼仪等。

西施发愤苦练，在悠扬的乐曲中，翩跹起舞，婀娜迷人，进而训练礼节，使一位浣纱女成为修养有素的宫女，一举手一投足，均显出体态美，待人接物，十分得体。然后，又给她制作华丽适体的宫装，进献给了吴王。

吴王夫差得到西施后大喜，在姑苏建造春宵宫，筑大池，池中设青龙舟，日与西施为水戏，又为西施建造了表演歌舞和欢宴的馆娃阁、灵馆等，西施擅长跳“响屐舞”，夫差又专门为她筑“响屐廊”，用数以百计的大缸，上铺木板，西施穿木屐起舞，裙系小铃，跳起舞来，铃声和大缸的回响声交织在一起，使夫差如醉如痴。至此，西施的一颦一笑，一低头一皱眉，都紧紧地扣住吴王的心弦；另一名越国进献的美女郑旦对吴王也是若即若离、矜持秀雅，也使得吴王神魂颠倒。

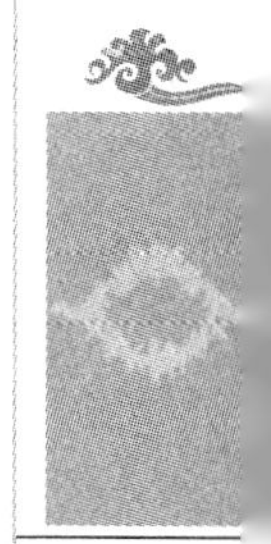

这两个女人把吴王迷惑得众叛亲离，无心国事，为勾践的东山再起了掩护的作用。而吴王夫差因沉湎女色，不理朝政，终于走向亡国丧身的道路。

后吴国终被勾践所灭。吴灭后西施就失去了音信，关于她的结局有很多种，最有可能的是范蠡带她去了北方，她喜欢西施的美貌，又怕勾践像夫差除掉伍子胥一样杀掉自己，就在吴国灭亡后挂印而去，带着西施泛舟五湖，做生意去了，后来到陶地定居，即现在的山东定陶。

钟离春自告奋勇嫁齐王

无盐，本名钟离春，战国时齐宣王的妃子，河北无盐县人，人称“无盐”。她是中国历史上有名的四大丑女之一，长相奇丑，生得高额深眼，长腰粗腿，肥颈秃发，鸡胸驼背，长指大节，卯鼻结喉，肥项少发，皮肤漆黑，声如夜枭。

无盐武术高强，天生聪慧，才智过人，是位很有才干的女性。但由于貌丑，无盐到 40 岁还没出嫁。有一天，无盐鼓足勇气前往临淄求见齐宣王，见到齐宣王后，她大言不惭地说：“我倾慕大王美德，愿执箕帚，听从差遣！”

齐宣王见无盐如此丑陋，禁不住哈哈大笑。无盐却一本正经地说：

丑女无盐直谏齐宣王

“大王，你太危险了，太危险了。”

齐宣王听了纳闷，就让她说说为什么危险。只见这无盐抬眼四顾，咬牙切齿，挥手抚膝，却不说一句话。

大家都愣了，不解无盐何意，齐宣王又问她，无盐才卖着关子说：“我是打的哑语，抬眼是看四周烽火。自孙膑用兵魏国以来，王自傲，却忘了秦兵不日必出函谷关。咬牙切齿是代王张口纳言，不绝谏阻之路。因诸大臣屡次陈章而王不能用，所以齐国必亡。挥手是代王去除奸佞；抚膝是代王拆除奢靡的渐台。王啊，不深谋远虑，齐国何以强大？人民何以为安？无盐言尽，得罪于王，愿一死以明天下。”

齐宣王经不起这种恫吓，只好连哄带骗地娶了无盐，并把她立为王后。在无盐的指教之下，齐宣王下令拆除渐台，罢去女乐，斥退谄佞，摒弃浮华，励精图治，齐国终成为实力最强的“千乘之国”，临淄成了战国时期的文化中心。

无盐虽然外貌丑陋，却能进德修业，其学识上的修养，事理上的观察，

以及道德勇气的培养，都有很高的修为，因此在第一次见面的交谈中，她就能一针见血地切中时弊，畅所欲言，震撼着齐宣王的心弦。

虽然齐宣王喜欢饮酒作乐，好色无能，但他对无盐的奇才高艺佩服得五体投地，便立她为皇后。在她的辅佐下，齐宣王从此罢宴乐，除佞臣，强兵马，充国库，使齐国强盛一时。

从此，无盐女就成为了长相平庸或是极其丑陋，但是品行道德却很好的女子的代称。元代人还将她的事迹编成杂剧来赞扬她。

郑袖为得专宠计除魏美人

郑袖是战国时代楚怀王熊槐的宠姬，聪明又漂亮，却是一个爱嫉妒别人的人。她嫁给楚怀王几年后，魏国为了讨好楚国，送来了一个美女，容貌压倒了郑袖，喜新厌旧的楚怀王从此专宠专爱魏美人，不再去理会郑袖。

可郑袖并没有气馁，她知道要想在宫廷里升迁，必须博得君王欢喜，但要想活，就必须博得后宫其他女人欢喜。于是，她想到了要和魏美人搞好关系。

之后郑袖就常常去找魏美人，挽着她的手说好听话，两人走得很近。郑国送的香云纱，陈国送来的奈良绸，齐国送来的翡翠簪，郑袖总是挑好的给魏美人。只要能见着楚怀王，郑袖总是在说魏美人的好话。于是，魏美人也常在楚怀王面前为郑袖美言，于是楚怀王也对郑袖非常满意，觉得她贤良淑德，把她树为后宫楷模。

郑袖与楚怀王交谈

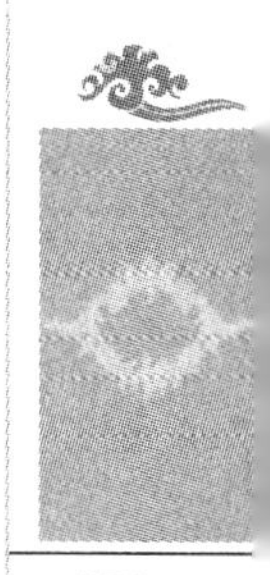

一天，郑袖对魏美人说，“妹妹，你真漂亮，难怪大王喜欢你了，但美中不足的是你的鼻子，真叫人惋惜呀。”魏美人不知何意，慌乱用手摸摸鼻子。郑袖接着说，“妹妹呀，我帮你想个法子吧。以后你再看见大王，应该用什么东西将鼻子遮住，不要让大王看见，这样大王就更喜欢你了。”

魏美人对郑袖的指教感激不尽。此后，魏美人每次拜见楚怀王，总是用一束鲜花遮住鼻子，时间久了，楚怀王对魏美人的做法觉得非常奇怪；郑袖欲言又止，激起了楚王的好奇心，最后郑袖故意羞羞答答地说：“大王不要生气，是魏美人不惜抬举，大王对她如此宠爱，她却说大王身上有股臭味，她讨厌闻。”

楚怀王一听，火冒三丈。立即下令把魏美人的鼻子割掉了，郑袖从此独占楚怀王专宠。

据司马迁《史记·屈原贾生列传》中记载，郑袖迷恋三间大夫屈原而不得，遂诬告屈原有罪，令怀王疏远他，并将他发配到汉北，致屈原终身郁郁不得志。郑袖还干预朝政，收受贿赂，放走危害楚国的张仪，令楚国兵挫地削，丧失了六郡土地。

秦汉时期

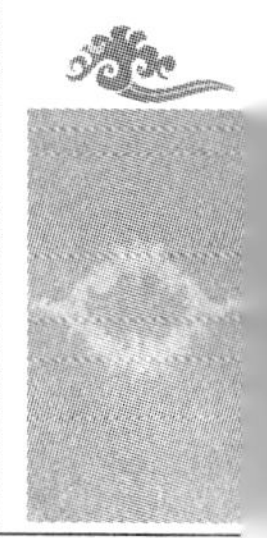

给秦始皇私生两个弟弟的赵姬

郁郁寡欢的赵姬

秦昭襄王时，赵国与秦国实力相当，但两国经常交战。赵国在名将廉颇的指挥下，两度击败了秦国的进攻。秦国被迫把太子安国君的儿子异人送入赵作为人质，异人在赵国过着如同被囚禁的生活，觉得自己此生就这么毁了，索性与秦国断绝关系，便改姓赵。

但就在他抑郁寡欢之时，他遇到了一位颇有政治眼光的大商人——吕不韦。吕不韦精明能干，他认为异人"奇货可居"，若能扶其登上王位，自己无疑能从他身上捞到不少好处，于是认为这是一支大大有赚头的潜力股，便开始了在他身上的政治投资。

为了使异人能获得秦国安国君嫡子的宝座，吕不韦可以说是费尽心机。他不惜耗费数千金，上下活动打点，不辞劳苦地奔走于秦赵之间，终于打动了安国君的爱妾华阳夫人，华阳夫人向安国君大扇枕头风，说了好多异人的贤能之处。

这安国君是位多情种子，只要华阳夫人喜欢，他便言听计从。当即就表示赞同立异人为嫡子，并刻符为记，永不反悔。这华阳夫人还说服安国君拜吕不韦为异人的老师，负责培养异人执掌国事。

大功告成之后，吕不韦喜不自胜，他将这一成功的消息告诉了异人。异人听了，自然十二分的高兴，更是万分地感谢吕不韦。二人就成了好朋友。

一天二人又在吕不韦家里玩乐，为助酒兴，吕不韦便命自己的爱妾赵姬在酒席间歌舞。这个赵姬是吕不韦花钱买来的女人，在家里当小妾的，当时刚有身孕，但年轻又漂亮，且被吕不韦训练得能歌善舞，谁知异人一眼便看中了千娇百媚的赵姬，乘酒兴便向吕不韦索要赵姬为妾。

吕不韦一听，异人竟然想要自己最喜爱的美人，不觉心中大怒，就在发火之机转念又想，自己以为，异人这个未来潜力股耗费不少资财与精力了，自己今后的荣华富贵就系在他身上了，这时万万不可得罪了他。异人是要成为秦国国王的，得罪了他不仅万贯家产白白丢失，恐怕还会有数不

尽的后患。况且这时赵姬已经怀上了自己的孩子，何不趁此机会来个顺水推舟，将赵姬许配给异人。倘或赵姬生了位男孩，这秦国的天下不就在不知不觉中易主姓吕了吗？嗨！想到这里吕不韦立刻转怒为喜。

这时，异人看到吕不韦先是愤怒至极，后又陷入深思，酒也醒了不少，立即行大礼向吕不韦赔罪。

哪知吕不韦却出乎他的意料，连连摆手说你这样就见外了，咱们俩的交情谁跟谁呀？您能看中我家小妾，不但是她的福气、也是我家的荣耀，虽然我有点舍不得，但又怎能不答应呢？我看今日便是良辰吉日，我就为你做媒，你们二人今晚便成了这门姻缘吧！

异人做梦也没想到吕不韦这么快就将美人舍予自己了，心里感激得不知说什么好。得到赵姬后，异人也很是喜爱。后来赵姬果然生下个男孩，取名为“政”，就是后来统一中国的秦始皇嬴政。

在华阳夫人的安排下，异人最终被立为储君，并携赵姬回到秦国。不久昭襄王病殁，安国君嗣位，即为秦孝文王，异人理所应当地当上了太子，但离王位还是差着一步，吕不韦可等不了了，他与赵姬商议，以酒色迷住秦孝文王，于是秦孝文王整天过着花天酒地的生活，不久就因贪欢过度而一命呜呼！这样异人终于登上了王位，即为秦庄襄王。他立华阳夫人为皇太后，嬴政为太子，提拔吕不韦为相国，封文信侯，食邑十万户。

需要提到的一点是，赵姬自从嫁给异人后，她和吕不韦一直保持着藕断丝连的关系，到了秦国，异人当上国君后，他们依然如此。只是赵姬和吕不韦太聪明，异人又太傻，所以她们的事情一直未被发现。

随着秦国国力日益强盛，吕不韦功高盖主，异人知道他精明异常，渐渐对他警惕起来。而吕不韦也有所察觉，他怎会束手待毙？于是与赵姬密议要除掉异人，立嬴政为王，让赵姬当上太后。

于是赵姬夜夜献宠，使尽妖媚之能事，逼得异人贪欢成瘾，不久便衰弱不堪，又使些阴谋手段，致其 36 岁时便一命归西。庄襄王驾崩，嬴政顺理成章地登上国君的宝座，仅 13 岁。赵姬为太后，尊吕不韦为仲父，国事便全部委任于他。

异人一死，赵姬和吕不韦更是有恃无恐了，几乎过上了夫妻一样的生活。但是，此时的赵姬 30 多岁，正值虎狼之年，对性生活的需求极其旺盛，而吕不韦年纪渐长，又有国事缠身，再加上害怕被嬴政发现，所以有抽身而出之意。

而嬴政虽幼，却有统治天下的野心，他知道吕不韦是他最大的障碍，而吕不韦也知道嬴政虽小却非等闲之辈，两人都在暗暗的较量。但祸事最终出在赵姬身上，她年轻守寡，不甘

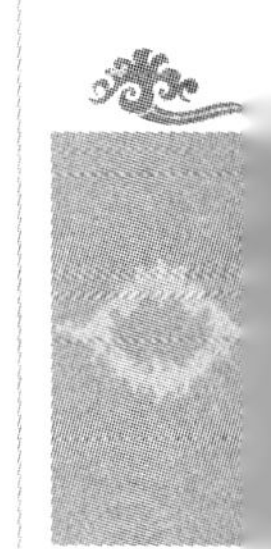

寂寞，又与吕不韦有旧情，两人便秘密来往，吕不韦经常随意出入宫帏。但他也害怕嬴政知道此事，像赵姬这样不知检点迟早会出事，自己不能不收敛一些。于是吕不韦找到了一个名叫嫪毐的人，此人别的不会，只在房帏之事上能力异常，吕不韦把他献给太后。从此赵姬与嫪毐在后宫朝夕不分，不久就怀孕了。

太后寡居有孕，是何等耻辱的大事，为了不使嬴政知道，她与嫪毐躲到距咸阳西北二十里处一座幽静而华丽的雍宫居住，并先后产下了两个男孩。日子一长，嬴政也有所耳闻，但此时的秦王嬴政把精力正全部放在吞并六国的宏图伟略上，只好忍而不发。

嫪毐想，自己虽得太后宠爱，可日后一旦嬴政发觉，自己将死无葬身之地，于是暗地里起了篡位之心。他收买党羽，与太后密谋，欲除秦王嬴政。

但嫪毐毕竟是市井小人，小人得志，忘乎所以。一天他与朝臣侯肥饮酒，酒后无意说出了自己的野心，侯肥慌忙报告嬴政，嬴政早就看嫪毐不顺眼，当即令昌平君逮捕嫪毐，将其五马分尸。又发兵包围雍宫，搜出太后私生的两个儿子，当场杀死。后把太后驱往棫阳宫监禁。后经众多朝臣以死劝谏，才与太后和好。

嬴政为了巩固自己的权力，顺势将吕不韦贬居蜀中。吕不韦接到旨意后，矛盾万分，若说出实情，秦王嬴政生性暴戾高傲，自己难再活命，眼看自己费尽心机几十年的功绩宣告破产，吕不韦不由绝望，之后饮鸩自尽。

失去嫪毐的赵姬，本就郁郁寡欢，如今又听说吕不韦也死了，想到与他共度的几十年风雨，已是痛不欲生，三四年后也抑郁而终。

虞姬——从花蝴蝶到女中豪杰

虞姬雕像

楚霸王项羽宠爱一个叫虞姬的女子，此女名虞，秦末虞地（江苏吴县）人，虞子期的妹妹，有美色，善剑舞。

公元前 209 年，项羽和其叔父项梁起义反秦，虞子期是项羽军中的一名战将，虞子期的妹妹虞姬不仅貌美，

而且好武。她十分爱慕年轻勇猛的项羽后嫁给他为妾，经常随项羽出征。

后来项梁战死，项羽升为上将军，在抵抗秦军的关键时刻，项羽率楚军破釜沉舟，在巨鹿击败了章邯率领的秦军主力，秦王朝名存名亡。

经过巨鹿一战，项羽声名远播。不久项羽便进入关中，自立为西楚霸王，在连年的征战中，虞姬始终与项羽形影不离，两人感情甚笃。

公元前202年，汉王刘邦和项羽争夺天下，项羽被刘邦困在了垓下，刘邦手下有不少人会唱楚歌，项羽几番突围失败，兵孤粮尽，夜晚听到四面楚歌，以为楚地尽失，楚营里的将士们听见家乡的歌声，军心涣散，都纷纷逃跑了。

楚霸王看见大势已去，心如刀绞，他什么也不留恋，只惦记着爱妾虞姬。两人饮酒帐中，不由悲伤地唱起了《垓下歌》："力拔山兮气盖世，时不利兮骓不逝。骓不逝兮可奈何，虞兮虞兮奈若何！"

虞姬凄然起舞，忍泪唱起《和垓下歌》："汉兵已略地，四方楚歌声。大王意气尽，贱妾何聊生！"

虞姬的这一首《和垓下歌》，既是历史上少见的绝命悲歌，也是爱情的悲歌，虞姬唱罢，拔剑自刎。后来清朝有位诗人以虞姬的口吻作诗一首："君王意气尽江东，贱妾何堪入汉宫；碧血化为江边草，花开更比杜鹃红。"虞姬如此大义凛然、忠于爱情，人们至今传颂不已。

项羽悲痛万分，在仓促间只好草草掩埋了虞姬，随即项羽带着八百骑兵连夜突围而出，被汉军追至乌江，乌江亭长说江东还是霸王的地方，汉军没有船，让霸王渡江东山再起。项王说，自己已无颜面再见江东父老，谢绝了乌江亭长的好意，将乌骓马送给乌江亭长，然后率领28个子弟兵执短兵器和杀来的汉军再次拼杀，最后项王见到吕马童，慷慨地自刎。

女性权力狂吕后

刘邦的皇后吕雉

汉高祖刘邦的皇后吕雉是个能干、有心机且心地狠毒的女人。吕雉的家乡是单父县（今山东单县）。她父亲的名字由于史书没有记载今天已经不知道了，史书只称他为吕公。吕公有四个孩子：长子吕泽，次子吕释之，

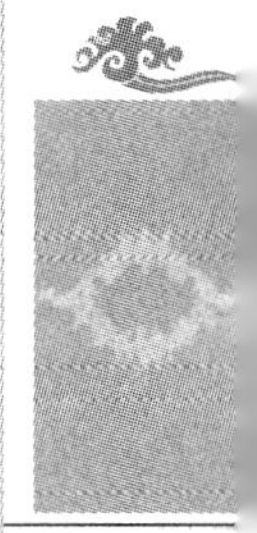

长女吕雉，次女吕媭。吕公因为躲避仇人，曾举家暂住在好友沛县县令家里。后来由于吕公对沛县感觉不错，便把家安顿在了沛县。

吕公刚刚客居沛县的时候，县里的官员、豪绅听说县令家来了贵客，便都来凑钱喝酒。负责接收贺礼的人，就是后来刘邦手下“三杰”之一的萧何。此时，萧何是沛县县令手下一名官员。这次酒宴，萧何主管收礼。按照规定，献钱不满一千的人只能在堂下喝酒；凑钱超过一千的人才能到堂上喝酒。

刘邦听说这事也赶来喝酒，他来到以后见需要交贺礼，实际上他一个子也没拿，便让人高喊一声“泗水亭长刘季贺钱一万”，就直接走进来了。堂上的吕公一听“泗水亭长刘季”“贺钱一万”，大为惊讶，赶快起身相迎。因为“一万钱”在当时是个很大的数字了，秦代一位县令的年俸也只是数千钱，至于亭长，一年的俸钱不足数千。一个亭长一次酒宴敢于“贺钱万”，绝对是让人吃惊的事。

吕公这个人非常迷信相面，他见了口出大言的刘邦的面相也非常吃惊。客人都走了之后，吕公对刘邦说：我平生为人相面多极了，但从来没有见到你这样的面相。我有一个女儿，想许给你为妻，希望你不要嫌弃。刘邦此时还没有妻子，一听说有这种好事，喜出望外，马上答应下来。

但是，吕公的老婆不答应吕公嫁女一事，她说：你平时总说咱女儿是个富贵相，要许个富贵之人家，沛县县令对你这么好，他来求婚你都不答应，为什么非要嫁给这个刘季？吕公回答：此非小女子所知也。

吕公是一个有政治头脑的人，他看中的是刘邦的胆量和潜在的政治家素质，吕公的家是吕公一人说了算，尽管他的妻子反对，但是，他的妻子并不当家；这样，吕雉就成了刘邦的妻子。

这里不得不提一下吕雉的态度。刘邦出生于公元前256年，吕雉则约是公元前241年，两者年龄相差应有15岁，且刘邦的不学无术全县知名。作为当事人的吕雉，她没有丝毫怨言地接受了父亲对自己终身大事的安排。可见，未出阁的吕后当年还是个很听话的人。

吕雉出嫁之时还有一个令她非常难办的问题，就是刘邦已经有了一个非婚生的儿子刘肥。不到20岁的吕雉嫁给了大她十多岁的中年亭长刘邦，而且这位亭长虽然没有正式结婚，却有了一位未婚生育的儿子。看来吕后在未掌权之前，确有她善良温顺的一面。两人结婚后，吕雉很快有了儿子、女儿，因家在农村，她还要亲自在田中种地干活，显示了吕雉勤劳持家的一面。

有一次，刘邦要负责往郦山押送服劳役的人，一路上不断有人逃亡。无奈之下，他干脆在丰县西边的大泽

中将剩余还没有逃的人全放了，并且说："公等皆去，吾亦从此逝矣。"意思是你们都走了，那我也得走了，刘邦这一说一放，反倒感动了十几个不愿逃的人，愿意跟随刘邦。刘邦就带着这伙人跑到芒砀山（今河南永城）落草为寇了。

刘邦身为亭长，押送骊山劳工，竟然放走劳工、自己逃亡，这当然为秦法难容。常言道：跑了和尚跑不了庙。刘邦可以一走了之，但吕雉却为此被抓起来下了狱。

监狱里的生活历来不好过，吕雉进了秦代沛县的监狱也好不到哪儿。监狱之中大问题之一是狱卒对吕雉不礼貌，吕雉在狱中为刘邦究竟受了什么罪史书没有记载；但是，沛县监狱中有一个叫任敖的狱卒，平日和泗水亭长刘邦的关系很好。任敖看见狱卒虐待吕雉，一怒之下打伤了那个虐待吕雉的狱卒。这一下子，沛县监狱的狱卒再也没有人敢欺侮吕雉了。后来吕后掌权之时，任敖被任命为御史大夫，是副丞相之职。

接着陈胜吴广揭竿起义，天下掀起了规模庞大的反秦浪潮，刘邦也就带领手下回到家乡，县里的萧何、曹参等人也说要响应起义，但自己也不敢当头，便让刘邦当头，刘邦心想自己反正都是强盗了，还怕被加个反贼的名头吗？于是也不推辞，开始带领大家招兵买马反抗秦朝。后来刘邦与项羽共尊楚怀王义帝，义帝约他们谁先入关中谁为王，结果刘邦先入关中，但因惧怕项羽势大，刘邦主动将关中让给了项羽，之后被项羽封到偏僻的汉中去了。项羽也率军东归，定都彭城。

但由于项羽在官职和土地上分配不公，天下重新动乱起来。项羽率军征讨，此时刘邦用韩信计兵出陈仓，击败三秦守将，率领60万大军打到了西楚都城彭城。此时的项羽正在齐地忙于平叛，刘邦趁虚而入打进了西楚国都彭城。

由于项羽回军太快，刘邦在彭城还没有安稳下来，项羽骑兵已经杀回，在刘邦的军队中横冲直撞，刘邦一看局面已不可控制，便赶紧逃命，刘邦的父亲、妻子与刘邦的儿子、女儿还在忙乱中相互走失了。而刘邦的父亲、妻子从小路去找刘邦，结果正好遇上项羽的军队，成了项羽的俘虏，由此吕雉与刘邦其父太公却从此在项羽的军营中做了28个月的人质。而且，吕雉在为人质的两年多时间内，还遇到了一件灾难。

汉四年，刘邦、项羽荥阳对峙之时，无奈的项羽忽发奇想：以烹刘邦的父亲刘太公相威胁。项羽的目的是想借此机会要挟刘邦，逼迫刘邦投降。刘邦不吃这一套，竟然嬉皮笑脸地对项羽说：我和项羽都受怀王的命令伐秦，又结拜过兄弟，所以，我爹就是你爹，你要烹你爹，我也跟着一块儿喝汤。项羽大怒，要烹太公，幸亏项

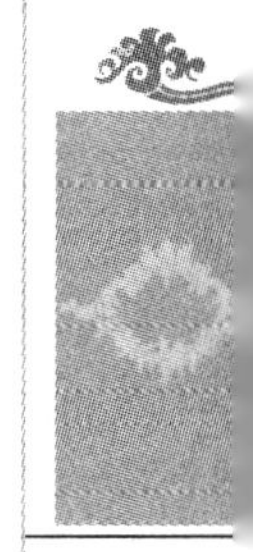

伯从中斡旋，项羽才未杀太公。

这件事虽然史书记载的是杀太公，如果真的烹了太公，吕后能躲得过去吗？绝对不可能躲过去！项羽一旦感到绝望——人质不能起到威慑刘邦的作用，他岂能白白为刘邦养着刘邦的老婆？这场危机由于项伯相救，说了一番杀太公没有任何作用，只能使两家的仇结得更深之类的话，项羽才平息了怒气。太公得以躲过一劫，吕后也因此得以躲过一劫。

刘邦虽然在做汉王之时已经宠幸上了戚夫人，但是，刘邦不解决吕雉的问题可以，但他不能不想办法解决其父做人质的问题。因此，刘邦与项羽在荥阳对峙了两年多之后，由于项羽军粮短缺，士卒疲惫，不得不同意刘邦汉五年十月提出的鸿沟议和。刘邦利用鸿沟议和的骗局，诱骗项羽放回了做了两年零四个月人质的刘公和吕雉，然后撤兵。

项羽东归，刘邦的手下张良和陈平等均认为机不可失，必须趁此机会对项羽穷追猛打，最终全歼之，不然就是放虎归山后患无穷。刘邦也不想天下就这样乱下去，于是撕毁协议率军追杀项羽，终在垓下与韩信、彭越等人将楚军围歼，迫项羽自刎，楚汉战争以刘邦的胜利而告终。

公元前 203 年秋，吕雉归汉后，留守关中。刘邦称帝后，吕雉被立为皇后，子刘盈为太子。吕雉对楚汉战争的贡献是他为刘邦做了两年零四个月的人质。这是吕雉为刘邦做出的重大牺牲，也是吕后在刘邦死后执掌朝政的政治资本。此时的吕后因为年龄长于戚夫人，刘邦出征在外时，她常常作为留守，伴在刘邦身边的是那位年轻貌美的戚夫人。

由于在此之前吕后已经和刘邦长期分居，吕后作为人质被放回后仍然与刘邦分居，因此，吕后此时已经很难见到刘邦了。此时的吕后应当是 30 多岁。这十年夫妻，吕雉和刘邦共同生活了不到三年，刘邦就在芒砀山落草，接着是反秦三年，灭项四年。等到吕雉再回到刘邦身边，刘邦不但有了新宠，而且又有了另一个宠爱的儿子刘如意（刘邦和戚夫人所生）。不到 30 岁的吕后此时只能默默地当一个“留守太太”。

历史上权势显赫的一代女主，在个人感情生活上并不如意。当人们抬头仰望着权倾天下的一代“女皇”时，谁能知道这位“女皇”有多少幸福感？刘邦宠幸戚夫人，恩恩爱爱；吕后从刘邦反秦开始，就与刘邦再无见面，七年后她才回到丈夫身边，但是，现在她和刘邦的夫妻感情已经很淡了。

当初刘邦造反，带着沛县的子弟兵离开沛县时，留下自己的哥哥刘仲和审食其一起照料自己的父亲和妻子儿女。所以，其实，审食其算是刘邦的舍人，当初也是很得刘邦信任的。据说，后来，吕后和审食其发生过

关系。

吕后为人有谋略，汉初韩信意欲谋反，吕后计杀韩信。公元前195年，刘邦死，惠帝立，尊吕后为皇太后，惠帝仁弱，实际由吕后掌政，前188年，惠帝崩，立少帝，吕后临朝称制八年，少帝因其生母为吕后所杀，有怨言，吕后遂杀少帝，立常山王刘义为帝。

吕后有政治家的风度，匈奴冒顿单于乘刘邦之死，下书羞辱吕后，说："你死了丈夫，我死了妻子，两主不乐，无以自虞，愿以所有，易其所无。"吕后采纳季布的主张，压住怒火，平心静气复书说："我已年纪老衰，发齿也堕落了，步行也不方便。"然后赠与车马，婉言谢绝，终于化干戈为玉帛，匈奴自愧失礼，遣使向汉朝认错。

吕后晚年，因没有子孙，怕高祖的子孙欺凌吕氏，故大封外戚诸吕为侯。前180年，吕后崩，终年62岁，与汉高祖合葬长陵。吕后先后掌权达16年。是中国历史上三大女性统治者（吕后、武则天、慈禧）中的第一个。

吕后与审食其不与人知的秘密

吕后执政时，非常宠幸辟阳侯审食其。审食其原是刘邦的属下，但是，在刘邦起兵反秦之后，审食其和刘邦

与吕后有密切关系的审食其

的二哥刘仲一直留在刘邦父亲身边，侍奉太公。吕雉和太公生活在一起，也与审食其有交往。太公、吕后被项羽扣为人质之时，审食其以"舍人"（侍从）的身份陪伴着吕后度过了两年零四个月的人质生活。因此，审食其与吕后有此一段患难之交。

汉高祖六年（前201），因为吕后谏争，没有什么战功的审食其被封为辟阳侯。等到刘邦死后，吕后升任太后，大权在握，便大封自己的娘家人为官，右丞相王陵不答应，她就想废掉碍手碍脚的王陵，于是升他为小皇帝的太傅，夺了王陵的相权。王陵明白吕后对自己是明升暗降，不让他掌握实权，于是告病假回家休息。

吕太后将同意封诸吕为王的原左丞相陈平升为右丞相，让辟阳侯审食其当了左丞相。审食其虽然当了左丞相，但是却不处理朝政，只负责太后

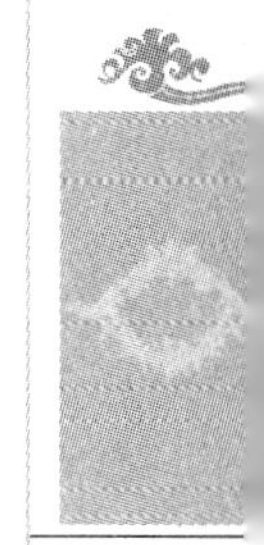

宫中之事，类似郎中令。但是审食其由于得到太后的宠幸，实际上却能主理朝政，公卿大臣们都通过他来办事。

至此，吕太后和审食其二人更无顾忌，互相往来。《汉书·朱建传》说："辟阳侯行不正，得幸吕太后。"说的就是此事。

审食其与吕后的隐情终于被吕后的儿子汉惠帝发现。据《汉书·朱建传》载：审食其当上左丞相之后不久，有人密告吕后的儿子汉惠帝刘盈，说审食其与太后私通，刘盈又羞又恨，于是便想除掉审食其。

一天，惠帝找了一个借口，把审食其逮捕下狱，准备治死罪。吕后也不便亲自出马为审食其说话。这时一个叫朱建的人救了审食其一命。

上述这件事也引发了吕后与审食其是否有私昵关系的一桩历史疑案。通行的有两种看法。

第一种看法是：这段记载表明了审食其与吕后的确有私情。理由有两点：

第一，惠帝既然知道审食其是母后的宠臣，为什么一定要置审食其于死地？第二，吕后为什么"惭"？为什么不敢出面相救？

由于惠帝处死审食其是因为审食其与其母有私情，惠帝又无法处理他的母后，只得把全部怨气发泄到审食其头上。作为当事人之一的吕太后虽然不会受到儿子的处罚，但是，这桩隐情由身为皇帝的儿子处理仍然使吕后大为难堪。"吕太后惭，不可以言"八个字非常准确地传达出此时吕后内心的尴尬。

第二种看法是：吕后仅仅是宠幸审食其，二人并没有私昵关系。理由也有两点：

第一，谁也不可能以太后与审食其的私昵关系状告审食其，因为以此为理由告审食其不仅取证极为困难，而且，一旦坐实，皇家脸面何在？

第二，审食其被告是另有取死之罪。由于罪大，无法赦免；吕太后也觉得无法出面讲情，因此，"吕太后惭，不可以言"。但是，这种"惭"不是因二人有私昵而惭，而是觉得审食其为患难之交，遭此重刑又不能相救而深感自惭。

第三，"大臣多害辟阳侯行，欲遂诛之。"说明大臣们早就痛恨审食其，必欲置之死地而后快。这两句话恰恰从反面说明审食其与吕后无私昵关系。如果审食其私昵太后，罪不至诛；纵有其事，臣下亦当为尊者讳，决不至公然申行诛戮。

审食其在反秦斗争中长期侍从太公，与吕后有较长时间的接触；楚汉战争中与吕后又有过患难之交，因此深得吕后信任。而深得太后宠幸的审食其如果不能夹着尾巴做人，很难避免恃宠而骄，弄权犯法，获取死之道。这应当是惠帝震怒、必置他于死地的主因。

太后之"惭，不可以言"，主要

是因为审食其和她的关系比较敏感，容易惹人猜忌，且外界本就对他们两个人的事议论纷纷，太后若救他的话，只能又给人以话柄，并且这样做刘盈会更加反感，一怒之下杀了审食其，她也没有办法，所以她还不如不救。

审食其平日飞扬跋扈，得罪了不少当朝大臣。因此，当审食其被惠帝下狱治罪之时，大臣们都希望审食其得到应有的惩罚，没有一个人愿意为他出面求情。

惠帝朝政的特点是惠帝与吕后都有很大的权力。惠帝是皇帝，处罚大臣是其职责；太后不能直接干预朝政，只能通过其子间接行事，而此事偏偏是其子震怒之下亲自处理。吕后独掌朝政是在惠帝下世之后。因此，人们的不满不会告到太后那儿，不等于没人告到惠帝那儿。

这桩疑案中的两位当事人，一位被抓，一位无法出面相救，审食其命悬一线。但是，在审食其被捕之前曾经发生过的一件事，救了处境危险的审食其一命。

当时京城有一位叫朱建的人，非常善辩，口才极佳。而且，为人刚正不阿，非常受人尊崇。审食其虽然得到吕后的宠幸，地位显赫，但是，审食其也希望结交像朱建这样的名士，提升自己的名望。但是，朱建由于鄙视审食其的人品，始终不愿见审食其。

权倾一时的审食其想结交朱建而遭到拒绝一事，被刘邦手下一位重要大臣陆贾知道了。陆贾是朱建的密友，两人平时交往颇为频繁。朱建的母亲去世之时，因为朱建家中贫寒，连办理丧事的钱都没有，只好向亲友借贷办理丧服器物。

陆贾于是拜见审食其，一见面就祝贺他。审食其被陆贾祝贺得莫名其妙，便问陆贾：我有什么喜事？陆贾说朱建的母亲去世了。审食其依然不懂，便问朱建的母亲去世怎么向我道喜？陆贾说朱建以前不见您是因为他母亲在世。当然，陆贾作为一个辩士，他这番话是在为朱建不见审食其另觅理由，他接着说：如今朱建的母亲去世了，假如你置办一套重礼，前去吊唁，那么，朱建就可以为你效力了。

审食其一听，这确实是个好机会，于是，审食其准备了一百金作为丧葬费，前往吊唁。由于审食其深得吕太后的宠幸，审食其前往吊唁并以重金相赠之事很快传遍京城。住在京城的列侯、贵人纷纷前往吊唁。朱建因此得到了五百金的丧葬费。因为这件事，朱建和审食其的关系迅速得到改善。

朱建一生刚直不阿，因为母亲丧事无钱操办而接受自己平日看不起的审食其的馈赠，并因此与审食其相交，但后又因为帮审食其设谋，毁了一世英名。

审食其被汉惠帝捉到后命悬一线，审食其的家人赶快求朱建与审食其见一面。朱建接到审食其家人的紧急求援，立即拒绝和审食其见面，但是，

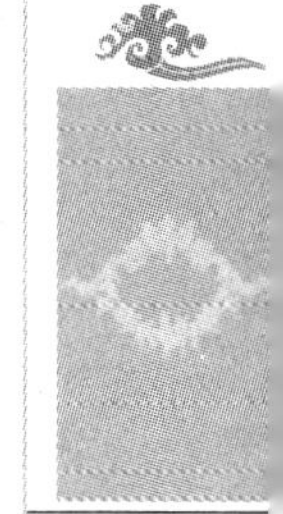

朱建这样做并不是因为他不愿援手相救，而是觉得这样做救不了审食其。但是，审食其并不知道朱建为什么不见他，因此非常恼怒，以为朱建是忘恩负义。

朱建知道，这件案子的关键人物是惠帝，解铃还需系铃人。于是他立即拜见惠帝刘盈的一位男宠闳籍孺。朱建对闳籍孺说，天下人都知道您深受惠帝的宠幸。如今辟阳侯审食其因为得到太后的宠幸而坐了大牢，大家都说是因为你在皇上身边说了辟阳侯的坏话而使他入了狱。所以如果今天杀了辟阳侯审食其，明天早上太后就会一怒之下杀了你。你还不赶快为审食其向皇上求个情。皇上一向非常信任你，皇上听到您为审食其求情，一定会赦免了审食其。审食其一出狱，太后一定非常高兴，也因此会非常喜欢你。皇上、太后，都喜欢你，你想想你的富贵肯定会再翻一番。

闳籍孺一听朱建这么说，既害怕又兴奋，便赶快求见皇上，为审食其大大开脱了一番。于是汉惠帝便释放了审食其。

汉惠帝执政三年后驾崩，审食其和吕太后来往更密，吕太后去世之后，大臣们杀死了诸吕。审食其和诸吕关系极深，但最终没有被杀死，而审食其之所以能保全性命，也是因为陆贾和朱建帮助。

审食其虽然在吕氏家族覆灭后得以幸存，但好景不长，不久就被淮南厉王刘长为母亲报仇借故杀死。

吕后让儿子迎娶外甥女

张嫣像

汉高祖刘邦死后，吕后实际掌权，她为了巩固自己的地位，决定把自己的亲外孙女、惠帝姐姐鲁元公主的女儿张嫣嫁给惠帝。惠帝当然不同意这件婚姻，鲁元公主也不愿意把自己的亲生女儿嫁给自己的弟弟，两个人都觉得非常别扭，认为这是乱伦。但吕太后为了达到自己的目的，竟对自己的亲生儿女不惜以生死相威胁。

鲁元公主说：“张嫣不过九岁，还是一个不懂事的孩子，男女之事根本没有听说过，母后何苦生死相逼？”

吕后听了大怒，声嘶力竭地训斥女儿，但她知道这件事不能强逼，出了事就麻烦了，于是一会儿又假装垂泪说：“这难道是我所愿意的吗，同样是我的骨肉，我怎么会有加害之心

呢？高祖皇帝死得早，如今虽然天下稳定，但遗臣们虎视眈眈，你我母子三人虽各处尊位，不知哪日就会死于非命。如今唯有将吕家与刘家结为一体，才能确保江山和你我的性命。嫣儿是天生富贵之人，有我在宫中，必不会受任何委屈，这结婚的事也是我家之事，哪容得天下人来插嘴呢？”

吕后威逼利诱，汉惠帝和鲁元公主没有办法，终于答应了这门婚事。

到了吕后定下的结婚的日子的时候，张嫣才10岁。皇帝的婚姻，自然是举国瞩目的大事，但是由于婚姻的不伦不类，惠帝不愿意张扬，甚至懒得参与，一切都任凭太后去办理。下聘礼的那天，在太后的一再督促下，惠帝才第一次骑着马来到了姐姐家。

这一天皇帝起床特别早，远远超过了预定的时间。皇帝洗漱完毕，急着出发，大臣们自然不能怠慢。由于一切过于仓促，许多该进行的礼仪都匆匆从简了，就连准备好的礼物，也少带了许多。

空荡的长安街上，只有这支规模宏大的皇家迎亲队伍行进着，四处张灯结彩、彩旗飘飘，却不见几许喜庆的气氛。惠帝见到姐姐鲁元公主的时候，心里一阵心酸，想起当年一起随姐姐流亡逃命的日子，虽然贫寒无依，却逍遥自在，如今姐弟俩荣华富贵，却要从一起牵手的姐弟变为母婿，惠帝突然为这辈分惆怅起来，他真不知道该如何称呼姐姐。

在吕后的催促下，订婚仪式刚过，婚礼马上就要举行了。送亲的队伍排成一条长街，朝中的大臣全都送了重礼，一片喜庆之气。拜过堂之后，小巧的张嫣和舅舅一起进了洞房。

经过一天的劳累，张嫣早已疲惫不堪，一直局促不安的汉惠帝也终于摆脱了人群，悄悄地躲进了自己的角落。摒退所有的宫娥，惠帝的轻松感一扫而空，看着张嫣一个孤零零的新娘在床头坐着，觉得尴尬极了。残存的一丝做人的尊严和舅舅的身份鞭策着他，使他不能有一点非分的念头。这样僵坐了很久，张嫣蒙在盖头里的小脑袋渐渐地垂了下来，似乎是睡着了。惠帝于心不忍，走过去一把将她的红盖头揭开，将她放到床上，自己也躺到一边睡去了

对汉惠帝来说，一个本来是他外甥女的小女孩，如今却被一桩奇怪的婚姻带到了他的龙床上，这场婚姻使原本就懦弱的刘盈更加痛苦不堪，当淤积的气愤不能发泄之时，惠帝渐渐地走上了自暴自弃道路。

汉惠帝用狂欢式的生活默默反击着她的母亲，自己却渐渐掏空了身体。而吕后对于大权的关心，远胜于对唯一的儿子健康的担忧。但眼见皇帝的身体日益垮下去，却仍旧没有子嗣，吕后不由着急起来，手下人监听的报告，早证明皇帝极少和皇后在一起，而张嫣一次次声称已经同房的话，也令吕后怀疑起来。为了皇后能够生出

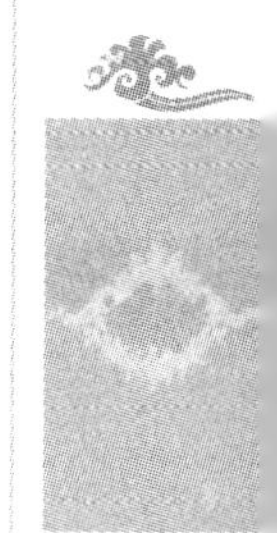

个皇子来，吕后将皇帝和皇后召集在一起，并恶狠狠地说，如果皇后还不能怀孕，他就要杀掉皇帝所接触过的每一名宫女。

惠帝更加愤恨，却也无可奈何。当他和张嫣一起坐在寝帐里的时候，他总是让张嫣先睡去，自己却长时间地坐在一边发呆，或者摒退了侍者，自己去侧室里睡。张嫣表现出了超出她年龄的成熟，每当这时候她就自愿地将皇帝送到别的寝室，而总是对太后交代说日夜同皇帝在一起。直到最后无法遮掩了，她就假装自己已经怀孕了。

张嫣一个人在宫里孤苦伶仃，虽为皇后之尊却无人疼爱、无人关心，也没有人可以倾诉，生活得非常孤单。有一次张嫣的母亲鲁元公主来宫里看她，张嫣十分乖巧地和母亲说自己生活得很好，只是在夜晚没人的时候，才向母亲倾诉内心的苦衷。鲁元公主抚摸着女儿的头，心疼地对她说："以你如此身貌，而终身为处子，吾每念之，肝肠如割也。"为了安慰女儿，也为了安慰自己，鲁元公主又对女儿说她是天仙谪降，故始终不为尘俗所污，言道此处，母女二人相拥而泣。

两年之后，张嫣渐渐长大起来，身体也有一定的发育，于是吕后就经常派人监视皇帝和皇后的私生活，她自己也一改以往不管皇帝夜生活的态度，督促惠帝与皇后同床。吕后的督促更加促发了惠帝不碰皇后的决心，这种逆反的心理，给他带来一阵阵报复的快感。

吕后的目的是希望皇后早日能生出一个皇子来，以代替惠帝，这样她也有了彻底控制朝权的机会。于是吕后常常问张嫣："皇上跟你同房了没有？怀孕了没有啊？"

张嫣是一个早熟的孩子，两年的宫廷生活使她明白了很多，起初她很害羞，慢慢地就不怕问了，她沉着并不断地骗吕后："同房了同房了，您就别操心了。"其实张嫣心里明白，对于她的姥姥，她只能如此蒙骗她。就这样，张嫣成为了终生的处女，寂寞了一生。

薄姬一夜风流生帝子

汉高祖的妃子，汉文帝的母亲薄姬是苏州人，她的父亲薄生在秦朝之时与从前魏国的宗室之女魏媪相好，未婚而生下了她。魏媪拉扯着一双儿女，在乱世之中苦苦求生。由于母亲魏媪心怀故国，见魏豹复称魏国，便将亭亭玉立的心爱的女儿送进了魏豹的王宫，薄姬便成了魏豹的姬妾。

魏媪请当时极负盛名的相术师许负来给女儿薄姬相面，看她能否在魏宫中出人头地。谁知道这许负一见薄姬，顿时大惊失色，道："何止是在

薄姬雕像

小小王宫出人头地那么平常？她日后还要生下天子，成为世间第一贵妇人！”

魏媪一听顿时心花怒放，魏豹听说薄姬竟然还有这等命相，更是喜上眉梢，觉得既然薄姬能生天子，那么自己肯定能当上皇帝，皇帝的孩子才是天子嘛！于是魏豹立即背弃自己和汉王刘邦所订的攻楚盟约，转而在楚汉之间中立起来，隐隐然有坐山观虎斗，想收渔人之利吞并天下的意思。

魏豹背约，令刘邦怒火中烧，这一下气得连项羽都先放在一边了，赶着就派自己的亲信将领曹参率兵，誓要先灭了两面三刀的魏豹不可。于是不久后魏豹被俘，不久后死掉，魏宫中的女人们也全部被俘，被收编为织布的女工。

刘邦此时正忙于和项羽争战，无暇顾及女色，有一次偶然想到了魏宫的姬妾宫人，于是便到她们所在的织室去瞧瞧。这一瞧之下，刘邦发现这些织女中居然不乏美女佳人，便挑选了一批姿色出众的女奴送进自己的后宫中。

一时间，薄姬以为自己将要时来运转了，不禁又想起了当年许下“生天子”的预言，心中无比雀跃，但现实并不如意，因为刘邦内有悍妻吕雉，外有戚夫人陪伴，何况薄姬的姿色在魏宫女眷中并不出众，因此刘邦压根就不曾注意过这个女人。

一年多的时间过去了，薄姬连刘邦的面都没能再见到。眼看青春流逝，她只能自叹命苦。就在这个时候，老天再一次展现了奇迹。原来在魏宫中时，年少的薄姬有两个要好的女友，一个叫管夫人，一个叫赵子儿。薄姬视二人如同姐妹，知心贴意，还和她们立下了盟誓：“假如三人中有谁先得富贵的话，一定不要忘记另两人，要共享富贵和机遇。”想当初薄姬在魏宫中时，可是不折不扣地履行了自己的誓言，然而到了汉宫，管夫人和赵子儿却将薄姬的盟誓当成了一场笑话。也许是她们仍然嫉妒薄姬昔日在魏宫中超过她们的实际地位，也许只是根本就没将薄姬当回事儿。

汉高祖四年，刘邦来到了河南成皋灵台。这时陪伴他的姬妾，正是管夫人和赵子儿。这两个女人一时间十

分受宠，得意非凡，闲聊的时候提起了当初和薄姬立下的誓言，觉得薄姬十分可笑，于是嬉笑不止。刘邦无意间听到了一点话头，见两人笑得有缘故，便开口询问。管夫人和赵子儿只得一五一十地将底细都说了出来。刘邦对这两个没有良心的女人十分反感，转而对单纯的薄姬同情起来。

于是正因为好友的背叛，薄姬反而得到了刘邦召见的机会。就在头一天晚上，薄姬做了一个怪梦，梦中飞来一条龙，盘踞在她的身上。梦醒后正在诧异之中，却忽然得到了为刘邦侍寝的机会，于是便将这个梦境告诉了刘邦。刘邦一听，十分高兴，认为此事乃是天缘，便对薄姬说："这是你将要富贵的征兆。"

但是，刘邦并没有喜欢上薄姬，他当初召她侍寝，几乎等于是在"日行一善"，加上正事繁忙，所以很快也就把她忘了，特别是她怀孕生产之后，更是连面都顾不得见她一次。所以薄姬虽然为刘邦生下了儿子刘恒，却也只是带着儿子过日子。

孤寂的薄姬在长达8年的时间里，默默无闻地僻处宫廷一角，抚养着刘恒。由于不受宠爱，偏偏又生了儿子，所以为诸宠姬所妒，薄姬的处境可想而知。渐渐地，她养成了谨小慎微、凡事忍让的态度，就连照制度派来侍候她的宫女，她都不敢得罪。

刘恒8岁这年，是汉高祖十二年，就在四月甲辰，刘邦去世了。大权独握的太后吕雉虽然对戚懿进行了残忍的报复，由于薄姬处处忍让，所以她对薄姬没有动杀心。后来薄姬被吕雉送往儿子刘恒的封地，不但让她母子团圆，更给予她"代王太后"的称号，使她成为大汉王朝仅次于吕雉的贵妇人。

随着薄姬一起来到代国的，还有她的弟弟薄昭和她的母亲魏媪。薄姬多年来守完死寡守活寡，早已习惯了没有丈夫的日子，如今虽然依旧寡居，但是所有的家人都能够最终团聚，并且在儿子的封国上享受富贵，薄姬已是喜出望外。

正当薄姬在代国这个世外桃源享受人生的时候，其他的刘氏诸王母子，却正在被吕后大肆修理，以被杀为多，其他跑的跑，贬的贬，都在水深火热中煎熬，在清除刘氏王族的时候，吕后全力封自己吕家的亲族为王。直到吕后死后，陈平、周勃等人先下手为强扫平了诸吕，经过一番较量后，为了便于控制皇帝，他们选择了扶持没有名气且一直在外的刘恒回国都即皇帝位，他就是汉文帝，却没想到刘恒是真正的精明能干，雄才大略，德行卓著。汉文帝即位后，封自己的母亲薄姬为皇太后。

在婚姻生活上，薄太后一生坎坷，是毫无乐趣可言的。然而她却生了一个世上数一数二的孝顺儿子。在中国历史上影响深远的二十四孝故事里，汉文帝刘恒排第二，仅次于舜帝姚重华。据说，薄氏成为皇太后之后，汉

文帝以皇帝之尊，仍然对母亲孝顺如初。薄太后曾经生了一场重病，辗转迁延达三年之久。在三年之中，他每天都要看望母亲，常常衣不解带不眠不休地陪伴在旁边，凡是御医送来的汤药，刘恒都要亲口尝过，确认无误之后，才放心给母亲喂下。文帝在位23年，一直都对母亲尽为子之道。

公元前157年，文帝先于薄太后离开人世。临终时，他对于让母亲“白发人送黑发人”的“不孝”深为抱憾，反复嘱咐妻子窦皇后和儿女们一定要对薄太后尽孝。为了弥补这个缺憾，刘恒要求将自己的陵墓照“顶妻背母”的方式安置方位。两年后，薄太皇太后去世，窦太后谨遵丈夫的心愿，将婆婆落葬在刘恒霸陵的南方，仿佛刘恒背着母亲的样子。

王娡是如何由村妇变皇后的

王娡是汉景帝刘启的皇后。她的家乡是今天陕西扶风县槐里镇。王娡的母亲叫臧儿，是原来的燕王臧荼的孙女。燕王臧荼是秦末汉初，群雄并起时候项羽册封的诸侯王，后被汉高祖刘邦击败杀死。可见，王娡也是名门之后。后来臧儿嫁给槐里的王仲为妻，生一子名叫王信，还有两个女儿，长女王娡，次女王兒姁。后来王仲死

汉景帝皇后王娡

了，臧儿又改嫁给长陵田氏，生两子田蚡、田胜。

由于家境不好，作为长女的王娡很早就嫁了人。她的丈夫金王孙，名字大气，但命运不济，他们生有一女儿名金俗。

就在王娡踏踏实实过农家日子的时候，她的母亲臧儿却不甘心自家的落魄，请人来算了一卦，算命先生说，她的两个女儿有大富大贵的命。臧儿一听来了精神，觉得自己终于有了指望！

可这时王娡已为人妻，怎么办呢？臧儿厚着脸皮跑到金家，要人家把女儿退回来。金家大怒，对于这等无理要求坚决不答应。臧儿没了办法，只得偷偷地把王娡送到长安，进太子宫做了宫女。

王娡毕竟是做过人妻、生过孩子的女人，对于男女之间的事情，比那些小宫女要大胆得多，于是很快太子刘启就喜欢上她了。刘启本来是有正妻的，但刘启从心眼里不喜欢太子妃

薄氏，并且太子妃也没有生育，所以两个人的感情并不好。后来，王娡为刘启生了三个女儿，这使她在刘启最受宠的栗姬面前抬不起头。

但王娡是一个不服输的人，于是，她又把妹妹王息拉进太子宫。妹妹年轻貌美有资本，姐姐成熟老到有经验，王息也很快成为红人，一连为刘启生下了四个儿子。也许是急于争面子生育过度，王息在生下第四个儿子后便去世了。

之后，王娡终于又怀孕了。她对刘启说："我梦见一个大太阳钻进我的肚皮了!"刘启高兴地说："这可是个好兆头!"

这个儿子还没出生，汉文帝就去世了，于是刘启继位，史称汉景帝。后来王娡果然生了儿子，这是刘启的第七个儿子，但却是他当皇帝后得到的第一个儿子。王娡为儿子取名"彘儿"，也就是猪儿意思。他的大名叫刘彻，就是后来的汉武帝，刘彻稍大些时被封为胶东王。王娡有了儿子做本儿，身价也就高了，被册封为美人，这是后宫中很高的级别了，从道理上与栗姬平级，享受同等待遇。

汉景帝的薄皇后无出，由于没有嫡子，景帝最初遵照'立长'的传统立自己的庶长子刘荣为太子。汉景帝的姐姐馆陶长公主刘嫖希望自己的女儿陈阿娇能成为将来的皇后，所以就想把女儿许给太子刘荣。不料刘荣生母栗姬因厌恶馆陶公主屡次给景帝进献美女，对其很反感，就十分无礼地拒绝了这桩婚事。馆陶长公主十分恼怒，遂起废太子刘荣之心。

馆陶长公主见栗姬不成，便开始找其他生有儿子的嫔妃，他看到胶东王刘彻小小年纪就很聪明，年纪又比阿娇小不几岁，又看到刘彻的生母王娡只是景帝后宫里一个地位普通的"美人"，应该不会拒绝，便向王娡提亲，然而王美人聪敏世故，立志答应了下来。并且之后也有机会就曲意迎合、百般讨好馆陶长公主，为自己的儿子谋夺太子之位。

刘荣是栗姬所生，后来被立为太子，但之后不久又被废了。由于姐姐和母亲的坚持，景帝只好立刘彻为太子。但刘彻是景帝的第七个儿子，废了长子刘荣，按道理也轮不到他，所以只能从王娡身上找点子。如果王娡成为皇后，那么立她儿子刘彻为太子就顺理成章了。

就这样，王娡不容争辩地必须要成为皇后。王娡可算是中国历代后宫中的一景，她以有夫有女之身混进皇宫，而且最后成为母仪天下的皇后。

王娡就任皇后之后仅12天，年幼的儿子刘彻就被立为太子。九年后，景帝去世，刘彻继位，王娡顺理成章成为太后。王娡成为皇太后之后，与太皇太后窦氏又斗了几次。

当皇太后把一切都搞定后，她最挂念的就是与平民丈夫所生的女儿金俗了。儿子刘彻对母亲这不太光彩的

过去表现出了难得的理解，但还是在长陵镇找到了金俗姐姐。母女相见，禁不住悲喜交加，金俗伏地痛哭，王娡也是老泪横流。

刘彻设宴敬酒，庆贺家人团聚，并且赏赐大姐大批的人财物。面对如此孝顺的儿子，王娡只有连声谢谢，说："让皇儿破费了。"后来，王太后对这个失散多年的女儿及其一双儿女格外偏袒，但最后都不成器。公元前126年，王娡70岁左右病逝，葬于汉景帝的阳陵。

汉武帝"金屋藏娇"娶表姐

陈阿娇像

陈阿娇是汉武帝的第一个皇后，本是武帝姑姑馆陶长公主刘嫖之女，小名阿娇，世人称其为陈阿娇。她出身高贵，从小便被做为皇后娇惯着，和汉武帝也是小青梅竹马长大的。

汉武帝之所以能当上皇帝，与陈阿娇有极大的关系，因为陈阿娇的母亲是馆陶长公主，她是汉武帝之父汉景帝的亲姐姐，汉景帝之后窦太后唯一的女儿，而窦太后因早年失明需要人陪伴，长子汉景帝刘启忙于政务，爱子刘武又远在梁国，身边最是亲近者即馆陶长公主，所以她常陪窦太后，并且她做为姐姐，又常给景帝进献美女，是以景帝对姐姐也是十分爱戴。所以馆陶长公主能倚仗母亲的宠爱和弟弟的纵容出入宫闱，其权势为宫中皇后及诸嫔妃所不及。

有一天，馆陶长公主带阿娇去王娡的住处玩，她抱着还不到十岁的刘彻问："彻儿长大了要讨媳妇吗？"

刘彻说要啊，长公主于是指着左右宫女侍女百多人问刘彻想要哪个，刘彻都说不要。最后长公主指着自己的女儿陈阿娇问："那阿娇好不好呢？"刘彻于是就笑着回答说："好啊！"长公主又问："如果你能娶阿娇做妻子，那么你怎么对待她呢？"

刘彻说："我会造一个金屋子给她住。"刘嫖听了也非常满意，便与王娡商量将阿娇嫁给刘彻，先让两人定婚，王娡非常高兴地答应了。这也就是成语"金屋藏娇"的由来。

"金屋藏娇"的婚约也是当时政治的一个转折点。因为女儿的定婚，刘嫖转而全面支持刘彻，朝廷局势为之大变。经长公主一番经营，景帝废太子刘荣为临江王，贬栗姬入冷宫忧

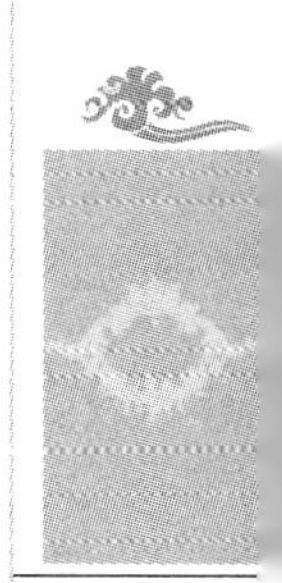

死。不久，皇帝正式册封王娡为皇后，立刘彻为太子。

等阿娇和刘彻两人成年后，汉景帝和刘嫖为他们举行了大婚，二人结发成夫妻，“金屋藏娇”便也成为一个传诵千年的婚姻传奇。

陈阿娇为求宠幸千金买赋

汉景帝去世后，刘彻即皇帝位，就是汉武帝，他立原配嫡妻陈阿娇为皇后。汉武帝即位初期，刘彻在政见上与祖母窦太皇太后发生分歧，建元新政更是触犯了当权派的既得利益，引起一些人的强烈不满，窦太后也很不顺意。但汉武帝有赖于皇后陈阿娇渡过了险境，因为阿娇是窦太皇太后唯一的外孙女，极受她的宠爱，加上陈家以及长公主的全力支持，窦太皇太后便不想废去汉武帝，所以他的改革才清除大贵族势力的行动才得以实行。

祖母窦太皇太后去世后，汉武帝亲政，终于得以大权独揽。可叹的是，因为陈阿娇出身显贵，自幼荣宠至极，难免骄纵率真；且有恩于武帝，不肯逢迎屈就；与汉武帝渐渐产生裂痕。兼岁月流逝，却又没有生育，汉武帝渐渐疏远了她。

馆陶长公主想帮助女儿，但也没有别的办法，只得在女儿的生育能力方面努力。她四处求医问药、重赏厚赐，前后足足在医生身上花费了九千万钱之多。然而，不知道是医生医术平庸，还是陈阿娇是先天性不能生育，或者是刘彻已经太少光临皇后宫，总之，陈皇后始终没有怀上孩子。

而就在陈娇怀孕的希望一次次落空的同时，卫子夫却在不停地为刘彻生孩子，前后生下了三个女儿：卫长公主、阳石公主、诸邑公主。她虽然一直生女儿，武帝对她仍然偏疼偏宠，大有不让她生出儿子誓不罢休的势头。

这样的情形，比那些苦不堪言的中药汁更让陈娇难以承受。于是她转而乞灵于巫术。在众多巫师中她选中了女巫楚服，希望能够借助神灵的力量挽回丈夫的爱情。——楚服的巫术水平多高，事实俱在不用多说，但是她蛊惑人心的本事肯定比她的巫术高出一大截。楚服不但为陈娇举行巫祭之礼，还把自己打扮成男子模样与陈娇同吃共寝。陷于绝望的陈娇对她言听计从，将她看成了自己各方面的抚慰和依靠。两人刚开始她倒还知道掩人耳目，但日子长了，陈阿娇越来越离不开楚服，而得意忘形的楚服和女徒弟们更忘了皇宫是什么地界，一天天肆无忌惮起来。

后来终于东窗事发，元光五年（前130），汉武帝刘彻对陈阿娇女巫事件大发雷霆，他将这案子交给著名

的酷吏张汤办理，而且下令要穷究到底。

这时，陈娇的外祖母窦太皇太后已去世五年，馆陶长公主失势已久，局面已今时不同往日。张汤的追查雷厉风行，很快就有了结果。楚服被定下“为皇后巫蛊祠祭祝诅，大逆无道”的罪名，而辗转牵连的小巫以及皇后宫相关的人都被处死。

对于陈阿娇。刘彻也颁下了废后诏书：“皇后失序，惑于巫祝，不可以承天命。其上玺绶，罢退居长门宫。”——十几年的夫妻情分，至此戛然而止。

这消息对馆陶长公主来说不异是晴大霹雳，她害怕女儿惹下的大祸继续牵扯下去，连忙赶进皇宫向自己一手扶立起来的皇帝侄儿下跪求饶。这时的刘彻还年轻心软，想到从前的情分，承诺绝不追究姑妈和表兄一家，更表态会照办当年“金屋藏娇”的许愿，阿娇虽然不再是皇后，仍然享有和从前一样奢侈的物质待遇。

大松一口气的馆陶长公主对于侄儿的答复已是感恩戴德，不敢多说便返回了侯府。

虽然妻子带回了口信，堂邑侯陈午却始终对事情会如何演变担惊受怕，他很快就病倒了。就在女儿陈娇被废的第二年，陈午就一病而死。

丈夫死了没多久，新寡的馆陶长公主就和自己的养子董偃之间发生了不伦之恋。所有的精力都放在了这个漂亮小伙子身上，一门心思地想让侄皇帝认可自己的第二春。何况如今新后已立，旧事重提不但于事无补，更会得罪侄子，自己得不偿失。所以她根本无暇去关心女儿，一心只想着风流快活。

汉武帝在这方面也和姑妈很有默契，乐于姑姑不提阿娇之事，于是姑侄感情又好起来。而陈娇却在母亲和丈夫的心领神会中，变得无人问津。

然而，关在长门宫里的陈娇仍然对初婚时的旖旎温情念念不忘，她痴心地盼望丈夫能够有回心转意的那一天。她听说刘彻非常喜欢蜀郡司马相如的文采，对他的辞赋都加以诵读，于是便拿出黄金百斤，让人送给司马相如，请他为自己做一篇赋，希望能够让丈夫回忆旧情。重赏之下，司马相如果然妙笔生花，写了一篇凄恻动人的名作《长门赋》出来：

夫何一佳人兮，步逍遥以自虞。魂逾佚而不反兮，形枯槁而独居。言我朝往而暮来兮，饮食乐而忘人。心慊移而不省故兮，交得意而相亲……

据《长门赋序》称，这首赋被刘彻看了之后，感动无比，虽然不能复立陈娇为皇后，却又重新与她旧情复燃，共享天伦之乐，但终究因阿娇不能生育，小姐脾气又难改，武帝待其已难如以往。

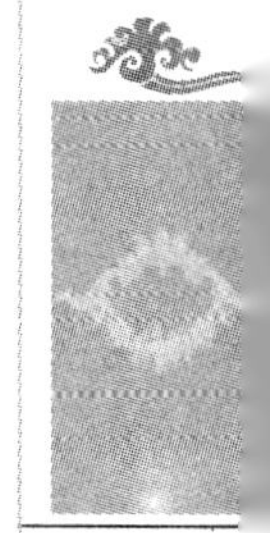

卫子夫因能生育而得宠

卫子夫像

汉武帝的第二位皇后是卫子夫，本是袭封平阳侯曹时府中的歌伎，服侍曹时的夫人、汉武帝的姐姐平阳公主。

自古以来，皇帝的姐姐就仿佛有为弟弟选送美女的义务，这平阳公主也不例外。建元二年（前139）三月，汉武帝在霸上祭扫后来到平阳公主家中，平阳公主就将美女装饰打扮起来，供汉武帝选择。但汉武帝看后，觉得都不满意。在武帝与平阳公主一起饮酒的时候，又让歌女起舞助兴，事情果然就峰回路转，这群出身卑微的奴婢刚进门，刘彻便已远远地盯上了了长发黑亮的卫子夫，等到卫子夫歌喉宛转唱出悦耳的曲子之后，汉武帝看得都呆了。

平阳公主看出了弟弟的心思，当刘彻起身说要上厕所的时候，她立刻心领神会地派卫子夫前去“照顾”，两人这一去果然就是半晌，可见卫子夫照顾得不错，当刘彻再次返回座位的时候，变得满脸喜气，还对姐姐的盛情款待深表谢意，一下子就送了平阳公主一千斤黄金。

平阳公主自然知道这一千斤黄金是因为什么原因才凭空砸下的，她立刻提出，要将卫子夫送入宫中服侍皇帝。刘彻立即“笑纳”了这份礼物，并且将卫子夫带上了自己的车驾。

当卫子夫站在汉武帝车边惶恐不安的时候，平阳公主安慰她说：快去吧，好好吃饭，好好努力，有朝一日有了大富贵可不要忘了我！

可是，卫子夫在皇宫的生活并不是一帆风顺。满怀期望的卫子夫刚进宫门就遇上了怒气冲冲的陈阿娇皇后。陈阿娇早已得到了皇帝宠幸歌女的小道消息，她见丈夫离了自己的眼皮就敢生事，已经让她怒火中烧，而新出现的情敌更竟然是一个奴婢，这更让陈阿娇难以承受了。而刘彻对卫子夫的感情，当时还不足以为她去开罪表姐与姑妈，因此卫子夫很快就被陈阿娇丢到了宫女群中。

这一丢就是一年多的时间，卫子夫连刘彻的面都见不着。当卫子夫明白自己的处境之后，绝望随之而来。

皇宫也有这样一个规矩，就是各色宫女人满为患时，就不得不遣散一

批，后来卫子夫也流着眼泪加入了申请出宫的人群里。本来遣散宫女这样的小事，让皇后或者宦官头儿去处理也就足够了，但是刘彻大约是怕陈阿娇和她的亲信趁机将美女赶走，而只留一帮丑女人，因此他决定亲自出马，所以机会就这样第二次降临在卫子夫身边，当刘彻看到梨花带雨的卫子夫时，立即回想起了初次相遇的情景，便对她万分怜惜起来。为了避免再次被陈娇皇后察觉，刘彻将卫子夫安置在上林苑居住，并且时常前去看望。

而这一次的旧情复燃更带给刘彻一个真正的“意外惊喜”：卫子夫竟然很快就怀上了身孕。这可太给刘彻长脸了，因为阿娇不能生育，朝野上下不少人怀疑是刘彻那方面不行，以至刘彻也搞不清是谁不行，为此苦恼异常，如今卫子夫怀上他的孩子，立即为他洗却了不白之冤，于是在他眼里也就顿时成了个活宝贝，爱不释手。

而与此同时，陈皇后也不再受宠，且地位渐失，便几度想治卫子夫于死地。汉武帝知道后非常恼怒。于是废了陈阿娇的皇后之位。卫子夫先后生三女，后来生了一个男孩，起名刘据，是为汉武帝的长子，元狩元年（前122）刘据被立为太子，并升卫子夫为皇后。

卫子夫为皇后的38年，一直比较安分守己受人尊重，所以尽管汉武帝新宠不断，她的皇后之位还是很牢固的。但后来她与儿子受了小人江充诬陷，成了巫蛊之祸的主角，被迫自杀身死，江充的事情败露后全族被诛，汉武帝也非常后悔，建思子宫，为“归来望思之台”，天下闻而悲之。卫子夫的曾孙、刘据的孙子刘病已后来因汉昭帝无子，即昭帝之位而为汉宣帝，并完全恢复了卫子夫和刘据等人的名位。

因儿子被杀的钩弋夫人

钩弋夫人像

西汉武帝的后妃钩弋夫人，本姓赵，她是一个集美丽、神秘、传奇和悲惨于一身的女子。史书上并没有记载赵钩弋的名字，只说她姓赵，称呼

她为赵钩弋是因为汉武帝册封她为“钩弋夫人”。

赵钩弋的家乡在河间（现河北河间县），汉武帝在巡狩期间路过河间，有善于观察星相的人说，这里的天空祥云笼罩，一定有奇女子。于是汉武帝紧急派遣使者按照祥云的位置寻找这位奇女子，真的就找到了。

使者把这个奇女子带到汉武帝面前一看，原来这个容貌极其美丽的女子很奇怪，她两只手都紧握拳头打不开。汉武帝也好奇，就亲自出手抚摸这个女孩子的手，但他一摸，这美女的拳头竟然伸开了。

汉武帝自然是十分高兴，不假思索就把她带回长安，并得到宠幸，称她为“拳夫人”。

之后，汉武帝对她如获至宝，为她特地在长安城建筑专门钩弋宫，并改称“拳夫人”为“钩弋夫人”。老夫喜得少妻，自然赵钩弋成了汉武帝的活宝。

赵钩弋也真争气，在当年就怀了孕。所有女人都是怀孕十月就生的，偏偏赵钩弋却怀了14个月后才生下一个男孩，命名刘弗陵。汉武帝老年得子，乐不可支，说：“听说唐尧帝在娘胎中怀孕14个月才生。而今赵钩弋的儿子，也是怀孕14个月，简直太奇妙了。”借这个典故，题名赵钩弋的宫门为“尧母门”。

刘弗陵四岁的时候，发生了江充的巫蛊之祸事件，皇后卫子夫和太子刘据被污蔑，先后自杀。太子的宝座悬空，成为汉武帝儿子们争夺的目标。汉武帝本来有好几个儿子，但经过他自己的一番折腾，现在只剩下赵钩弋生的刘弗陵有资格当太子了，汉武帝又特别喜欢刘弗陵，便想立他为太子。

然而，汉武帝正考虑着一个闹心的问题，那就是赵钩弋太年轻，而且花容月貌，一旦他死后，这位“钩弋夫人”就会合法地当上皇太后，掌握最高权力，若给他几顶绿帽子戴，那时谁也管不了。但这还不是主要的，主要的是眼下太子还小，不能治理国家，国家大权势必落到皇太后之手，那么吕后专政，或者说汉武帝奶奶窦太后专政的情形就将再现。一想起死后的混乱，汉武帝寝食难安，想来想去，觉得唯一的预防措施就是先把赵钩弋杀掉。

公元前88年，70岁高龄的汉武帝带着娇妻赵钩弋前往甘泉宫避暑。有一天，他突然抓住了赵钩弋一个很小的过失，给了她严厉的处罚。对此《汉书》上记录了八个字：“从幸甘泉，有过见谴”。赵钩弋“见谴”后被监禁起来，《汉书》上说她被监禁后“忧死”。

可钩弋夫人到临死都不明白她的小小“过失”，怎么会受到如此严厉的处罚。赵钩弋死后第二年，汉武帝正式册立8岁的刘弗陵为太子。册立太子的第二天，汉武帝驾崩，刘弗陵继承皇位，追封老娘赵钩弋为皇太后，

追尊外祖赵父为顺成侯，发兵两万人扩建他老娘钩弋夫人的坟墓“云陵”。

解忧公主嫁乌孙

解忧公主像

解忧公主是西汉时楚王刘戊的孙女，她在细君公主去世后，为了维护汉朝和乌孙的和亲联盟，也奉命出嫁到西域的乌孙国。

太初二年（公元前103），西域最远的乌孙国客人来到长安，上书汉廷为乌孙王求娶汉家公主，以此延续乌汉联盟，垂怜大王失去细君公主的悲痛，汉武帝爽快地答应了乌孙的请求。为了维护祖国统一，粉碎匈奴鲸吞中原的欲望，汉武帝决定派楚王刘戊的女儿解忧公主远嫁乌孙王。

诏书就是皇帝的命令，谁也不能违抗，解忧一家含着眼泪跪拜接旨谢恩；才女佳人的解忧即将奔赴西域，她并不畏惧和亲公主肩负的重任。此去九千里的漫漫征途何其遥远，此一去50年的岁月里经历了无数的风风雨雨；解忧公主如鹤翔蓝天一样奋力展翅，其中的悲欢离合又有多少人怜悯动情？

公元前100年，汉武帝亲自为解忧公主送行，庞大的送亲队伍，车轮滚滚，鼓声阵阵，旌旗猎猎，彩衣飘扬。汉朝的随嫁人员多达数千人，既有宫娥才女、乐工裁缝，也有技艺工匠、护卫武士，陪嫁物饰之丰富更是炫人双目。

雍容华贵、风姿绰约的解忧公主在一辆华丽的马车里，她凝视着窗外巍峨的山峰，险峻的古道，雄浑壮美的戈壁滩，天空中盘旋长鸣的雄鹰，这一切引起了她无穷的伤感和遐想，她掏出手帕不停地擦拭着腮边的泪水。

翻过了一山又一山，走过了一水又一水，一路日夜兼程，跋山涉水，冲散了狼虫虎豹的侵袭，击溃了沿途流寇的抢劫，战胜了缺水断粮的威胁，从一座座群山环抱的深谷走出后，眼前的奇景令众人眼前豁然一亮。

迎接解忧公主的地方在乌孙的夏都特克斯草原，那里的风光秀丽迷人。雨过天晴的山色空明透亮，蓝天上祥和的白云相依相偎；丰盛的牧草此起彼伏扬波欢歌，叮咚作响的山泉悠然如琴。一道彩虹飞架在层峦叠翠的山峰上，河谷里的百鸟啾啾欢唱着也来

迎亲。

硕大华丽的蒙古包门外，乌孙的王公贵族们伸长了脖子翘足远眺；公主的专车被欢乐的人们前呼后拥，迎亲的队伍足有十里之长。当公主莲步迈出车厢的那一霎那，娇美的容貌好似鲜艳的桃花令晚霞羞惭地匆匆落下；乌孙王和她结臂并行的时刻，公主那温柔的举止如同和煦的春风，幽娴的神态胜似天鹅的姣姿。

喜筵达到高潮时，君臣和牧民在一堆堆篝火旁载歌载舞。乌孙人的风情歌舞热情奔放，汉家儿女的歌舞更是大放异彩。公主应邀向大家展示才艺，两支古朴典雅的《幽兰》《白雪》名曲，美妙地引诱凤凰飞临；公主的贴身侍女也离席献艺助兴，精湛的剑舞恍如银蛇飞动，舞剑的人却身轻似燕。乌孙的文臣武将门都目不斜视，个个张大嘴巴发呆；四处的欢歌笑语不绝于耳，大王的新婚里牧民们通宵庆贺。

公主初到乌孙时嫁给军须靡，岑陬是他过去的官号，位居右夫人的解忧公主遇到两个大难题，一是多年没有怀孕遭到冷落，匈奴公主自然十分开心；汉朝与匈奴的战事多有失利，乌孙王军须靡又因病去世。解忧公主和匈奴公主都依照乌孙国的习俗改嫁给了号称肥王的翁归靡，二是解忧公主始终位居右夫人的不利地位，始终处在亲汉派和亲匈奴派的矛盾冲突，和宫廷王位争夺战的险象环生的逆境中，忍辱负重的解忧公主志向坚定，极力维护汉朝和乌孙的联盟，致力于乌孙国的兴国之路，一点一滴地苦心经营，站稳脚跟。

解忧到乌孙国后，积极参与政事，致力于兴国安邦的事业。她经常不辞辛劳地到各个部落中视察民情、访贫问苦；每逢国中发生了山洪、寒流、地震等自然灾害，她都毅然奔赴前线，与各族牧民并肩战斗抗洪救灾；大力发展植树造林和发展农业活动；她还积极支持贤臣的建议，说服乌孙王和乌孙长老们，开通了乌孙通往大宛、康居和塔里木城邦诸国的通商口岸。在她改嫁翁归靡以后，乌孙的经济发展很快，官办的商业和民间的自然经济都得到长足的发展，那真是财源滚滚，挡都挡不住，乌孙和四邻国家的和睦关系胜过以前。天山南北都留下了她友好往来的踪迹，各国民众翘起大拇指赞颂她：汉家公主的美貌赛过天鹅，爱民如子的美德天下传颂；乌孙国走出了一条济世安邦的兴国之路，前所未有的兴盛局面如同太阳升到正午一样。

就好像苍天有眼洪福降临，解忧公主和乌孙王翁归靡的爱情结晶了，他们先后生下三个儿子两个女儿，不仅共享天伦之乐，还为乌孙国和汉朝的结盟谱写了崭新而辉煌的历史篇章。解忧公主的子女多才多艺，都为乌孙国的兴旺发达和西域各国倾向汉朝、反抗匈奴贵族的奴役，谋求和平共同

发展做出了无私的贡献。

解忧公主一生经历了三个丈夫，都是乌孙王，直到年过70岁时，上书给汉朝皇帝陈述思乡之苦，请求把自己的遗骨埋葬在故国，汉宣帝看后很感动，下诏让她返回故国，并派人护送。于是解忧公主于甘露三年（50）回到汉朝，此时跟她离开时已有50年了，天子怜悯她的境遇，在她回到长安的时候，还亲自出城迎接解忧公主的归来。每逢上朝，解忧公主的礼仪待遇和正宗公主一样。她死后，有三个子孙留在汉朝为她看守陵墓。

王昭君出塞之谜

王昭君像

王昭君是我国古代著名的“四大美女”之一，姓王，名嫱，字昭君，乳名皓月。约于公元前52年出生于南郡秭归县宝坪村（今湖北省宜昌兴山县昭君村）。王昭君天生丽质，聪慧异常，琴棋书画，无所不精，更兼绝世才貌，可使雁落。

西汉宣帝死后，他的儿子刘奭即位，也就是召王昭君入宫的汉元帝。公元前36年，汉元帝昭示天下，遍选秀女。王昭君为南郡首选。元帝下诏，命其择吉日进京。其父王穰云：“小女年纪尚幼，难以应命”，无奈圣命难违。公元前36年仲春，王昭君泪别父母乡亲，登上雕有龙凤的官船顺香溪，入长江，逆汉水，过秦岭，历时三月之久，于同年初夏到达京城长安，为掖庭待诏。

汉代宫廷宫女众多，皇帝又忙于政务，无暇于宫女中挑选妃子，所以多由宫廷画师画了待选宫女的像后给皇帝挑选。王昭君进宫后，因品德端正，又自恃貌美，不肯贿赂画师毛延寿，毛延寿便在她的画像上点上丧夫落泪痣。王昭君便被贬入冷宫3年，无缘面君。

此时匈奴已无力跟汉朝作对，转而臣服于汉朝。公元前33年，呼韩邪单于再一次到长安，这次他提出了和亲的要求。“和亲”的建议原本是汉高祖时娄敬德提出的，当时的形势是匈奴强汉弱，吕后只有一女，不忍心将她远嫁番邦，因此和亲一直都是挑一个宗室的女儿假做公主嫁出去的。不过这回，汉元帝决定只挑一个宫女

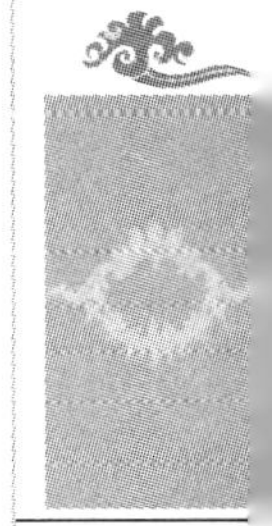

给他。

汉元帝派人到后宫传话，宫女们在皇宫犹如鸟儿在樊笼，都争着想出去，但一听是去荒漠遥远的匈奴，都不愿应诏。但不甘心做白头宫女的王昭君毅然请命，自愿去匈奴。

呼韩邪临辞大会，元帝乍见昭君，见她丰容艳丽，天下所无，不由大惊，不知后宫竟有如此美貌之人，意欲留下，而辞行会上，两国使臣，朝中百官俱在，既难于失信，又怕人反对，只好恋恋不舍让她出发，并赏给她锦帛二万八千匹，絮一万六千斤及黄金美玉等贵重物品，并亲自送出长安十余里。

从长安到匈奴，是一望无际的大漠。昭君想到元帝和她分别时候的情形，心中十分凄苦，倘若不被画工作弊，一定得蒙宠幸，像她这般花容月貌，元帝一定非常爱惜，这样岂不是能辅佐天子治国安邦？她一边走一边暗自伤怀。

塞外是个不毛之地，每年自春至冬，地上不生青草。王昭君一个人自思自叹，自怨自艾，百无聊赖，无可解愁，只有在马上抱着琵琶，弹《出塞曲》，藉以消遣。满腔幽怨，无限感伤，混合着浓重的乡愁与一丝丝的憧憬，声声令人肝肠寸断。谁知天边飞过的大雁，见她如花美貌，听了凄婉的琴声，居然扑扑地掉落在地上。成就了“沉鱼落雁”中“落雁”的典故。

王昭君在车毡细马的簇拥下，肩负着汉匈和亲之重任，别长安、出潼关、渡黄河、过雁门，历时一年多，于第二年初夏到达漠北，受到匈奴人民的盛大欢迎。

王昭君抵达匈奴后，呼韩邪单于非常珍爱她，封她为“宁胡阏氏”，意为匈奴有了汉女作“阏氏”（王妻），安宁始得保障，不久后王昭君生下一子，取名伊督智牙师，封为右日逐王。

婚后三年，公元前31年，呼韩邪单于逝世，大阏氏的长子嫡于雕提模皋继位，号为复株累若鞮单于。依照匈奴的礼俗，嫡子可以娶庶母做妻子。雕提模皋想按照匈奴的风俗“子娶其母”娶王昭君为妻。这跟汉朝封建的伦理道德相抵触，所以王昭君给汉成帝上书要求返回汉朝。但汉成帝回书敕令王昭君遵从匈奴的风俗。于是，王昭君成了雕陶莫皋的妻子。

王昭君与复株累若鞮单于年龄相当，与呼韩邪单于相比，复株累若鞮单于更加爱慕王昭君，他与王昭君共同生活了11年，王昭君又生了二女，长女名叫云，为须卜居次（居次是王侯之妻的意思），次女为当于居次。王昭君做了两代单于的阏氏，胡汉60年没有战争，这在那个时代是罕见的，她对于匈奴与汉廷的友好关系，起到了沟通与调和的作用。

王昭君去世后，厚葬于今呼和浩特市南郊，墓依大青山，傍黄河水。入秋

以后塞外草色枯黄，唯王昭君墓上草色四季都是青色，所以人们都称之为“青冢”。因她红粉飘零，远适异域，后人特为她制了一曲，谱入乐府，名叫《昭君怨》，也有人说是昭君出塞时在马上自弹琵琶，编成此词。到了晋朝，为避晋太祖司马昭的讳，改称“明君”，后人多称其为“明妃”。

班婕妤不与帝王同车游

女辞赋家班婕妤

西汉女辞赋家班婕妤，是中国文学史上以辞赋见长的女作家之一。她是越骑校尉班况的女儿，汉成帝的妃子，生得聪明伶俐，花容月貌，少有才学，工于诗赋。成帝时被选入宫，立为婕妤，世人多称其为“班婕妤”。

婕妤并非班的名字，而是汉代后宫嫔妃的称号。因班曾入宫被封婕妤，后人一直沿用这个称谓，以至其真实名字无从可考。班婕妤原有诗文集一卷，《隋书·经籍志》著录，然已散失。今存作品，除《自悼赋》和《捣素赋》外，尚有《怨歌行》，一作《团扇歌》。

班婕妤是汉成帝的后妃，她不争宠，不干预政事，谨守礼教，行事端正，汉成帝对她最为宠幸。班婕妤在后宫中的贤德是有口皆碑的。当初汉成帝为她的美艳及风韵所吸引，天天同她腻在一起，班婕妤的文学造诣极高，尤其熟悉史事，常常能引经据典，开导汉成帝内心的积郁。

班婕妤又擅长音律，常使汉成帝在丝竹声中，进入忘我的境界，对汉成帝而言，班婕妤不止是她的侍妾，她多方面的才情，使汉成帝把她放在亦妻亦友的地位。

汉朝时期，皇帝在宫苑巡游，常乘坐一种豪华的车子，绫罗为帷幕，锦褥为坐垫，两个人在前面拖着走，称为“辇”；至如皇后妃嫔所乘坐的车子，则仅有一人牵挽。

汉成帝为了能够时刻与班婕妤形影不离，特别命人制作了一辆较大的辇车，以便同车出游，但却遭到班婕妤的拒绝，她说：“看古代留下的图画，圣贤之君，都有名臣在侧。夏、商、周三代的末主夏桀、商纣、周幽王，才有嬖幸的妃子在坐，最后竟然落到国亡毁身的境地，我如果和你同

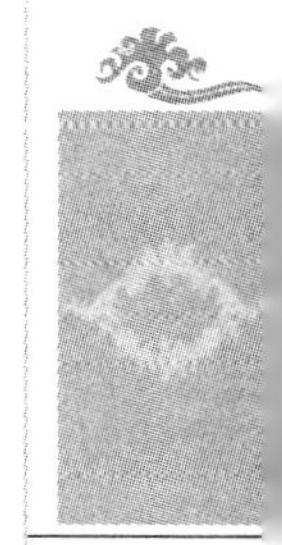

车出进，那就跟他们很相似了，能不令人凛然而惊吗？”

汉成帝认为她言之成理，同辇出游的意念只好暂时作罢，当时王太后听到班婕妤以理制情，不与皇帝同车出游，非常欣赏，对左右亲近的人说：“古有樊姬，今有班婕妤。”在这里，王太后把班婕妤与春秋时代楚庄公的夫人樊姬相提并论，给了她这个儿媳妇极大的赞誉与鼓励。而王太后把班婕妤比作樊姬也使班婕妤的地位在后宫更加突出。班婕妤当时加强在妇德、妇容、妇才、妇工等各方面的修养，希望对汉成帝产生更大的影响，使他成为一个有道的明君。可惜汉成帝不是楚庄王，自赵飞燕姐妹入宫后，声色犬马，班婕妤受到冷落。

赵氏姐妹入宫后，飞扬跋扈，许皇后十分痛恨，无可奈何之余，想出一条下策，在孤灯寒食的寝宫中设置神坛，晨昏诵经礼拜，祈求皇帝多福多寿，也诅咒赵氏姐妹灾祸临门。事情败露以后，赵氏姐妹故意讲，许皇后不仅咒骂自己，也咒骂皇帝，汉成帝一怒之下，把许皇后废居昭台宫。

而赵氏姐妹还利用这一机会对她们的主要情敌班婕妤加以打击，糊涂的汉成帝色昏头脑，居然听信谗言。然而班婕妤却从容不迫地说“我知道人的寿命长短是命中注定的，人的贫富也是上天注定的，非人力所能改变。修正尚且未能得福，为邪还有什么希望？若是鬼神有知，岂肯听信没信念的祈祷？万一神明无知，诅咒有何益处！我非但不敢做，并且不屑做！”汉成帝觉得她说得有理，又念在恩爱之情，特加怜惜，不予追究，并且厚加赏赐，以弥补心中的愧疚。

班婕妤是一个有见识，有德操的贤淑妇女，哪里经得起谗毁、排挤、陷害的折腾，为免今后的是是非非，她觉得不如激流勇退，明哲保身，因而缮就一篇奏章，自请前往长信宫侍奉王太后，聪明的班婕妤把自己置于王太后的羽翼之下，就再也不怕赵飞燕姐妹的陷害了，汉成帝正宠赵氏姐妹，便允其所请。

从此深宫寂寂，岁月悠悠。班婕妤自知，自己如秋后的团扇，再也得不到汉成帝的怜爱了。不久，赵飞燕被册封为皇后，赵合德也成了昭仪，然而这一切在班婕妤看来，似乎都与她毫无关联了，心如止水的她，除了陪侍王太后烧香礼佛之外，弄筝调笔之余，间以涂涂写写，以抒发心中的感慨，从而为文坛留下了许多诗篇。

汉成帝在绥和二年三月，崩于未央宫。汉成帝崩逝后，王太后让班婕妤担任守护陵园的职务，从此班婕妤天天陪着石人石马，谛听着松风天籁，眼看着供桌上的香烟缭绕，冷冷清清地度过了她孤单落寞的晚年。班婕妤曾生下一个皇子，数月后夭折。从此，她虽然承宠很长时间，却再也没有生育。

赵飞燕姐妹——西汉王朝的终结者

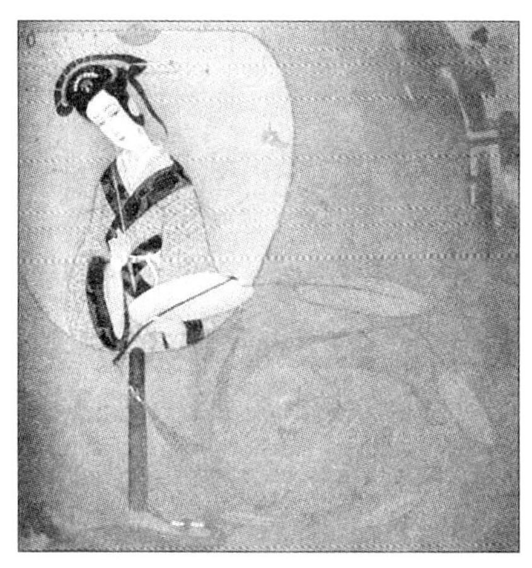

赵飞燕像

赵飞燕和她的孪生妹妹赵合德生在江南水乡姑苏。赵飞燕原名宜主，长得窈窕秀美，且能歌善舞，通音律，晓诗书，妖娆媚艳，是一个天生的人间尤物。妹妹赵合德则风姿迥异，生得体态丰腴，玉肌滑肤，美艳妩媚与赵飞燕不相上下。

赵飞燕姐妹的母亲本嫁给中尉赵曼，却暗中与舍人冯万金私通而生下二女，将她们丢在郊外，她们居然三天不死，以为命大福大，才又抱回抚养。

由于赵曼死得早，赵氏姐妹早年也备尝艰辛，母女三人从姑苏一直流落到京师长安。住在城郊的陋室之中，靠着纤纤双手，替人作女红为生。赵母在贫病交加中撒手人寰后，赵氏姐妹便倚托在同乡的赵翁家中，成为赵翁的义女，过一种寄人篱下的生活。

不久，赵氏姐妹便被阳阿公主罗致府中充任歌舞姬，开始卖笑生涯。有一天，汉成帝刘骜和富平侯张放来到阳阿公主府中，阳阿公主让府中歌女舞姬轮番上阵，轻歌妙舞，使得汉成帝眼花缭乱，于是，汉成帝有些飘飘然了。当他看到赵飞燕的时候，汉成帝更是不能自持了。

只见赵飞燕歌声娇脆，舞姿轻盈，若空谷莺鸣，似仙子凌波；再看她纤眉如画，秀发如云，尤其是一对流星般的眸子，含情脉脉地回身一瞥，闪烁出无限诱人的风情与醉人的媚力。

赵飞燕勾人魂魄的眼神、清丽动人的歌喉、婀娜曼妙的舞姿，一下子就倾倒了成帝。汉成帝让赵飞燕以待诏宫女身份进宫，侍候许皇后起居，以使自己有更多的机会接近这个出色的美女。皇后看出了皇帝丈夫的心意，不得不主动地表示贤淑与大方，叫赵飞燕入侍皇帝。

汉成帝如获至宝，便欲临幸。但赵飞燕来了个欲擒故纵，一连三夜拒绝了刘骜的临幸。书上说赵飞燕“瞑目牢握，泣交颐下，战栗不迎”，以至于刘骜一连三夜抱着她，无法翻云覆雨，把刘骜搞得欲罢不能，刘骜又不忍霸王硬上弓。其实，赵飞燕这样做并不是真的想为难刘骜，她只不过想在刘骜的众多美女中留下与众不同

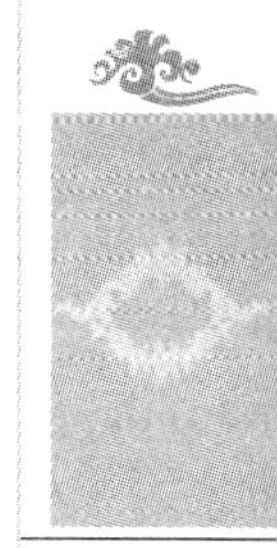

之处，让刘骜时时刻刻记得她，这样她才有机会一步一步地往上爬。

赵飞燕一连拒绝成帝三夜召幸，激起成帝征服之心，后才蓓蕾初绽，至此汉成帝夜夜临幸赵飞燕，再也离不开她。

赵飞燕初时封为婕妤，后宫议论纷纷，都认为只不过是个惯于蛊惑的货色，难登大雅之堂。既蒙皇上宠幸，还得委曲求全，赵飞燕的心中自然不是滋味。为了打破形单势孤的局面，于是有计划地在枕边进言，想把她的妹妹赵合德也被引进宫来，便对汉成帝说自己的妹妹赵合德姿容远在自己上，刘骜不禁起了得陇望蜀之心，便派人以百宝凤毛步辇前往阳阿公主府接她入宫。

在成帝想来，一个卑贱的奴婢，看见这样的待遇，那还不要乐晕过去、让自己手到擒来么？哪知赵合德深谙欲拒还迎之道，偏偏摆出一副富贵不淫、威武不屈的架势，不但拒绝了成帝的美意，还对使者说：“如果不是姐姐召唤，我是绝不入宫的。如果要强迫我的话，那就杀了我算了。”

成帝头一回遇到这样的事，连忙让使者带上赵飞燕的信物再度出马。

这一回，赵合德总算是同意进宫了。一进宫，就香汤沐浴，而且精心将自己打扮了一番，用的全是自己创的最新奇时髦的妆束，宫中人连听都没有听过。果然，成帝一看她千娇百媚的模样，顿时酥了半边。赵合德眼看鱼已上钩，反而更要欲擒故纵，她再一次拒绝道：“皇上如今是我姐夫，姐妹共侍一夫之事，如果没有姐姐的允许，我是宁死也万万行不得的。”

拒绝皇帝到这种地步，除了真正有见识的绝顶美女，等闲的美人也不可能有这样的胆子。历史上敢于拒绝帝王的女人并不多，而且无论是真拒绝还是假拒绝，事情搞大了几乎都被恼羞成怒的帝王一刀两段。然而赵合德是个例外，她的容貌足以使男人下不了狠心，而且拒绝的尺寸也拿捏得恰到好处，成帝和左右侍者听了不但没有丝毫反感，反倒啧啧称赞不已。成帝也居然头一回在女人面前当起了谦谦君子，非但不觉得赵合德冒犯天威，反而又将她好好地送回了住所。

这一幕风光旖旎，全都看在侍立成帝身后的一位宫廷老女官眼里。这位见多识广的老妇人名叫淖成诚，早在刘骜祖父汉宣帝时期就已在宫中担任教习之职，号称“淖夫人”。皇帝为一个初次见面的宫婢，竟然不惜当众如此自降身份，使淖成诚十分不满，不禁气愤地躲在后面唾了一口，骂道：“这女人是祸水啊，日后灭汉的就是她了。”

赵合德入宫数日，就以她那美妙的躯体和媚功，使见多识广的刘骜在春风数度之后，觉得她的魅力远远超出预期，便也封她为捷妤，两姐妹轮流承欢侍宴。不但后宫诸妃被抛诸九霄云外，就连原先被汉成帝宠爱有加

的许皇后与班捷妤也被冷落一旁。于是两人为了利害而结合在一起，与赵氏姐妹展开一场白热化的争宠斗争。

几番交手之后，赵氏姐妹已稳操胜算，许皇后被收回后印，废处昭台宫，班婕妤也匿居长信宫中侍奉皇太后去了。

情敌既去，赵氏姐妹志得意满，除了竭尽所能，使出混身解数讨好皇帝之外，再就是一步一步有计划地进行夺权固位的步骤。

迨至永始元年，也就是赵飞燕入宫两年之后，终于被册立为皇后，赵合德也被封为昭仪，两人并得宠幸，权倾后宫。

赵飞燕册封为皇后以后，移居豪华的东宫，汉成帝特地赐给她一把古琴。每当月白风清之夜，赵飞燕抚琴而歌，宫苑一片宁谧，只有皇后的琴韵歌声回荡在花丛林梢。从台上下来泛舟太液池中，相对饮酒谈心，酒兴来时，赵飞燕颤巍巍地站起身来，高歌《归风送远》之曲，汉成帝以玉管击节，侍郎冯无方吹笙相和。

舟在湖中，忽然一阵风来，赵飞燕衣袂随风飘舞，大有御风而去之势。汉成帝一时情急，连忙命冯无方拉住皇后裙角，只听得“吱啦”一声，薄如蝉翼的裙幅已被扯下一片。赵飞燕趁势跌入汉成帝怀中撒娇：“要不是你命人拉住我，我岂不成了仙女了嘛!”自此以后，宫中佳丽都将裙后留一缺口以为时髦，名为“留仙裙”，走动起来，一双玉腿隐约可见。人们都以为是赵飞燕为了吸引皇帝视线的巧妙构思!

赵合德虽然比不上其姐的蛊惑手段，但是她丰满的身躯粉装玉琢，让汉成帝一见便欲罢不能，于是与赵飞燕姐妹日日夜夜缠绵得昏天黑地。他还把赵合德的怀抱称作“温柔乡”。

比较起来，赵合德的寝宫无论是气派，格局与设备都无法与东宫相提并论。甚至还有一些陈旧与寒怆的感觉，简直是糟蹋了赵合德的美貌，于是汉成帝下旨要为赵昭仪建一座美轮美奂的宫殿，日夜在温柔乡中享受。

汉成帝专宠赵合德，让赵飞燕十分嫉妒，她听说汉成帝曾沉迷于偷窥赵合德洗澡的样子，想想觉得自己身子也不错，便也想用这个方法勾引汉成帝。原来汉成帝虽与赵昭仪相处多年，却仍然像一个毛头小子那样，觉得她的身体充满难言的诱惑。为了想偷看美人入浴，汉成帝让赵合德的侍女不要出声，好让自己能够一饱眼福。看完了还意犹未尽地对身边的人大发感慨：“可惜天子不能有二后，否则我一定要让昭仪也当皇后。”

赵飞燕听说此事大受启发，于是将汉成帝请到自己宫中，当场沐浴给他看，还一面摆出各种姿势，一面又将浴盆中的水扬到刘骜身上。谁知任她百般引诱，刘骜越看越没有兴趣，没等她洗完就逃之夭夭了。赵飞燕望着皇帝的背影，只有流着眼泪叹息：

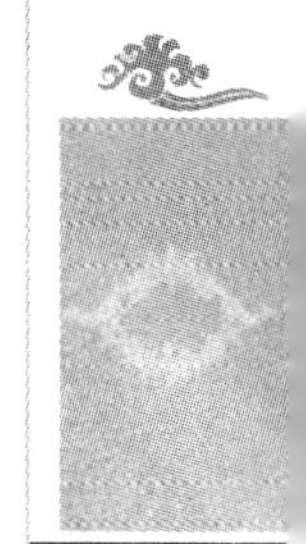

"爱在一身，无可奈何!"便用出色的舞技吸引汉成帝。

汉成帝国荒淫无度，加之年龄较大，身体状况日见不济。而赵飞燕与赵合德正值妙龄，需求却益加强烈，因此不得不来刺激皇上的欲念来满足自己，终于酿成了可怕的后果。

原来赵氏姐妹虽得专宠，但从未怀孕，她们害怕别的嫔妃怀孕生子，威胁后位，就疯狂地摧残宫人。"生下者辄杀，堕胎无数"。当时，民间就流传着"燕飞来，啄皇孙"的童谣。宫女曹宫生一男孩，竟被逼死，皇子也被扔出门外。许美人生一子，赵合德哭闹不已，逼迫成帝赐死母子。色迷心窍的汉成帝，年已不惑，膝下尤虚。

赵氏姐妹何以不孕呢？原来她们为使肤色白皙娇嫩，把一种秘方配置叫作息肌丸的药丸塞入肚脐。这种药丸确实功效显著，用后肤如凝脂，肌香甜蜜，青春不老。撩人的香气更令汉成帝不能自持，不施云雨绝不罢手。可是息肌丸因含有大量的麝香成分却能导致不孕。

姐妹俩把成帝死死迷住，成帝精力耗尽，就服补药满足淫乐。为取悦成帝，方士们争献丹药。汉成帝起初服食一粒丹药，即可精神亢奋临幸美人，好似恢复了青春活力。汉成帝长期服用，不断增加剂量，后来竟连服十丸丹药淫乐，结果泄阳为血而亡。

帝死于赵合德床上，朝野震动，群臣声讨赵氏祸水。赵合德自知难逃罪责，自杀身亡。赵飞燕因为帮助成帝的侄儿刘欣即位，新帝感恩，仍旧尊她为皇太后。六年后，哀帝逝世，大司马王莽以赵飞燕杀害皇子之罪，迫其自尽。风光一时，权倾一时的赵飞燕就这样香消玉殒了。

赵飞燕舞蹈琴技冠绝一时

舞蹈琴技冠绝一时的赵飞燕

赵飞燕虽然心地不良，自她入宫之后，西汉政府因之迅速瓦解，但她可称得上西汉时期的舞蹈家，关于赵飞燕的舞蹈艺术，宋代传奇小说《赵飞燕别传》中有这样的描述："赵后腰骨尤纤细，善踽步行，若人手执花枝颤颤然，他人莫可学也。""踽步"是赵飞燕独创的技巧，最早见于史料，可见其舞蹈功底深厚，并能控制呼吸。

赵飞燕"善行气术"，传说她"身轻若燕，能作掌上舞"，可见其轻功极好，且可能她已能在空中做高难度的技巧，轻盈飘逸，挥洒自如。

她做了皇后之后，曾一心一意地扑在自己的舞技上，据说她曾和妹妹赵合德经过一年的时间终于研究出了一种柘枝舞——这是一种双人舞，必须由两个心灵相通的舞者才可以演出，这支舞蹈无疑成了赵氏姐妹的绝技。

在皇太后王政君60岁寿辰的时候，赵飞燕不惜皇后之尊与妹妹赵合德一起为老太太表演了一场堪称空前绝后的柘枝舞。在宫中的一个露天广场，摆满了五百盆莲花，每一百盆莲花摆成一个S形，分别置于东、南、西、北、中五个方位。赵氏姐妹就在这样一个既华丽又复杂的舞台上展现她们的绝技。

起舞的时候，赵氏姐妹分别立于中间那个S形的上下两方，头挨着头，各自的珠冠恰好吻合成莲花花蕊，然后她们的四条腿分别弯曲成四片莲花花瓣，于是一朵巨大的人形莲花惊现于众人眼中。从一开始，赵氏姐妹就赢得了满场喝彩。接下来，赵氏姐妹在莲花中轻舞飞扬，身上的丝带幻化成千万种奇妙的景象，有时似一阵缥缈的烟雾，有时宛若一条条飞龙，让人叹为观止。

表演结束后，刘骜龙心大悦，皇太后也芳心大悦，分别赠送姐妹俩九凤紫漆琴、九鸾紫漆琴。

赵飞燕不仅是位舞蹈艺术家，也是位出色的琴家，她有一张琴名为"凤凰宝琴"。当时长安有一位少年音乐家名叫庆安世，自幼习琴，15岁时便名满天下，后入宫为汉成帝和赵飞燕演奏了一曲《双凤离鸾曲》，其出色的技艺和优美的音乐令皇帝夫妇如痴如醉，赵飞燕尤为激动，令人取来她的琴奏了一曲《归风送远曲》，音调飘逸逍遥，令张安世惊叹不已。赵飞燕爱惜庆安世之才，特求成帝允其随便出入皇宫，并给他一个侍郎的官职，其中可能还有不少不可告人的秘事，赵飞燕还送给张安世许多礼物，其中包括两张名贵的琴，一曰"秋语疏雨"，一曰"白鹤"。

赵飞燕赵合德
互相包庇养男宠

赵合德像

汉成帝的皇后赵飞燕姐妹凭借自身的先天优势和后天优势宠冠三宫六院，没有人是赵氏姐妹的竞争对手，然而赵氏姐妹也有自己的烦恼，就是她们一直没有生育。姐姐赵飞燕没有生育，妹妹赵合德也没有生育。生育之于一个嫔妃的重要性是第一位的。如果不为皇帝生个龙子，赵氏姐妹就是再得宠，其权势也一样会摇摇欲坠。

赵氏姐妹为啥没有生育？史书上是这样讲的，原来她们为使肤色白皙娇嫩，将香肌丸塞入肚脐内导致不孕。

但赵氏姐妹却偏不认为是这个原因，认为女人无法生育，男人也有责任，赵飞燕更认为是汉成帝的缘故，还说：一定是那老家伙不中用啦！

赵飞燕开始头脑发烧，她开始悄悄地把别的男人引进自己的寝宫，企图与强壮男人交欢为自己孕育出一个儿子，反正那时候没有亲子鉴定，谁都看不出来。

赵飞燕这样做出于两方面考虑：一是她认定是刘骜出了毛病，所以她必须依靠别的男人；二是汉成帝刘骜天天泡在妹妹赵合德那里，和自己上床的机会很少，这也为她与别的男人上床提供了机会。于是赵飞燕开始派亲信秘密搜集健壮的男人，尤其是那些已经生有很多男孩的男人，列成名册，一个一个载进赵飞燕的寝宫。

刚开始的时候，赵飞燕还是以生育为首要目的，所选的情夫都是有良好生育记录的年轻父亲。时间一长就变成了色欲第一，她还要求提供者有才有貌，是否有生育记录已不是要紧的事情。

赵飞燕身份最高的情夫应该算是成帝的侍郎庆安世。他可能是贵族出身，因此当上侍郎之时才 15 岁，琴艺非凡，是一名具有艺术气质的翩翩少年。赵飞燕当然没有放过他，以学琴为名召入宫中据为己有。但最著名的情夫则要数燕赤凤，燕赤凤只是个宫廷仆役，身份低微，但是他比文质彬彬的音乐家庆安世要身强体健，很快就得到了赵飞燕的欢心。赵合德得到了这个消息。她知道姐姐阅人无数，燕赤凤竟能从中脱颖而出，足以说明实力非凡，不禁也有分惠的意思，抽空也就时常召幸于他。

有肌肤之亲的男女，在这方面自然格外敏感。赵飞燕很快就发现了其中奥秘。这年十月五日，当燕赤凤又一次应赵合德之召前去效命时，早已妒火中烧的赵飞燕便赶往少嫔馆“捉奸”。谁知去迟了一步，到达之时，迎面已见燕赤凤离开。赵飞燕没抓到现场，只得装作节日赴会的模样，进殿和妹妹相见。

两人坐定聊了一会儿，赵飞燕终于按耐不住，对没事人一样的妹妹发问：“赤凤为谁而来?”赵合德不卑不亢地回话：“赤风只会为姐姐你来，难道还会为别人吗?”赵飞燕一听妹妹还不认账，气得抓起桌上的酒杯就向赵合德砸了过去：“老鼠还想咬人

了吗？”赵合德虽然没有把自己面前的杯盘拿来还击，但是话却狠了起来：“老鼠只要把衣服咬穿，透出里头见不得人的私密，就已足够，犯得着自己花力气咬人吗？”

话说到这个地步，赵飞燕不敢再接口，赵合德也没法继续，姐妹俩恨恨地盯着对方，半晌没有做声。后来赵合德让她向姐姐道歉，她知道过于冲动，万一把事情在气头上当众说透了，姐妹俩都将死无葬身之地。于是她立即一百八十度大转弯，流着眼泪向赵飞燕陪罪，说：“姐姐你难道忘了当年的旧事吗？那时我们穷得只有一条棉被，冬夜苦寒，冷得无法入睡，你总是让我抱着你的后背取暖。如今时来运转，能够富贵，却又没有得力的家族支援，只有彼此照应。我们可万万不能自相残杀呀！”赵飞燕听了妹妹的诉说，也感动得眼泪直流，从此姐妹二人各养男宠，互相包庇。

这场为了燕赤凤而起的公开争吵，虽然被及时切断，但是皇后与昭仪之间竟起了争执，很快就成了后宫中的头号新闻并传到了成帝刘骜那里。刘骜不愿去招惹赵飞燕，便向赵合德打听原因。赵合德早已成竹在胸，回答道：“这是姐姐在嫉妒我。我朝上承火德，称赤帝子，所以我们私下里都称皇上你为‘赤龙凤’。”——在赵合德巧夺天工的包装工夫下，这一场为奸夫而起的内讧硬是变成了为法定丈夫而起的争宠。千穿万穿，马屁不穿，刘骜立即龙颜大悦，不但没有丝毫疑心，倒更觉得自己对姐妹俩的宠爱有理有据。

而赵合德既与姐姐在共用男人方面达成了谅解，自然也就不遗余力地帮助赵飞燕掩饰，提前给成帝打预防针：“我姐姐性格刚强耿直，容易得罪人，难免会有人想要陷害她。皇上若是上了这些当的话，我赵氏就要家破人亡了。”一面说，她还一面涕泪交流，哭得上气不接下气。

刘骜对美人这样柔弱可怜的进言当然牢记在心。从此后，凡是有人向他报告赵飞燕的浪荡行径，他都认定是别有用心的诬蔑而加以惩罚。

赵飞燕的“假怀孕”事件

赵飞燕姐妹因为从小练习舞蹈，为了使腰肢纤细而常年束腰，并且使用能导致不孕的息肌丸等药物，所以虽有汉成帝宠幸，并且自己也养男宠，但始终不能怀孕。在大肆杀害其他嫔妃或宫女生的皇子的时候，赵飞燕也渐渐对自己的生育机能表示完全绝望。于是她开始策划一场骗局，决定以他人之子冒充亲生子。

然而要想骗得成，首先得把多时不入馆的汉成帝刘骜至少重新拐进来一回。但是机会还是被赵飞燕等来了。

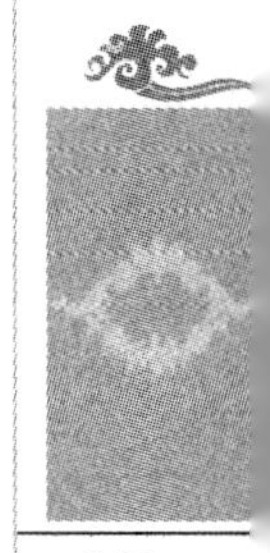

这天是她的生日，赵合德前往祝贺，而刘骜做为赵合德的跟班，自然也随同前往。酒至半酣，赵飞燕流下泪来。汉成帝大奇，问道：“别人对酒而乐，你对酒而悲，是有什么伤心事吗?”赵飞燕等的就是这一句，立即向刘骜追述往事，言辞哀婉凄恻，刘骜不免也油然而起怜惜之情，望着她连连叹息。赵合德知自己独占汉成帝，使姐姐生怨，便当即告辞，让他们重温鸳梦。

这次难得的机会立即被赵飞燕抓住，便使尽浑身解数与汉成帝颠鸾倒风。三个月后，赵飞燕宣布自己有了身孕，并让人替她写了一封奏笺送给刘骜：“臣妾久备掖庭，先承幸御，遣肆大号，积有岁时。近因始生之日，复加善祝之私，时屈乘舆，俯临东掖，久侍宴私，再承幸御。臣妾数月来，内宫盈实，月脉不流。饮食美甘，不异常日。知圣躬在体，辨天日之入怀。虹初贯日，总是珍符，龙已据胸，兹为佳瑞。更期蕃育圣嗣，抱日趋庭，瞻望圣明。踊跃临贺，谨以此闻。”

刘骜一看，顿时心花怒放，立即就要前往皇后宫中探望。但是赵飞燕其实并未怀孕，因此她派自己的宫使王盛去劝阻刘骜，说是怀孕的女人若与男人亲近，哪怕只是触摸，都有可能会导致胎儿流产。刘骜本来就是看在儿子面上才要去看望她，诚意本就有限，听这么一说，也就顺水推舟，整个孕期都不和她打照面，只是派使者前去探访而已。

数月过后，到了孕满生产的日子，但赵飞燕腹中空空，去哪里变得出儿子来！原来她早有准备，她派王盛出马，在城外向穷苦人家买了一个刚刚出生的男婴，装在盒里带进宫里来。

但当她们打开盒子，两人却傻了眼，原来为求隐秘，盒子被盖得过于严实，婴儿已经被闷死在里头了。于是王盛当夜再次出发，又买了一个男婴，装在能透气的器具里想要带回来。谁知这一次更离谱，只要走近宫门，盒中的婴儿便啼哭不止，根本无法携带入宫。主仆二人吓得够呛，只得打消这个主意。于是赵飞燕只得又写了第二道奏笺送给刘骜，说自己“昨梦龙卧，不幸圣嗣不育。”宣布流产，以闷死之婴作证，将这出骗局草草收尾。

赵飞燕能骗得过刘骜，却骗不过赵合德。她立刻明白姐姐玩的是什么花样，于是便亲自告诫赵飞燕不可再试，对她说：“皇子当真是流产了吗？你这话连三尺童子都不一定能骗得过。一旦穿帮，只怕姐姐死无葬身之所。”赵飞燕被妹妹提醒之后，也觉得后怕，从此打消了生孩子的妄想。

汉哀帝同性恋冷落傅皇后

汉哀帝刘欣

西汉哀帝刘欣的皇后傅氏，孔乡侯傅宴之女，哀帝祖母傅太后的侄女，由傅太后作主，被封为皇后，将自己的侄女嫁给了自己的孙子。

汉哀帝刘欣是西汉历史上的第13个皇帝，元帝刘奭之孙，定陶王刘康之子，史称汉哀帝。他少年时原本不好声色，是个熟读经书、文辞博敏的有才之君。即位初期，面对汉朝中道衰落的局面，哀帝很想有一番作为。他为此曾躬行节俭，省灭诸用，勤于政事，又启用龚胜、鲍寅、孙宝等有识之士，颁布限田令、限奴婢令等法令，试图抑制日益严重的土地兼并。

然而哀帝生不逢时，当时汉家王朝根基已动，无论何人也无力回天。哀帝的革新政策也因受到大贵族官僚的反对而失败，而长于权术的祖母傅太后的干政，使哀帝办起事来力不从心，结果导致权力外移，朝风日坏。

琅邪东武（今山东诸城）人师丹代王莽为大司马铺政之后，一上任就向皇帝提出限田、限奴的建议，企图使汉家摆脱厄运。经过群臣讨论，丞相孔光。大司空何武等制定了具体规定：诸侯王、列侯、公主、吏民占田不得超过30顷；诸侯王的奴婢以200人为限，列侯，公主100人，吏民30人；商人不得占有土地，不许做官。超过以上限量的，田蓄奴婢一律没收入官。这个方案尽管给了官僚地主极大的优势，但还是遭到了把持朝政的权贵的反对。限田、限奴婢之令，首先遭到了丁傅两家外戚的反对，于是哀帝对这一诏令也没有支持。

面对失败和挫折，年轻的汉哀帝感觉无能为力，无可奈何，于是很快便气馁了。即位之初的锐气很快荡然无存，代之而来的是在声色犬马之中求刺激。这样，即位不久的汉哀帝便由一个颇有朝气的年轻有为之君，彻底堕落为一个比成帝还要荒淫腐败的昏君。

汉哀帝也是中国历史上有名的同性恋者，宠爱男色的程度，让后人有点瞠目结舌，甚至将后宫佳丽弃诸一

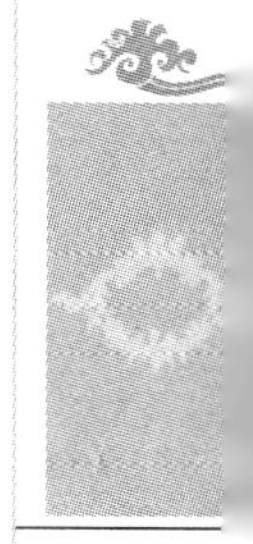

旁，根本不理睬傅皇后和后宫女子，独宠董贤。董贤不仅貌若美妇，言谈举止也十足像个女人，性柔和，善为媚。从此，哀帝对他宠爱不已，同辇而坐，同车而乘，同榻而眠，如夫妻一般。

汉哀帝对董贤的爱相当深厚。一次午睡，董贤枕着哀帝的袖子睡着了。哀帝想起身，却又不忍惊醒董贤，随手拔剑割断了衣袖。深情细腻若此，于是后人便将同性恋称为“断袖之癖”。

董贤受宠日胜一日，才二十出头，就被封为大司马，名列三公九卿之首，朝廷中大臣奏事，都要先经由他的手。他家的人也跟着沾光；父亲董恭升为光禄大夫，妹妹进宫封为昭仪，岳父封作大臣，妻子也被特许进宫居住。董贤的妹妹极似董贤，而董贤的妻子又是绝色美人，哀帝便把这一家三口一并笑纳了，都成为了他的宠妾。

由于董贤的家与哀帝的家合二为一了，于是傅皇后只好一个人孤寂度日。这位傅皇后是哀帝祖母家的女子。当时，傅氏家族与皇帝母亲所属的丁氏家族是两大新兴贵族。可惜，傅皇后虽有已为太皇太后的傅昭仪作靠山，却对哀帝的“专宠”无可奈何。

公元前1年，26岁的哀帝突然病死。太皇太后让王莽出来主持朝政，王莽又道貌岸然，又有道德洁癖，早就看董贤这种小白脸不顺眼了，董贤一看大势不好，只好与妻子双双自杀。董贤死后，王莽还不放心，命人开棺验尸，没收其财产。

后王莽发动政变。傅皇后虽不曾牵涉其中，但还是被王莽幽禁了，并把她废为庶人。傅皇后愤而自杀，结束了她寂寂无闻的一生。

刘秀与阴丽华的浪漫爱情

刘秀的皇后阴丽华

东汉开国皇帝刘秀的皇后阴丽华，南阳新野人，是当地有名的美人儿，她与刘秀是同乡，刘秀是汉高祖的九世孙，9岁失去父母而成为孤儿，寄养在叔父刘良家里。他有两个哥哥，长兄刘縯，次兄刘仲，都气度恢宏，轻财仗义，在当地有一帮朋友，小有名气。刘秀更是生得一表人才，待人接物，慷慨磊落，行事更是睿智勇毅，被当地人们称赞。

年轻的刘秀对阴丽华一见钟情，当时还是一介布衣的刘秀有两大人生

目标："仕宦当做执金吾，娶妻当得阴丽华。"这一理想在当时看来是不着边际的空想，简直是天方夜谭。有人就说："刘秀穷得买不起镜子，也不撒泡尿看看，癞蛤蟆想吃天鹅肉！"当时汉代已经历了十二帝，帝裔子孙众多，更何况当时王莽已经篡位称尊，刘氏子孙更受到无情的摧残，刘秀一家早失去贵族的身份，在乡里的财势与声望上，刘家远比不上阴家。所以刘秀虽然熟知阴丽华貌美德贤，想娶阴丽华为妻，但真正能把她娶过来作为自己的妻子，还是一件十分渺茫的事，当时只是心里想想而已。

"执金吾"相当于现在的首都保卫官，刘秀当时在政治上最大的追求也就如此而已，然而想不到时势造英雄，后来刘秀竟成了中兴汉室的光武大帝。

我们可以想像，倘若美慧秀丽的阴丽华过早地嫁给了刘秀，而且刘秀又能在王莽政权中谋得一官半职，在如花美眷的拖累下，或踌躇满志的状况下，刘秀也许就此安于现状，不求进取，不再有拼命谋求发展的斗志与浩气了。这期间，多少豪族少年向阴家求亲，无奈都尝到婉转拒绝的滋味。刘秀更是不敢贸然行动。再说想要在王莽新朝获得立足之地，更是谈何容易，为了完成他的两个心愿，时势迫使他不惜一切代价地另谋发展。

王莽篡汉以后，经济萧条，民不聊生，荒旱连年，义军四起，山东有"赤眉军"起兵，湖北有"新市兵""下江兵"和"平林兵"。28 岁的刘秀和哥哥刘縯一起，借机利用宗族势力起兵，并与进入南阳的绿林军联合起来。为了顺应人心思汉的潮流，他们推立汉朝宗室刘玄为皇帝，以"反莽复汉"为口号，改元更始，一路攻略，战无不胜，中原地区尽皆归复"绿林军"。

威望日增的哥哥受到更始皇帝刘玄的猜忌和排斥，被更始帝以莫须有的罪名杀了。正领兵在外的刘秀自知势单力薄，强忍悲痛，主动回到宛城谢罪。就在此时，随刘秀作战的阴氏兄弟，深感刘秀前程远大，抓住机遇，说服家人，把 19 岁的阴丽华嫁给了刘秀。刘秀忍辱负重，不为哥哥举办葬礼，反而与倾慕多年的爱人阴丽华热热闹闹地举行了婚礼，洞房花烛夜之后，天天花天酒地，一副及时行乐的模样。刘玄对他放了心，认为刘秀不过是纨绔子弟一个，因此他得以躲过杀身之祸。

对哥哥的死，刘秀表面上只能强颜欢笑，到晚上就偷偷地哭，把枕头都哭湿了。阴丽华就劝慰丈夫："更始皇帝气量狭小，小具规模便沉迷酒色。为求自保，不如向河北发展，也好相机独树一帜。"阴丽华虽是妇道人家，但刘秀十分听她的话。她的话给刘秀指明了一条正确的道路，指明了方向。通过一番计划，新娘阴丽华回到娘家暂住，刘秀以有名无实的特

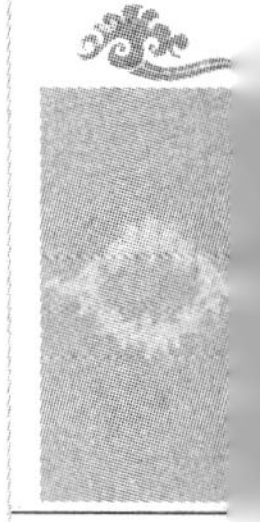

使虚衔，带领数百人马渡过黄河，一路废除苛政，排除万难，争取民心，赢得了河北百姓的爱戴和拥护。

当时，河北邯郸有一个以卜卦为生的术士王郎，乘群雄并起之际，诈称是汉成帝的儿子刘子舆，自立为王，声势浩大，有一定的实力，是刘秀在河北扩展势力的绊脚石。真定王刘扬聚兵十多万，听命邯郸王郎，不肯归附刘秀。刘植亲自前往劝说刘扬，刘扬勉强同意，但他见刘扬先扬刘秀能干、大度且是个帅哥，早晚必得天下，就提出与刘秀结亲的条件，这样可以确保他家无虞。原来刘扬有一个外甥女叫郭圣通，很受家人喜爱，便趁机为其择得良婿，以作后图。

作为权宜之计，刘秀也只好答应娶郭氏为妻，终于借得精兵击败王郎，廓清河北。后更始帝败亡，刘秀便另树一帜，不久即帝位，以建武为年号，定都河南洛阳，并派人接阴丽华来到洛阳。

刘秀称帝的第二年，大臣与刘秀议立皇后。此时刘秀有一个阴氏，又有个郭氏，于是在册立皇后的问题上就出现了一个问题，是立郭氏为后呢，还是立阴丽华为后。一边是郭氏——与刘秀患难相随的红粉知己，在戎马倥偬中，郭氏一直追随左右，并已为刘秀生下一个儿子，这时只得了一个贵人的称号，显然地位很低；一边是阴丽华——刘秀的结发妻子。因此，刘秀无法选择，他下诏立阴、郭两位为“贵人”，暂时把立后的事情拖下去。但不久后就出现了一件促使他不得不下决心的事件。

原来郭圣通的舅舅刘扬坐拥十多万的人马，一直暗藏着见不得人的心思，他想利用刘秀为他冲锋陷阵，自己坐收渔利篡夺江山，于是趁刘秀离开河北地区之后就开始密谋造反。但是河北集团内部有不少人视刘秀为真龙天子，决心紧跟到底，于是就为刘秀通风报信。在刘秀的授意下，大将耿纯前往真定用计诱杀了刘扬三兄弟，并宣布不追究其他人员的责任。

按照一般人的看法，刘扬的外甥女郭圣通这下子肯定当不了皇后了，其实不然。刘扬三兄弟的死在河北集团当中激起层层波澜，这些人全都和刘扬有千丝万缕的关系，虽然说是不追究，谁知道会不会秋后算账呢？一时间人心浮动，出现了不稳定的状况，而此时立郭圣通为皇后就是一个最有效、最不损害各方面的安定人心、避免内部分裂的最佳办法。郭圣通是刘扬亲自作主嫁给刘秀的外甥女，她都不受牵连，其他原来和刘扬有关系的人就会全都放宽心了，而且皇帝对她的宠眷，就标志着原来签署的那份政治合约仍然有效，河北集团成员的利益能够得到完全保障。这样确立皇后的议案就被再次推到刘秀面前。

然而，刘秀还是不能够放弃阴丽华，还是想立她为后。但阴丽华却出面替他作出了这个艰难的选择：她主

动声明，郭氏有子在先，母以子贵，应该立为皇后。

其实这个理由也是有些牵强的，原因是那时候的富贵人家的公子未娶妻先纳妾、长子庶出的情况非常普遍，毕竟纳妾可以比较随意，而娶妻需要精挑细选。郭圣通比阴丽华先生下儿子并不是成为正室理所当然的因素。

当阴丽华重新回到刘秀身边之后，她欣慰地发现，他们之间的感情实质并没有发生改变，但他们必须努力适应新的生活方式——帝王家的生活方式。在明白了是什么令刘秀左右为难以后，阴丽华决心守住自己和刘秀之间纯洁真挚的爱，把皇后的名位让给皇帝的政治需要。而且由她自己出面谦让，就能够避免南阳集团的臣属对刘秀的道德指责。

阴丽华此举，超出了古人把女子与小人等同的判断，所以历朝有不少男人无法理解，无端地批评她“伪善”。其实一个人伪善是为了实现自己不可告人的目的，阴丽华“伪善”的目的是什么，当皇后吗？她本来就应该是皇后啊，要是打起嫡庶官司，她会得到整个刘氏家族的支持，她才是第一个堂堂正正嫁给刘秀的原配正妻。

但是阴丽华太爱刘秀了，为了他，她可以献出自己的生命和一切，皇后的名位又算得了什么？对这一点，刘秀非常明白，因此他接受了这样的安排，也珍藏起阴丽华对他的无条件的爱。

建武二年（26）六月，刘秀下诏立郭圣通为皇后，长子刘强为皇太子。在封后典礼上，阴丽华还按照礼仪以妾侍身份向皇后施以三跪九叩的大礼。

在以后的后宫生活当中，怀着愧疚心情的刘秀对阴丽华宠爱备至。当时，还有很多割据势力没有平定，刘秀经常需要出征沙场，但他再也不愿意和阴丽华分离了，也不愿意让阴丽华和郭皇后一起呆在洛阳皇宫受委屈，于是总是带着她一起南征北战。就算是在征讨彭宠的战役期间，身怀六甲的阴丽华也和刘秀形影不离，他们的长子刘阳（汉明帝，后改名刘庄）就出生在中军行辕里。

即使是在皇宫里的时候，刘秀也尽量不让郭皇后和阴贵人走到一起，因为他不愿意看到阴丽华低人一等的样子。但是阴丽华却总是严守礼仪，定期去朝拜皇后，非常大方得体、恭恭敬敬地向郭后问安施礼，还努力不让刘秀对自己的偏爱表现得太明显，并迫使刘秀像钟摆一样准确地出现在两个后妃的寝宫。就这样相安无事过了好多年。

郭圣通后来的皇后之位之所以被废，原因基本都出在她自己身上。郭圣通由舅舅做主嫁给刘秀后，一路顺风做到了皇后。她对舅舅为她挑选的这样一个完美的丈夫是非常得意的，也同样毫无保留地爱上了刘秀。对于刘秀和阴丽华之间的种种往事，她也

不可能一无所知，等到见到阴丽华本人之后，一定也倍感威胁。但她也有作为王家贵族小姐的矜持和自负，鉴于刘秀最终选择自己为皇后，自己的儿子为皇太子，她也一度感到了胜利的满足。由于阴丽华的谦让恭谨和刘秀的温柔细心，而她自己秉承王家的妇德教养，三人彼此之间倒也相敬如宾、和睦安乐，而且刘秀和阴丽华也尽量在她的面前掩饰着自己的感情。因此，郭圣通在很长时间里一直认为自己是胜利者，是这个天下最高家庭的女主人。

然而，随着时间的推移，她注意到了刘秀和阴丽华之间有着她所不能拥有的亲密，刘秀永远都不会用看阴丽华的同样的眼神来看自己，只要那两个人在一起的时候，他们好像有着自己风雨不侵的世界。她终于明白了，她永远都不可能是刘秀真爱的胜利者：她拥有的天下之母的皇后名位是阴丽华主动让给她的，而阴丽华拥有的才是自己最想得到却无法得到的，即刘秀的真爱之心。

于是，嫉妒和失望开始慢慢蚕食着郭圣通的心，但她却不能够像以前窦猗房、王政君那些皇后那样不声不响、默默等待，等着儿子当上皇帝后再扬眉吐气，她要想方设法抢回丈夫。因为她和那些皇后最大的不同之处在于：刘秀不仅仅是使她母仪天下、尊贵荣耀的皇帝丈夫，也是她深爱着的男人。

于是，三人之间彬彬有礼地维持多年的平衡和睦、逐渐被郭圣通打破了，她开始无故发脾气，开始指桑骂槐，于是命运再次把选择推到了刘秀面前。

刘秀天生就是一个有女人缘的三好男人，向来对妇女都持尊重和照顾的态度，在那个时代是非常罕见的。对于郭圣通这个政治婚姻产生的妻子，他也一样体贴关爱，给予了足够的尊重和爱护，并尽量让她过着满足快乐的婚姻生活。这一点他和以前那些皇帝都不一样。但同时他还是个人，是人就不可能没有偏爱，何况他还是个用情极专的人。何况他对阴丽华的偏爱是愈久弥新、风雨不动。

不但是郭圣通的表现不如阴丽华，作为外戚的郭家表现也明显不如阴家。阴丽华哥哥阴识是因为参加起义的功劳而封为阴乡侯的，但却低调谦逊、平易近人。刘秀曾经想要封阴丽华的弟弟们为侯，遭到了阴丽华的反对，她认为自己的弟弟无功不应受封，更不能和皇后的兄弟并立。而郭皇后的兄弟郭况就不同了，他家底本来就丰厚，刘秀又把他那个被杀的舅舅的家产赏赐给他，就过着无节制的奢侈豪华的生活，经常改建扩建自家的宅邸，一年到头工程不断，周围的居民都无奈地把这噪声叫作“郭氏的雷声”。

到了建武九年发生了一起恶性案件，一伙强盗冲进阴丽华娘家在新野家乡的住宅，杀死了她的母亲和弟弟

阴欣。阴丽华从小就以孝女著名，长大成人后每提到早逝的父亲都还会伤感流泪，可见她是个极重亲情的孝顺女儿，如今母亲遭遇到这样的不幸，她简直痛不欲生，而且极度自责，因为她觉得就是自己的谦让推辞，让娘家人没有得到应有的地位，才使得母亲弟弟死于非命的（侯爵的职位就可以建立私人护卫队）。对此刘秀也极为痛悔，恼恨万端，他一面安慰阴丽华，一面严令查惩凶手，同时亲笔下诏昭示天下。

在这份诏书当中，刘秀向天下人表白了自己对阴丽华的真实感情。他说自己和阴丽华贫贱时期结为恩爱夫妻，因为战争动乱饱受分离之苦，好不容易团聚，本来阴丽华应该得到皇后的尊荣，却为了国家利益自愿退皇后位，而且又谨守礼法，推辞对娘家弟弟的封赏。如今遭到了这样的灾祸，自己非常痛惜伤感。因此追封阴贵人的父亲阴陆为宣恩哀侯，弟弟阴欣为宣义恭侯，另一个弟弟阴就承继宣恩侯的爵位（这样阴氏就有了三个侯爵爵位，超过了皇后家族），并派太中大夫到灵堂举行封侯仪式，以侯爵礼仪为阴丽华的母亲和弟弟举行隆重的葬礼。

就是这份诏书，彻底地让后宫失去了往日的平衡。这根本等于昭告天下：阴丽华才是皇帝刘秀至亲至爱最珍惜的人，而且她本来就该是皇后，现在也应该等同于皇后。

郭圣通再也无法忍受下去了，她痛苦、愤怒、无奈，从此不再端着虚伪的贤惠淑德的架子，再也不给阴丽华及其子女好脸色了。对这样的状况，阴丽华也已经无能为力了，她知道这已经不是自己让步就能解决的问题，但她也不想让刘秀为难，就提出以伤心过度、身体不适、需要休养为名，搬到洛阳城郊外的行宫去住。但从此后，文武百官就发现自己不得不经常跑去郊外向皇帝汇报工作去了。

郭圣通时常见不到刘秀，便愈加怨恨，与刘秀说话总是责怪和埋怨，刘秀一听就烦，于是抬脚便走，到阴丽华那边去了。对刘秀和阴丽华，郭圣通可以说是一点办法也没有，她就只好在洛阳后宫里动不动就发脾气泄忿，宫里众人的日子就变得难过起来。就像当年刘植说的，天子要有三宫六院，刘秀虽然专情也不能够就守着阴丽华一个人过日子，否则那些妻妾满室的贵族大臣何以自处？而且只有两个三个也不行，所以按照礼制大臣们硬是要给他安排得整整齐齐的。但他觉得这真是耽误人家女孩子，就尽可能地修改“礼制”，把后宫等级从西汉的十五级压缩到五级：皇后、贵人、美人、宫人、采女，而且只有皇后、贵人才算是有正式品级的名位。但就算这些后宫女子数量不多又根本得不到皇帝的眷顾，她们也遭受郭皇后的责骂，于是都视郭后为敌，暗暗使花招、播流言，打击郭圣通。

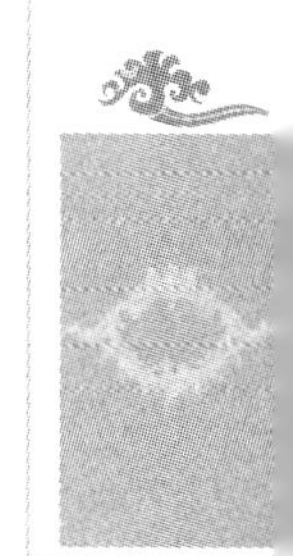

就这样好歹又过了三年，建武十七年，郭圣通不知道以什么事惹急了刘秀，刘秀忽然颁布了一份废后兼立后的诏书，终止了这场家庭风波。在诏书中，刘秀指责郭圣通心怀怨恨，多次违反宫廷礼教，又不能善待其他妃嫔所生的子女，没有皇后应有的品德，弄得后宫女子看见她就像鸽子见了鹰一样惶恐不安，品行作风就像吕太后、霍成君一样，这样怎能把子女后宫托付给她？所以必须废黜她的皇后位，改立贤惠善良的阴贵人为皇后。但又指出这是一件令人遗憾的事情，对皇家和国家都不算好事，就这样好了，不需要举行仪式庆祝。

究竟是什么事件成了导火线已经无法得知，但显而易见，后宫众人的非议是促使刘秀下决心的起因。很可能是出了什么事情，让刘秀感到郭后会变得像吕后、霍成君一样，那么他一旦不在人世，他挚爱的阴丽华及其子女就会遭遇到可怕的后果。这样的想法，令他不寒而栗，因此才下定决心把多年以前的错误更正过来，还阴丽华原配正室的地位，同时他也深信阴丽华才是能够公平慈善地对待其他妃嫔和子女的最佳皇后，也是将来的最佳太后。至此，阴丽华得以不战而胜。

自古以来，被废黜的皇后命运没什么好下场，然而刘秀和阴丽华再次证明了他们和以前的皇帝、以前的宫廷竞争胜利者都不一样，他俩都是心里有爱的好人。为了安抚郭圣通，刘秀首先下诏宣称废后不会影响太子的地位，然后为了避免郭圣通不得不反过来向阴丽华朝拜的尴尬，他把郭后所生的次子刘辅封为中山王，再多加一郡的封邑，改封郭圣通为“中山王太后”，这一举动是历史上绝无仅有的，因为只有皇帝死后，皇帝的老婆才能称为太后，但刘秀自己还没死呢，就让老婆当“太后”，在那个十分迷信的时代，能如此不忌讳、不讲究地做到这一点，刘秀实在是足够宽心，也足够大度，让人敬佩。

不但如此，刘秀还让郭圣通搬到二儿子的封国去住，这样的安排其实就是变相地与郭圣通分了居。刘秀为了不让郭圣通的其他儿子受委屈，又把他们的公爵都恢复为王爵。同时对郭氏家族也非常恩遇，增加了郭圣通的哥哥郭况的封邑，又封她的两个堂兄弟为侯（这样郭氏也有了三个侯爵，和阴氏持平），后来还把阴丽华所生的女儿淯阳公主嫁给了郭况的儿子郭璜。几年后郭圣通的母亲去世，刘秀还以女婿的礼节亲自带领文武百官为她举行了隆重的葬礼。作为一个被废弃的皇后，郭圣通及其家族能够得到这样的待遇，在中国的历史上可以说是前无古人、后无来者。

但是说到底，皇后被废不影响她所生的太子也是刘秀一厢情愿。太子刘强是个聪明谨慎的人，自知能力学识不如父皇更疼爱和欣赏的弟弟刘阳，

于是主动上书要求辞职，但被刘秀否决。但从此之后刘强不敢以太子自居，经常表示要到外省去当一个诸侯王。两年以后，刘秀见终难以挽回刘强的心，又怕强压之下会生变，终于同意把这哥俩也来个身份互换：太子刘强改封东海王，东海王刘阳立为太子，并改名为刘庄。

可能因为刘强的懂事谦让刘秀感到内疚吧，他就再度对郭后一族加恩封赏。后来他把刘辅改封为土地更加富饶、收入更加丰厚的沛王，郭圣通改封“沛太后”，并且给予东海王刘强东海和鲁两个封国的土地，并特意让他的宫室车仗等礼遇保持太子的等级待遇。

但是，所有这一切都不能弥补郭圣通的痛苦，因为她要的并不是这些身外之物。这个为爱而痛苦、为爱而失去的女人，在离开刘秀之后，身体健康每况愈下，遂于建武二十八（53）年病逝，终年大约是44岁，葬于北邙山。

郭圣通的早逝无疑令刘秀和阴丽华深感内疚，他们只好加倍善待郭圣通留下的子女。前太子刘强对自己和太子同样的待遇很不安，多次上书推辞并要求削减自己的封国，但刘秀不接受。阴丽华把郭圣通生的幼子刘焉养育在自己的宫里对他疼爱超过自己的亲生子，后来中山王刘焉成年后出镇封国，还经常回京来看望有如生母的继母阴丽华。

此后的岁月，刘秀和他初恋的爱人阴丽华携手白头，慢慢走过。

公元56年，刘秀登基32年，光武中兴大业已成，国家繁荣、四海升平、百姓安居乐业，刘秀觉得自己已经可以告慰天地祖宗了，就带着王公大臣到泰山举行“封禅”典礼，并改元为中元。这时他已经明显感到自己身体状况不好，就把刘强等本来分封在外的儿子们留在洛阳，尽量共享天伦。次年（57）年二月，刘秀在洛阳南宫前殿阅览公文时逝世，可说是真正死在了工作岗位上的皇帝，终年63岁。

光武帝太子刘庄继位，史称汉明帝，他并秉承父亲的教诲，对兄弟姐妹极为善待，特别是对把皇位让给自己的哥哥刘强非常敬重和信赖。但是居心叵测的人还是存在，这就是刘庄的亲弟弟广陵王刘荆。刘荆伪造刘强舅舅的书信要刘强造反夺回皇位，自己想乘乱夺权，但刘强把书信交给了明帝，经调查就揭发了刘荆的阴谋。

一开始，刘庄不想公开处罚弟弟，还保持了他的王位只是把他监视居住，不料他不知悔改，又找巫师诅咒刘庄，被人揭发后自杀。为此阴丽华和刘庄都伤透了心，刘强也因此觉得自己要为刘荆的死负一定责任，更加局促不安，忧虑成疾，不久也病逝了。而在他生病期间，太后和皇帝派了很多名医去为他治病，并特许他的弟弟们去看望他，因为平时诸侯王之间是不允

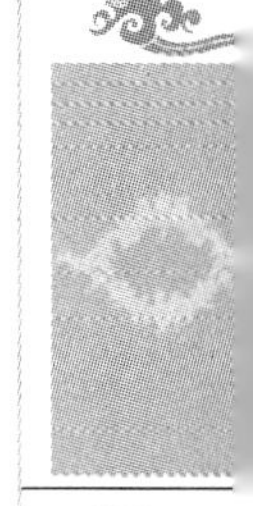

许随意串连的。而刘强临终时还上书说儿子刘政不肖，请求皇帝把封国收回，但请封他的三个女儿为侯。明帝仍然让刘政继承了东海王的爵位，而且也封了他三个女儿为侯。在为他举行的葬礼时，阴太后坚持要亲自送葬，于是明帝扶着母亲，用皇帝的仪仗为这个前太子送行，一直送到郊外。

在刘秀去世后，阴丽华又陪儿子过了七年，于永平七年（64）病逝，终年60岁，她再次回到挚爱一生的丈夫刘秀身边，与光武帝刘秀合葬于原陵，尊谥为光烈皇后。

汉明帝刘庄自幼对父母孝顺仰慕，对父母之间超过一般夫妻的恩爱和睦印象深刻，也非常怀念。阴丽华去世十年以后的那年正月，在正要去原陵祭祀父母的前夜，刘庄梦见父亲刘秀和母亲阴丽华白首相依，携手言笑，宛若生前，醒来不由“悲不能寐”。第二天，他带着文武百官上陵拜谒，看到陈设在庙里母亲阴丽华生前所用的化妆台，想起昨夜的梦境，这个已经46岁的皇帝，不禁当众失声痛哭，一众大臣随从无不感动落泪。

刘秀和阴丽华之间的爱情，是古代宫廷史上最美好，最浪漫，最感人肺腑的一曲爱情恋歌，在中国几千年的历史上，像刘秀这样能文能武，有勇有谋，勤奋敬业，宽宏大度，仁慈博爱，节俭自律的帝王只有这么一个，而像他和阴丽华这样少年盟誓、一生相守的皇家浪漫爱情故事，恐怕也只有这一回。

邓绥——东汉杰出的女政治家

女政治家邓绥

邓绥是东汉和帝的皇后，汉光武帝时太傅邓禹的孙女，南阳新野人，东汉女政治家。邓绥自小孝顺慈爱、喜好读书，6岁即读史书，12岁通《诗》《论语》，常和诸兄互相讨论其中要义。

邓绥从小不喜欢学做家务和针织女红等，因此屡次被其母亲责骂，母亲以传统男女有别的看法，认为女孩子唯有习女工最重要，于是她在白天学女工之外，晚上仍读经书，她父亲则对她读书较为支持，认为她才能胜过其他几个儿子。她自小就对读经史等被认为男性所从事的活动有如此兴趣，对她后来在政治上的表现有所影响。

由于邓家恪守孝道，家教甚严，邓绥养成了克己奉礼的性格。她5岁的时候，年迈的祖母亲自为她剪发，因老眼昏花，不小心剪破了她的额头，邓绥竟忍痛不语。家人见状很奇怪，就问她疼不疼。邓绥说："不是不疼，只因太夫人怜爱我，这么大年纪了还为我梳理头发，我实在不忍伤她老人家的心，所以才强忍着不说。"一个5岁的孩子，能说出这样明事理的话，谁敢说她日后不会有所作为？

邓绥长得十分漂亮，粉白的面庞，水汪汪的眼睛，樱桃般的小口，邓家老幼都十分喜爱她。邓绥的父亲遇到问题，都要与邓绥商议。父亲的器重和栽培，使邓绥很早就有了理家处事的本领。

邓绥15岁时被选入宫中，她一入宫，就在嫔妃中间投下了一颗"重磅炸弹"：那些自命不凡的妃子本以为自己美丽动人，见了邓绥才发现天外有天，这世上竟有比自己还美的人！汉和帝刘肇更是被邓绥的美貌迷住了。他一见邓绥，即惊为天人，觉得身边所有的女人都不能与之相比。他将邓绥册封为贵人，让她居住在嘉德宫，几乎每天晚上他都要在嘉德宫留宿。

这样一来，和帝的大老婆阴皇后不乐意了。这位阴皇后的母亲是邓禹的另一个孙女，算起来，她还是邓绥的亲戚。阴皇后比邓绥早入宫三年，也很聪明、美丽，入宫不久就被封为贵人，然后又被立为皇后。可是，这位阴皇后心眼儿小，她不许和帝亲近别的女人，和帝若在别的嫔妃处留宿，她就会拍桌子摔板凳。

入宫后，阴皇后感到自己的地位受到了威胁，常在和帝面前说邓绥的不是。和帝为此很烦阴皇后，渐渐地，他连阴皇后住的长秋宫都不常去了。

邓绥对待汉和帝的皇后阴后甚为谦谨，如在在宴会之时，嫔妃们多打扮得很艳丽，只有她素服不装饰，而且平时衣服不敢与阴后同色。

邓绥晋见皇上时不敢与阴后并坐立，走路也表现出很谦卑的姿态，说话也不敢先于阴后；阴后被疏远之时，她就常托病不受皇上召见。但也因她如此地敬慎曲从，益受到皇帝的喜爱。

她虽身为贵人且深受宠爱，但仍只是皇帝的妾，其地位与皇后相差甚多，因此必须自谦以防遭到嫉妒。但她受宠日盛，仍使得阴后大为担忧嫉妒，好多次都想加害她。

邓绥得知此事，常垂泪叹息。和帝问她何故，邓绥说，她与阴皇后都无子嗣，后宫嫔妃所生的几位皇子，也都不幸夭折，她担心东汉皇室后继无人。和帝一听，觉得邓绥比阴皇后更近人情，而且处处为汉室着想，从此更加疼爱她。

一次，邓绥染病，和帝心疼不已，特许她可以召家人进宫探视，且不限时日。邓绥口中谢恩，却拒绝了皇帝的美意。她说：宫廷乃皇家禁地，若让外人长久滞留宫中，不但有违圣制，

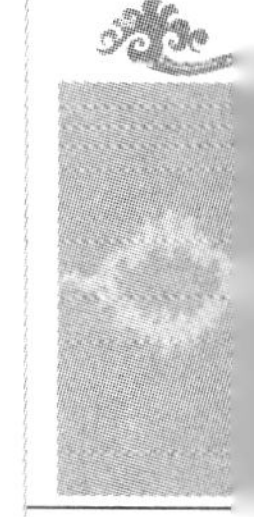

那些大臣也会批评陛下您徇私情、指责臣妾我不知足。这番话一出，和帝对邓绥的敬重又加深了几分。

阴皇后见邓绥声名日盛，不禁恼羞成怒，天天想着怎么弄死邓绥。公元101年，和帝病危，阴皇后认为时机到了，就对着自己亲近的随从立下誓言：我若得志，一定先除掉邓绥，将邓氏满门抄斩！

由于邓绥在宫中人缘很好，有人把此话偷偷地转告给她，希望她有所防备。邓绥听了，大吃一惊，她知道，和帝一死，自己的靠山就倒了，而和帝无子嗣，到那时，阴皇后临朝称制，自己绝对死无葬身之地。邓绥不愿意死在阴皇后手中，就想喝毒药自杀。宫女们急忙劝阻，并谎称皇上的病已痊愈，邓绥信以为真，放弃了自尽的念头。

事有凑巧，没过几天，和帝果然康复。他得知邓绥寻死之事，将其理解为“邓贵人对朕情深意重”，对其更加宠爱。

阴皇后计划落空，开始采取旁门左道。她请来巫师下蛊，咒邓绥速死、皇帝无子，以期保全皇后之位。此事最终被和帝知道了。和帝大怒，下令逮捕了相关人员，并将阴皇后赶出长秋宫，命她到桐宫深刻反思。阴皇后哪能咽得下这口气，不久就一病不起，活活地气死了。

阴皇后被治罪关押时，邓绥曾出面替她求情，和帝不但没有批准，反被邓绥这种不计前嫌、宽宏大量的胸怀所感动。事隔不久，有朝臣奏称：长秋宫虚位，应选贤德者充任。和帝马上指定邓绥当皇后。至此邓绥入主长秋宫，步入了政治坦途。

邓绥登上皇后宝座后，仍旧谦和待人，谨慎自制。她带头掀起节约运动，着布衣，尝素食，凡各地上贡的奇珍异宝，全部下令禁绝，只要求供应纸、墨。

邓皇后的所作所为赢得了宫廷内外的赞赏，才女班昭还参照她的作为，写下了传世名作《女诫》。

在后宫，她一反阴后对其他妃子的忌视，对于和帝的其他贵人甚为优遇。在宫中用度上力行俭约，她罢不合礼之祠官、免遣不少宫人，并减少衣食宴乐上的各种花费。

公元105年，汉和帝驾崩。和帝死时，朝中尚未立太子，整个东汉皇室，只留下寄养于民间的两个小皇子。刚25岁的邓绥果断地担起了朝廷重任。她派人寻回两个小皇子，扶持年纪最小的皇子刘隆登上帝位，即历史上的汉殇帝。而她本人，以皇太后的身份临朝称制，掌握了朝中实权。可怜汉殇帝命短，才当了八个月皇帝，奶还没断，气就断了。于是邓绥又从皇室近亲中挑了个13岁的男孩登基，即汉安帝刘祜，她则继续临朝听政。

和帝刚死时，宫中有人趁乱偷了一筐宝珠。邓绥认为，此事虽小，但关乎宫廷风纪，于是决定亲自查办此

事。为防屈打成招、累及无辜，她没有采取刑讯逼供的方法，而是深入宫中调查，经察言观色并与众人交心，终于让盗贼认罪伏法。

邓绥临朝以后，东汉政权恰好正陷入危难期，灾害不断，蛮夷入侵。面对天灾人祸，邓绥丝毫不显慌乱，她任用贤良，集思广益，采取有力措施稳定局势。听说百姓挨饿，她就通宵不眠，并亲自裁减宫中开支，赈济灾民。邓太后的威望很快树立起来，赢得了天下人的敬重。

在刑狱上，邓绥精明体察，常能破除冤情；在学术上，邓太后除本身甚为好学外，亦努力奖掖学术，曾召集学者于在东观校对传记；在用人上，太后及邓骘皆引用许多名士如杨震等人。其摄政期间时值羌乱大起，且天灾不断，造成盗贼四起，民不聊生，每有灾，邓太后多自行节俭以救灾；在统治方法上，虽然她本身具有政治能力，但她以一个女性的身份，不便随时抛头露面，故常身在后宫，必须用一些私近的人为助。她大量任用其兄弟，先以其兄邓骘为车骑将军辅政，后又为晋升大将军，常留禁中，有大事常与之商量，其它的兄弟如邓悝、邓弘、邓阊等亦居官封侯，成为邓太后统治上的助手。

实事求是地说，邓绥的确有治国的本领。但是，邓绥也有过失，那就是过分依赖外戚，过于看重权力。和帝在世时，邓氏家族受封赏者很少。邓绥担心邓氏家族像历史上的外戚集团那样惨遭不测，每逢和帝提起封赏她的娘家人，她总是“哀请谦让”。邓绥的长兄邓骘很有能力，但也不过是个虎贲中郎将。邓绥执政后，为稳固自己的地位，开始依赖娘家人。经她提拔，她的娘家兄弟个个官居要职，从中央到地方，到处都是邓氏家族的势力。

凡太后摄政，必引来外戚参与国家机要并被委以重任，这是东汉政治舞台上的惯例，也怪不得邓绥。再说，邓绥并没有一味地骄纵外戚，她对娘家人要求很严格，常告诫他们不可飞扬跋扈，不许他们做任何违法乱纪的事。她曾诏告京师一带各长官，对邓氏犯错不要宽宥。其后，邓太后也下诏让一些皇室子弟与邓氏子弟一同开学校，教经书，并亲自督导，希望能防止其子弟们生活过于骄逸。在她的管教之下，邓骘等外戚亦多恭顺节俭，力谋为国，因此外戚并未成为祸患，相比较来看，邓氏家族成员还算清明、忠顺，对当时社会的稳定也作出了贡献。

此外，邓太后也重用了不少宦官如蔡伦等人为助，以他们来传达内外消息，而较少直接见公卿大臣，当时虽尚未有宦宫乱政的情形出现，却也造成他们的权力逐渐增加，为东汉后来的政治带来不好的影响。

倚重外戚，又不大权旁落，防止受人挟制，这也是邓绥的另一个高明

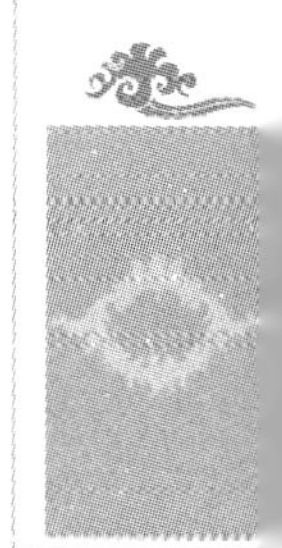

之处。但或许是邓绥认为自己太高明了，比真正的皇帝还要高明，所以，她渐渐对权力产生了迷恋。汉安帝刘祜长大之后，她仍旧临朝听政，不肯退出历史舞台。倘若有人劝她“退出”，轻则被削职，重则被处死，她绝不手下留情。

公元121年，邓绥去世，她执政16年，勤于政事，克己奉公，为东汉王朝的发展做出了不可磨灭的贡献，她死后被葬于洛阳北邙山上。

班昭——东汉大师级女学者

班昭，东汉女史学家、文学家。班彪的女儿，班固的妹妹，家学渊源，高才博学，能文能赋。她是东汉的一名姬。

班昭14岁嫁给同郡的师兄曹世叔为妻，被称为“曹大家”。以个性而论，曹世叔活泼外向，班昭则温柔细腻，夫妻两人颇能相互迁就，生活得十分美满。可惜曹世叔早死，班昭年纪轻轻就守寡。但她在曹家生有一个儿子，叫曹成，字子谷，还有几个女儿，不知名。

班昭本人常被召入皇宫，教授皇后及诸贵人诵读经史，宫中尊之为师，东汉末时的著名学者马融、郑玄都是她的学生。

班昭像

班昭去宫廷给皇后和嫔妃讲课的时候穿着很有个性，有的时候，穿着蕾丝吊带抹胸；有的时候穿着维多利亚高领硬颈长袍；有的时候又穿着古希腊的皱褶纱裙，在保守和前卫之间摇摆不定。于是，嫔妃们也开始模仿她的打扮了。

班昭的文采首先就表现在帮她的哥哥班固修《汉书》，这部书是我国的第一部纪传体断代史，是正史中写的较好的一部，人们称赞其言赅事备，与《史记》齐名，全书分纪、传、表、志几类。还在班昭的父亲班彪的时候，就开始了这部书的写作工作，她的父亲死后，她的哥哥班固继续完成这一工作。班固，字孟坚，9岁能作文，稍大一点，博览众书，九流百家之言无不穷究，不料就在他快要完成《汉书》时，却因窦宪一案的牵连，死在狱中，班昭痛定思痛，接过

亡兄的工作继续前进。

好在班昭还在班固活着的时候就参与了全书的纂写工作，后来又得到汉和帝的恩准，可以到东观藏书阁参考典籍，所以写起来得心应手。在班昭40岁的时候，终于完成了汉书。

《汉书》出版以后，获得了极高的评价，学者争相传诵，《汉书》中最棘手的是第七表《百官公卿表》，第六志《天文志》，这两部分都是班昭在她兄长班固死后独立完成的，但班昭都谦逊地仍然冠上她哥哥班固的名字。班昭的学问十分精深，当时的大学者马融，为了请求班昭的指导，还跪在东观藏书阁外，聆听班昭的讲解呢！

除汉书外，班昭写有赋、颂、铭、诔、哀辞、书、论等，共16篇。原有集三卷，大都失传。其所作《东征赋》一篇，被昭明太子萧统编入《文选》，保存了下来。《东征赋》是班昭随同儿子到陈留赴任时，描述自身经历的作品。

班昭的文采还表现在她写的《女诫》7篇，此篇文章以邓绥皇后的行为举止为依据引申而做。内容涉及卑弱、夫妇、敬慎、妇行、专心、曲从和叔妹七章。本是用来教导班家女儿的私家教课书，不料京城世家却争相传抄，不久之后便风行全国各地。

班昭还有一个兄弟是班超，我们现在常用的两个成语“投笔从戎”和“不入虎穴焉得虎子”就是他的口语演化而成的，反映出他的智勇过人，他出使西域，以功封定远侯，拜西域都护，扬汉威直至中亚30年之久。

汉和帝永元十二年，班超派他的儿子班勇随安恩国入贡的使者回到洛阳，带回他给皇帝的奏章：臣不敢望到酒泉郡，但愿生入玉门关。谨遣子勇，随安西献物入塞，及臣生在，令其目见故土。表达出一种浓郁的叶落归根的思想，然而奏章送上去之后，三年后朝廷仍不加理会。

班昭想到死去的哥哥班固，对年已七十，客居异乡的哥哥班超，产生一股强烈的的依恋、怜悯心情，于是不顾 切地给皇帝上书，论今说古，直指人心，又说得合情合理，丝丝人扣，汉和帝览奏，也为之戚然动容，觉得自己实在愧对老臣，于是派遣戊己校尉任尚出任西域都护，接替班超。班昭以她的文采和才情使她的哥哥班超得以回朝。

汉和帝永元十四年八月，班超回到洛阳，和帝拜其为射声校尉，他离开西域疏勒时本已有病，来不及和妹妹好好地聊聊，加以旅途劳顿，回家一个月就病逝了，终圆了叶落归根的夙愿。

汉和帝死后，邓太后以女主执政，班昭以邓太后师傅之尊得以参与机要，竭尽心智地尽忠辅佐。史载当时太后的兄长邓骘以大将军辅理军国，颇受

倚重，后来母亲过世，上书乞归守制，太后犹豫不决，问策于班昭，班昭认为："大将军功成身退，此正其时；不然边祸再起，若稍有差迟，累世英名，岂不尽付流水？"邓太后认为言之有理，批准了邓埱的请求。

班昭年逾古稀而逝，皇太后亲自为多年的老师素服举哀，由使者监护丧事，死后也给予她应得的荣誉。

梁女莹——最早进行婚前体检的皇后

最早进行婚检的梁女莹

梁女莹是东汉桓帝刘志的皇后，顺烈皇后梁妠之妹，其父梁商，兄弟梁冀，其家族可谓权倾一时，但梁女莹相貌一般，且无才无德。汉桓帝即位后，大将军梁商便想让女儿梁女莹成为皇后，以巩固其家的权势。

但桓帝不太愿意这桩婚事，却又不敢得罪梁家。未成婚前，桓帝就派女官吴婀来到梁府。一进门先观察梁女莹的走路姿势。接着，便跟梁商大将军一家说：要请梁女莹进闺房，脱衣仔细检查女公子身体的各部位。

出身豪门贵族的千金梁女莹宁死不依，吴婀无奈，只得出示"尚方宝剑"，吓唬说："这是皇上的圣旨，也是皇家选后的规矩"，很希望当皇后的梁女莹这才勉强走入闺房接受检查。

吴婀女宫先检查梁女莹的乳腺，看有没有肿瘤包块；同时又用鼻子嗅嗅有没有狐臭，有没有其他气味。

接着又看肚脐的形状深浅、肩膀的宽厚、腰围、臂的弹性、大小腿肤色、长度以及手掌十指、脚板平凹与十脚趾的颜色等，最后是妇科检查及病史询问。

不一会儿，吴婀又重新检查五官与头发浓密及颜色，查耳朵、齿、鼻梁、眼、眉。最后让梁女莹三呼"万岁"，以检查声带发音如何。检查后全部未见异常，桓帝建和元年（147）六月，梁女莹正式入宫，八月立为皇后。

在我国古代，为皇帝立正妻的时候，有一条很严格的婚前体检制度。这些内容，在《汉杂事秘辛》中都有详细记载。这可能是有文字记载的我国古代皇后最早的一例婚前检查。

汉灵帝建裸游馆自娱

汉灵帝刘宏像

汉灵帝刘宏是东汉第十一位皇帝，汉灵帝刘宏的谥号为“灵”，这个“灵”字在谥法中解释为：“乱而不损曰灵”。他不理朝政、卖官鬻爵和声色犬马的生活，将东汉王朝直接推向了灭亡的边缘。

汉灵帝刚即位时还是个12岁的小孩，即位后立了扶风宋氏为皇后，这位皇后姿色平平，汉灵帝也就对她没兴趣，就把眼光放到宫里别的女人身上。随着年龄的增长，他对女人的兴趣也就随之增加，“淫乱”的本性渐渐暴露出来。他命令宫中所有的嫔妃和宫女都必须穿着开裆裤，而且里面什么都不穿，为的就是临幸起来方便。

公开186年，汉灵帝又下令在西园修建了一千间房屋。让人采来绿色的苔藓覆盖在台阶上面，引来渠水绕着各个门槛，到处环流。渠水中种植着南国进献的荷花，花大如盖，高一丈有余，荷叶夜舒昼卷，一茎有四莲丛生，名叫“夜舒荷”。在这个恍如仙境的花园里，汉灵帝命令宫女们都脱光了衣服，嬉戏追逐。有时他自己高兴起来，也脱了衣服和她们打成一片。所以，他就给这处花园赐名为“裸游馆”。

夏天到来的时候，汉灵帝就选择肌肤如玉，身休轻盈的宫女执篙划船，这些宫女的年纪都在14岁以上18岁以下，摇漾在渠水中。有时盛夏酷暑，他还命人将船沉没在水里，观看落在水中的裸休宫娥们玉一般华艳的肌肤。

汉灵帝看着她们载沉载浮，莺歌燕语喧闹一片，自然心怀大畅，不免也下水与她们“裸游”一番。他又让宫女们演奏《招商七言》的歌曲来招来凉气，于是宫女们便品丝调竹，曼舞轻唱起来：凉风起兮日照渠，青荷昼偃叶夜舒，惟日不足乐有余，清丝流管歌玉凫，千年万岁喜难逾。

当时有西域进献了茵犀香，汉灵帝就命人煮成汤让宫女沐浴，把沐浴完的漂着脂粉的水倒在河渠里，称作“流香渠”。对着这香艳旖旎的景象，汉灵帝感叹道：“假如一万年都这样的话，那真就是天上的神仙了。”

灵帝与宫女经常在裸游馆里饮酒作乐，往往通宵达旦。他为了让自己知道时辰，就在裸游馆北侧修建了一座鸡鸣堂，里面放养许多只鸡，打算

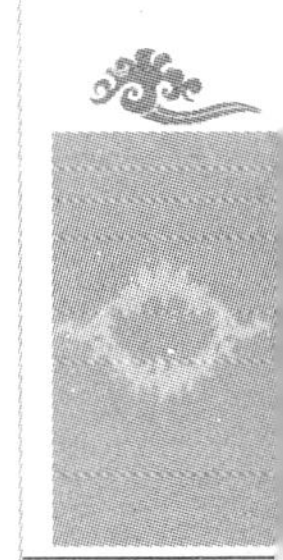

通过鸡叫来确定时间。但他周围的内侍哪里愿意皇帝这么快放弃游乐，就争相学习鸡叫混乱真声，以致后来灵帝再听到鸡叫，都不知道是谁发出的了。

汉灵帝还亲自驾着驴车在上林苑转悠，一脸的得意扬扬。有了大汉天子倡导于上，这种驴车很快就在京城里流行起来。上至王公，下至百姓，无不以拥有一辆驴车为荣，这直接导致驴的价格直线上涨，甚至超过了马的价钱。

除了驴，汉灵帝还喜欢养狗，甚至把狗唤作“爱卿”。而“爱卿”这个词，通常是皇帝对大臣的称呼，汉灵帝大概受到了启发，就给一只狗戴上文官所用的进贤冠和绶带，让它后腿直立，摇摇摆摆地走了起来。他还乐得拍手大叫：“好一个狗官！”旁边有大臣听了，真是哭也不是，笑也不是，感到受了侮辱，却也无可奈何。

汉灵帝灵帝荒淫无道，宦官弄权朝廷，文武大臣也多为非作歹。上行下效，全国一片奢华浮糜之风。就这样，汉灵帝在声色犬马中，享受这短暂的人生和末世大厦将倾的悲凉，流连于聚敛财富的快乐和香艳女色的诱惑中，忘却了身为帝王的职责和尊严，在身边权宦的怂恿和引领下，在玩乐和贪婪的享受中，把东汉两百年的宏伟基业置之脑后了。

公元 189 年，昏庸的汉灵帝在人民的一片怨声下结束了他的一生，终年 34 岁，无子嗣，并且他也给后继者留下了一个难以收拾的烂摊子。

魏晋南北朝时期

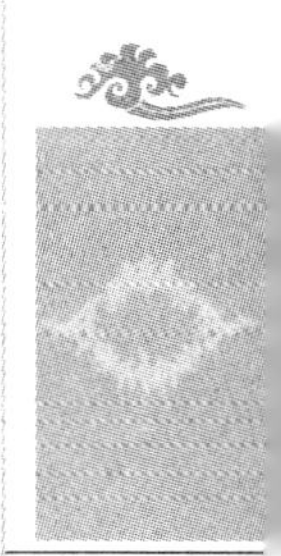

曹操是如何对待女人的

曹操像

东汉末年争霸天下的曹操十分好色，他拥有众多姬妾，曾建立了一个铜雀台，里面全是他的女人住着，以供他随时娱乐，他曾想去江南抢取大小乔以充其中，于是带兵80万欲下江南，但周瑜为护爱妻小乔，与曹操赤壁鏖兵，趁着东风一把火烧得曹操80万大军灰飞烟灭。曹操才不得不作罢。

曹操占有的女人光有历史记载的就有不少。他的原配正室是丁夫人，因曹昂之死而与曹操反目，曹操曾欲迎回而不可得。另有：卞氏，生有曹丕、曹彰、曹植、曹熊四子。刘夫人，正室丁氏的侍女，随丁氏陪嫁至曹家，后亦为曹操霸占，不久病亡，生有曹昂、曹铄二子。环夫人，曹操之妾，生有曹冲、曹据、曹宇三子。杜夫人，曹操之妾，生有曹林、曹衮二子。秦夫人，曹操之妾，生有曹玹、曹峻二子。尹夫人，曹操之妾，生有曹矩一子。王昭仪，曹操之妾，生有曹干一子。孙姬，曹操之妾，生有曹上、曹彪、曹勤三子。李姬，曹操之妾，生有曹乘、曹整、曹京三子。周姬，曹操之妾，生有曹均一子。刘姬，曹操之妾，生有曹棘一子。宋姬，曹操之妾，生有曹徽一子。赵姬，曹操之妾，生有曹茂一子。陈妾，曹操之妾，生有曹格一子。

上面的都是有史记载且给他生有孩子的，没有生孩子的就不计其数了。他生平还做过不少抢人妻女据为己有，或强行与人苟合的事。如吕布部下秦宜禄之妻生得非常漂亮，曾被关羽暗恋着。曹操和刘备围吕布于下邳时，关羽曾几次对曹操说：希望城破之后，能把这个女人赐给自己。曹操爽快地答应了。但城破之后，曹操发现“这个女人不寻常”，便把她纳为已有了。关羽由此知曹操为人不可信。

曹操打宛城（今河南南阳市）时，宛城守将张绣见曹操势大，不得已投降了他，但曹操入城后发现张绣的婶娘（张济的遗孀）长得漂亮，便纳入帐中强行霸占，张绣听说后大怒，认为受到奇耻大辱，遂又反叛。于是好色之徒曹操被打败，自己中了箭，长子曹昂、侄儿曹安民、爱将典韦都战死了。

曹操这么好色，那么他是真的爱女人吗？女人在曹操心目中的地位和价值如何呢？据《三国志·武帝纪》裴松之注引《曹瞒传》记载：有一爱姬陪曹操午睡，曹操枕着爱姬，对她说：“过一小会儿叫醒我。”她见曹操睡得很熟，便没有叫醒他。等到曹操醒来，发现自己睡过了头，便怪罪爱姬，把她活活打死了。

上面都是正史记载的事情，另据《世说新语·假谲类》中说：曹操常说：“我睡觉的时候，你们不能随便接近，有人接近我，我便要砍人，我自己也没有知觉，左右之人必须小心谨慎。”有一次，他在假寐，有一爱姬给他盖被子，他马上便把这爱姬杀了。

以上所说未必完全属实，但却是可能发生的事，绝不属于情理之外。帝王总是要防备有人害他，但像曹操这种人是根本就不尊重妇女的人格甚至生命的。

曹植暗恋其嫂甄宓作《洛神赋》

魏文帝曹丕的夫人甄氏，中山无极人，汉太保甄邯之后。父亲官至上蔡令。她的名字在正史中没有记载，但因传说之故，人们又称她为甄宓、甄妃或甄洛。

甄宓像

甄氏3岁的时候，父亲就去世了，和母亲相依为命，小小年纪就表现出非凡的智慧。她经常用兄笔砚学习读写，并表示要知书学理，认识前世成败得失。后来时逢天下兵乱，百姓们皆卖金银珠玉宝物，可她家里储存了不少谷物宝贝。当时年仅十余岁的她对母亲说：“当今天下大乱，我们留着这些宝贝不仅无用，反而会招来杀身之祸，还不如把它们拿出来分给邻里乡亲，广为恩惠。”举家称善，便听从了她的意见。

建安初年，甄氏初嫁与袁绍次子袁熙，袁熙带兵出外征战，留下甄氏独身照顾婆婆。袁氏败亡后，曹操之子曹丕来到袁家，见甄氏美艳动人，便纳为已有。其实，曹操也早就听说了此女子的美名，也早有将她收为妃子的想法，不想被儿子捷足先登，本欲去抢夺，但当他看到自己的儿子那么喜欢甄氏的时候，曹操也就打算放弃了。

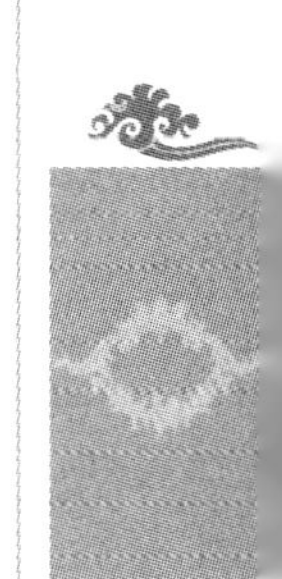

可是，甄氏自被掠到曹府后，却与曹丕的弟弟曹植很合得来，因为当曹操与曹丕为消灭群雄而奔忙的时候，只有曹植因为年龄小而有余闲，他便陪着甄氏吟诗弄赋，两人擦出了爱情的火花，甄氏还比较矜持，曹植青春年少，情窦初开，不由暗恋起嫂嫂来，当甄妃嫁给曹丕时，曹植暗中悲愤，曹丕也因此对曹植耿耿于怀。

但是，曹丕本来就气量就很小，他对于甄妃和曹植错综复杂的关系难以释怀，所以仅封她为妃，始终未能得到皇后地位。

曹丕在洛阳即皇帝位后，郭女王陪在身边，被封后皇后，甄氏被封为妃。曹丕不但在王位上子承父业，还有所突破地当上了皇帝，在好色上也子承父业并也有所突破，其身边的漂亮女人光有名姓的就有不少，后来他移情别恋于郭女王，郭氏为谋夺后位，多方谗间甄宓。

甄宓只好独居的邺城旧宫，心中苦闷，以怨妇情怀赋诗一首《塘中行》，抒发哀伤、怀想旧情，说自己“想见君颜色，感结伤心脾。念君常苦悲，夜夜不能寐。”不料这首凄恻哀怨的情诗，不但没有使丈夫感念旧情，反而适得其反，曹丕见诗后，不但丝毫不为所动，还听信郭女王的谗言，由洛阳派使者前往甄氏独居的邺城旧宫，逼她服下了毒酒，赐死了甄宓。当时甄氏只有40岁，据说死时被以糠塞口，以发遮面，十分凄惨。

甄氏死的那年，曹植到洛阳朝见哥哥。甄氏生的太子曹睿陪皇叔吃饭。曹植看着侄子，想起甄后之死，心中酸楚无比。饭后，曹丕将甄氏的遗物玉镂金带枕送给了曹植，真不知是何居心。

曹植怀抱玉镂金带枕，睹物思人，泪下潸然，返回封地时经过洛水，夜宿舟中，恍惚之间，遥见甄氏凌波御风而来见，飘然曼妙的身姿如轻云蔽月，流风回雪，日映朝霞，芙蓉凌波一般，翩翩起舞于洛水之上。

曹植一惊而醒，坐了良久，脑海里还在翻腾着与甄氏洛水相遇的情景，便觉有无限的愁怅和哀伤，不由悲从中来，不可断绝。

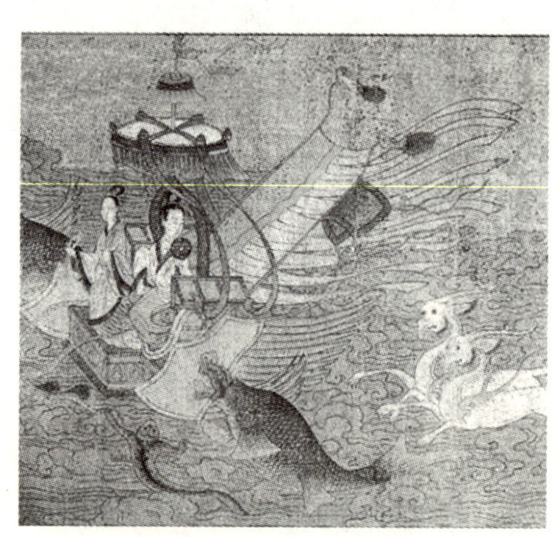

《洛神赋图》中的甄宓

回到鄄城后，曹植照洛水梦遇写下《感甄赋》，四年后（234），甄氏的儿子明帝曹睿继位，因觉原赋名字不雅，遂改为《洛神赋》。赋中他把洛河中的水神当作甄氏的化身，抒发爱慕之意。著名的“翩若惊鸿，婉若

游龙，容耀秋菊，华茂春松”和“明眸善睐”就是这里来的，东晋画家顾恺之的《洛神赋图》也是根据曹植的《洛神赋》画的。

孙权后宫的阴谋角力

孙权像

孙权字仲谋，他长得上身长下身短，方颐大口，碧眼长须，紫色美髯，目射精光。为人度量恢弘，性格隽朗、仁厚而有智谋决断，以好侠养士而知名。

建安五年（200）孙策受伤而死，孙权继承了父兄的基业。经过励精图志，在赤壁之战后孙权奠定了三国分立的局面。

外患暂消，孙权便开始享受起香艳的后宫生活来。比他稍大些的曹操的女人众多，孙权也不想比曹操差。孙权的元妃谢氏是会稽山阴人，她的天姿国色闻名于江东。当时媒人踏破了门槛，但都被谢家所拒绝。孙权的母亲吴夫人听到这个消息，便将谢氏纳为孙权的妃子，谢家因孙家势大，不敢拒绝，还以为女儿进了安乐窝，不想却是送进了虎狼窟。

原来谢氏嫁去后好景不长，孙权又娶了姑母的孙女徐氏为夫人，徐夫人祖籍吴郡富春人。她的祖父徐真与孙权的父亲孙坚亲近，孙坚将自己的妹妹许配给了徐真。徐夫人先是嫁给了同郡的陆尚，陆尚去世后被讨虏将军孙权聘以为妃。徐氏比谢氏年轻而且更美丽，谢氏也就渐渐地失去了孙权的宠幸，不久恚恨抑郁而死。

谢夫人没有儿子，便抚养了孙权妾所生子孙登。谢夫人去世以后，孙权命徐夫人以母亲的身份抚养孙登，孙登才得立为太子，群臣请立徐氏为皇后。不料后宫又有步氏、袁氏以及王氏受宠超过了徐夫人。而孙登很早就因病去世，后宫便又展开了争夺储位的明争暗斗。

步氏是临淮淮阴人，与丞相步骘同族。东汉末年，她与母亲迁徙到庐江，庐江被孙策攻破后东渡长江，因为美丽为孙权得到，并受到宠幸。步夫人没有儿子，只生下了两个女儿，

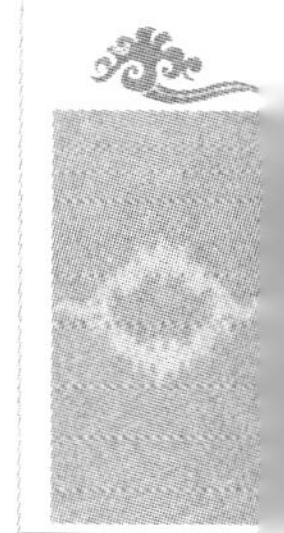

长女全公主嫁给了周瑜的儿子周循，周循死后又嫁给全琮；小女儿鲁育许配了朱据，朱据死后改嫁了刘纂。步夫人性情和婉而不妒忌，因此在很长的时间里得到了孙权的宠爱。十多年以后孙权称帝，便想让步夫人当皇后，而群臣认为徐夫人更合适皇后的位置，孙权意在步夫人而没有答应。这样十多年以来一直没有正式册封皇后，但是宫内皆称呼步夫人为皇后，亲戚上疏则尊称中宫。后来徐夫人因为过于嫉妒后宫的其他美女而被废。

袁氏是袁术的女儿，她的品性最好，不过也没有子嗣。步夫人得病去世，孙权打算立袁氏为皇后。袁氏以自己没有儿子的理由推辞了。

王氏是琅玡人，选入宫中后在黄武年间得幸，生下了儿子孙和，受宠的程度仅次于步氏。步夫人去世后孙和立为太子，袁氏又拒绝了继位中宫，孙权便打算立王夫人为皇后。群臣也认为母以子贵，既然孙和做了太子，他的母亲王氏照例也应当做皇后。但是由于已故的步夫人的女儿全公主鲁班一向憎恶王夫人，并不时谮毁她。当时孙权得了重病卧床不起，鲁班诋毁王夫人说她面有喜色，因此孙权责怒非常，王夫人无从辩白，忧惧而死。

孙权到了晚年时又宠幸了一个罪犯的女儿潘氏，这时的孙权早已没有了当年的英雄气概，变得残忍好杀，猜忌昏昧。后宫里的许多嫔妃都在为了争宠而不择手段。

这个潘氏是会稽句章人，父亲为吏坐法被处死刑。潘氏与她的姐姐没为官奴，在织造室从事繁重的劳役。潘氏堪称是江东绝色，一同被幽禁的几百个女子都说潘氏是神仙，因为凡人不会长得这么美，因此对她敬而远之。潘氏的名声传到了孙权的耳朵里，他感到很好奇，便派人将潘氏的容貌画在画布上。

当时潘氏忧戚过度不吃饭而减瘦改形。画师描绘了潘氏真实的容貌进献给孙权。孙权见到画布所描绘的潘氏美艳的姿容十分惊异，用琥珀如意按在画布上，琥珀如意立刻折断了，孙权感叹说："这真是神女啊！愁起来的样子都这样让人心动，何况她欢乐的时候呢?"于是命人将潘氏从织室纳于后宫充为妾媵。潘氏到了后宫果然以姿色见宠，宫中称为潘夫人。

潘夫人在游昭宣台的时候心里很舒畅，便多喝了几杯酒，将口水唾在玉壶里，让侍婢泻倒在台下，却得到了火齐指环，她把指环挂在石榴枝上，之后这座台就被人称为"环榴台"。潘夫人被孙权临幸，几度春风之后怀孕生下了儿子孙亮。赤乌十三年孙亮立为太子，第二年潘夫人也被册封为皇后。但她的性格险妒容媚，曾谮害了袁夫人等后宫许多侍妾。

王夫人被全公主谮毁而死，她的儿子孙和也因此失宠。孙和的弟弟鲁王孙霸被孙权所爱，给予他的待遇和东宫的孙和一样，于是二子互生嫌疑。

孙霸暗中阴谋夺取嫡位，交结朝臣谗构孙和，孙权渐被他们所迷惑，从此更加厌恶太子孙和。

太子太傅吾粲上书请让鲁王孙霸出镇夏口，因言词过于激切而触怒了孙权。孙霸交结的大臣麋竺乘间诽谤吾粲。吾粲气愤无处可诉，写信给大将陆逊发泄心中的不平，麋竺诬陷他勾结外臣蓄谋不轨，于是吾粲被逮入狱中毙命。孙权又派宦官去夏口谴责陆逊，陆逊已经年老禁不起心中的愤闷，不久病逝在夏口，他的儿子陆抗向孙权陈述父亲的苦衷，孙权才稍微悟到麋竺所说的不是实情，于是孙霸在父亲眼中的地位也一落千丈。

此时潘夫人宠冠后宫，见孙和与孙霸都失去孙权的欢心，便趁机献媚为自己的儿子孙亮谋取太子储位，并且与全公主往来亲密，给孙亮娶了全公主的侄孙女为妻。于是全公主每天在孙权面前谗毁孙和与孙霸，劝父亲立幼子孙亮为皇储。

孙权内惑于宠妃潘夫人，外信爱女全公主，就下决心废去孙和立孙亮。他私下对侍中孙峻说："子弟不和睦，恐怕会蹈袁绍的覆辙，假如现在不换太子可能会后患无穷。"孙峻的外甥女嫁给了孙亮，他当然也袒护孙亮母子，便十分赞成孙权的计划。

赤乌十二年，大司马全琮病逝，40岁的全公主又一次守寡，难耐寂寞。此时掌握东吴军政要务的孙峻正值壮年，身材伟岸，全公主与他本为一族，但对其早已倾心，遂多方勾引，终与孙峻私通在一起。二人在床帷间销魂之余，便密商废去孙和改立孙亮的事情。于是孙峻开始肆意诬蔑太子，最后孙权将太子孙和幽锢在一间陋室，不久又废为庶人，徙置在建业城外，而鲁王孙霸也同时被赐死，少子孙亮立为太子，潘夫人进位皇后，实现了多年的夙愿。

潘皇后得势后渐渐地恃宠生骄，以前的柔媚几乎消失得没有了踪影，动不动就骂人打人，于是人人见了她都既怕且恨。孙权这才慢慢体会到了废太子孙和的无辜。

公元252年八月的一天，长江上忽然刮起大风，江水汹涌淹没了几千里的土地，平地上积水深有八尺。孙权先祖陵墓所种的松柏都被大风拔起，飞落到建业城的南门外。孙权惊悸之下得了风疾，大病在床，一个多月不能治理朝政，到了冬天渐渐不起。而皇后潘氏不知怎么忽然暴亡，孙权见潘氏的项下有绳子勒痕，舌头搭拉在外边，知道一定是被谋杀的，便令左右秘密调查事情的真相。原来是潘皇后对待下人过于暴虐，被宫人在她夜里熟睡的时候扼死。孙权也知道她是咎由自取，不过看到她死得悲惨，免不了心里害怕，便将行凶的宫人全部杀死。又拖延了两三个月，71岁的孙权也病死了。

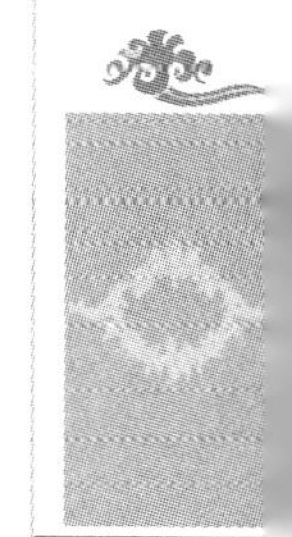

技艺"三绝"的赵夫人

技艺"三绝"的赵夫人

三国时孙权的夫人赵氏，丞相赵连的妹妹，河南人。她善于绘画，笔触构思巧妙无双。她还能在手指间用彩丝织成云龙虬凤图案的锦，大的超过了一尺，小的只有一寸，宫中称她为"机绝"。

孙权常常慨叹魏蜀二国没有平定，在行军打仗的空闲时间里，很想得到一位擅长绘画的人，能绘制出一幅有山川地势，供行军布阵用的地图。于是赵连就把他的妹妹进献给孙权做了夫人。

孙权让赵夫人用笔描绘九州岛江湖方岳的形势图，赵夫人说："丹青的颜色很容易褪灭无痕，不能长久保存，妾能刺绣。"

赵夫人把所有国家都绣在一块方形的帛上，上面还绣着五岳、河海、城邑以及行军布阵的图案，然后进献给了孙权。当时人称她为"针绝"。虽然有棘刺木刻的木猴、有公输班造云梯、有会飞的风筝，但是没有比这幅图更珍稀瑰丽的。

孙权住在昭阳宫，因为江东的夏天过于湿热，孙权一向为此所苦，就卷起了紫绡帷帐。赵夫人看见后说："这紫绡帷帐算不上珍奇的东西。"

孙权问赵夫人的是什么意思。赵夫人说："妾要穷虑尽思，能使绢帷放下而清风自入，看外面没有蔽碍。周围的侍者也觉得飘然自凉，好像驾着风行走一样。"孙权十分吃惊，他从没有听说过这样的帷帐。

赵夫人剖析开自己的发丝，使得发丝更细，然后用神胶把它们粘接起来。神胶出自郁夷国，一般用来接弓弩的断弦，而且百断百续，特别有神效。最后将发丝织成罗縠，经过了几个月才完工，然后将罗縠裁剪成帷幔。无论是从里看还是从外面看，帷幔都飘飘如烟气轻动，而房内自然变得清幽凉爽。当时孙权还在军旅，他常将这件帷幔随身携带，作为行军的幕帐。帷幔展开后长宽好几丈，卷住后则可以放在枕头里面。故时人称之为"丝绝"。

因此吴有三绝，四海之大没有什么可以比它们更绝妙的珍奇了。后来有贪宠求媚的人诬陷赵夫人总爱在国君面前炫耀自己。赵夫人因而被退黜，失去了以前的宠幸。不过她超绝的技艺仍被载录在史书上。后来吴国灭亡的时候，不知她流落到了什么地方。

古书《历代名画记》《拾遗记》《太平广记》等都记载有赵夫人有“三绝”的故事，但不见于正史。

包办婚姻的牺牲品——刘禅

刘禅像

三国时西汉后主刘禅，刘备之子，其父以仁德闻名天下，其以白衣之身，打下了天下三分之一的土地。但刘禅是一个扶不起的阿斗，他是中国皇帝中耽于享乐的代表之一，最后还无耻的做了亡国奴，说出了“此间乐，不思蜀”这样的话来，可是这真的就是事实吗？隐藏在事实后面的真相又是什么呢！至于刘禅为何会自暴自弃，这就要从一段失败的婚姻说起。

据《三国志·二主妃子》记载：“后主敬哀皇后，车骑将军张飞长女也。章武元年，纳为太子妃。建兴元年，立为皇后。十五年薨，葬南陵。后主张皇后，前后敬哀之妹也。建兴十五年，入为贵人。延熙元年春正月，策曰：‘朕统承大业，君临天下，奉郊庙社稷。今以贵人为皇后。’”

《三国演义》第八十五回也有记载：“时后主未立皇后，孔明与群臣上言曰：‘故车骑将军张飞之女甚贤，年十七岁，可纳为正宫皇后。’后主即纳之。”

从以上史料中可以得知，刘禅一生所立的皇后中，有两位都是张飞的女儿，这也造成了刘禅的两次婚姻不幸。

在刘禅娶亲的问题上，诸葛亮只是好心办了坏事罢了，出于对自己的义子刘禅的爱护，诸葛亮觉得娶老婆不能光看外表，最重要的是心灵，他自己就娶了个丑媳妇，于是也决心要给刘禅找个贤德的姑娘为妃。于是，每一位太子妃的候选人都必须经过他的亲眼甄别才能作准，并且规定以后选妃也要照此执行，选来选去就选拔了张飞的大女儿，并立其为皇后。

谁知这张皇后有乃父遗风，脾气大、嗓门大，力气大，刘禅一不如意，便遭训斥，倘若不服，必将享受一顿家庭暴力，于是活得很没面子，看看手下的大臣都比自己如意，便觉得特没面子。

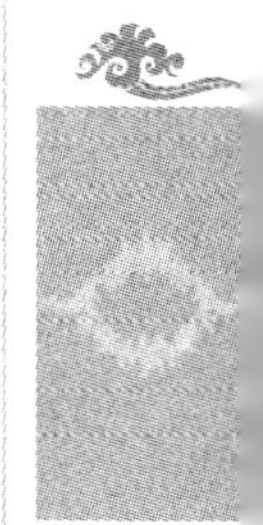

15 年后，当张皇后死去，刘禅长长出了一口气，准备过一点有尊严的生活的时候。蒋婉继承了诸葛亮的遗志，作主将张飞的小女儿又娶进了宫中，纳为贵人，后来又立为了皇后。

张飞的小女儿，由于没有了诸葛亮的撑腰，所以没有像她姐姐那种能管得住老公的本领和威信。此后，刘禅就变的有些不正经了。

几年以后，诸葛亮已经入棺多年，蒋琬也死了，再也没有人敢那么“关心”他、“爱护”他了。再者自己年龄也大了，心理也成熟了，也不需要别人的“谆谆教导”了，是该自己说了算的时候了，憋了 20 多年的青春欲火此刻已是蠢蠢欲动，也该是迸发的时候了。于是刘禅换了个活法，把自己曾经因为不幸婚姻所失去和耽误的东西弥补回来，尽情享受，以致于后来刘禅“在成都，听信宦官黄皓之言，又溺于酒色，不理朝政”，甚至“长缨出墙”，把臣下刘琰的老婆胡氏关在宫里私通，给下属带上了一顶“超级绿帽子”，一时间把整个朝野搞的乌烟瘴气，一塌糊涂，最后只落得国破家亡。

当他到了许都以后，司马昭立刻送了他许多真正的美女伺候他，无怪乎他要说出“此间乐，不思蜀”这样的话来了。

杨艳妇人之见
遗祸三百余年

晋武帝司马炎的皇后杨艳

晋武帝司马炎的皇后杨艳，大臣杨文宗的女儿，姿容美丽，才貌俱佳，但心胸陕隘、鼠目寸光。

杨艳少女时，有人为她看相，说她乃是“极贵”的后妃之相。杨文宗是曹魏的贵族，司马昭当时虽是曹魏的大臣，却早有异心，听到杨艳是后妃之相的消息之后，便将杨艳聘作长子司马炎的妻子。

三国魏元帝咸熙二年（265），司马炎建立晋朝，称晋武帝，册立杨艳为皇后，应了“后妃”之说。

杨艳生了三男三女：毗陵悼王司马轨、晋惠帝司马衷、秦献王司马柬、平阳公主、新丰公主、阳平公主。在杨艳的三个儿子里，长子司马轨早逝，

次子司马衷是个天生弱智，三子司马柬则聪明伶俐。按理来说，司马衷既是白痴，皇位就应该传给同为嫡子的司马柬了。但是杨艳却坚决反对，说必须立长，非要司马衷做太子不可，结果她的妇人之见，终于葬送了刚刚统一起来的晋朝，使中国陷入了长达300余年的分裂和战争之中。

或许杨艳应该也知道白痴皇帝可能带给国家的恶果，但是做为母亲，她却觉得自己对于儿子的天生白痴非常负疚，一定要把最好的一切都补偿给司马衷不可，于是坚持要司马衷做太子。而晋武帝偏偏在这方面与杨艳颇有同感：他也是长子，却从小不得父亲司马昭的欢心。于是不管群臣怎么反对，司马衷还是在9岁这年坐上了太子宝座。

有一次，司马衷听说民间发生了饥荒，有不少百姓都被饿死了，居然瞪着眼睛问左右侍丛："他们怎么会饿死呢？没米饭吃，可以吃肉糜嘛！"

司马衷的"独到见解"令朝野一片哗然，就连他自己的老师卫瓘都不愿袒护他，当着晋武帝的面说皇帝的宝座"此座可惜。"司马炎也渐渐觉得自己当初的决定失误，想要改立太子。

但杨艳闻讯后却勃然大怒，指责司马炎不遵"立长"的"古制"，坑害儿子，司马炎迫于杨艳雌威，也只得罢休。

泰始七年（271），司马衷13岁，到了选太子妃的年龄。晋武帝拟立卫瓘的女儿为太子妃，但大臣贾充的妻子郭槐以重金贿赂杨艳，结果立了贾充的女儿贾南风为太子妃。

贾南风心胸更狭隘，且十分狠毒，若太子宫中其他姬妾怀孕，都会被她剖腹杀死，晋武帝听说后大怒，准备废去太子妃贾氏，但杨艳又代为求情说："贾充有功晋室，贾南风年轻不懂事，虽有妒杀之罪，看在她父亲的面上，不可废掉她。"在杨皇后的庇护下，贾氏才没有被废，这一举动的直接后果就是杨艳留下了一个比她更能祸害天下的接班人。

在贾南风入宫的第二年八月，晋武帝司马炎大规模征选美女。原来司马炎统一中国后，最初颇勤于政事，奖励家桑，恢复生产，史称"太康繁荣"，晚年沉湎于女色，后宫佳丽多至万人，由于妃嫔繁多，晚间临幸哪个宫室，都拿不下主意，他索性顺其自然，乘坐在羊车，羊车拉到哪里，就在那里留宿，羊喜欢吃绿草，妃嫔为了求宠，用嫩绿竹叶插在门口，"以盐汁洒地，而引帝王，"胡贵嫔以此法而获重宠。

杨艳听说后气恨交加，很快便病倒。拖了一年时间，于泰始十年去世了。但她在临死的时候，杨艳不甘心让自己的情敌贵嫔胡芳和夫人诸葛琬取代自己的皇后位置，要求丈夫继娶自己的堂妹杨芷为皇后，并要求杨芷

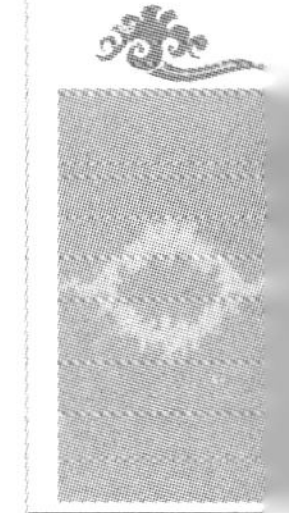

百般保护司马衷夫妻。杨艳死后不久，司马炎立杨芷为皇后，此举直接造成后来杨芷的父亲杨骏弄权，为晋武帝死后的政局动乱埋下了祸根，史称"二杨继宠，福极灾生。"

晋武帝司马炎死后，司马衷继位，是为"晋惠帝"，即历史上著名的"傻子皇帝"。司马衷不懂政治，朝政大权便为贾南风掌握。

贾南风凶狠异常，其时朝廷之中由杨沚之父太傅杨骏执权，贾南风十分妒忌，于元康元年（291）与楚王玮合谋，发动禁卫军政变，诬谄杨骏作乱，使楚王司马玮与东安王司马繇奉皇诏诛杀杨骏，并阻隔杨太后对外联系，此举即晋朝"八王之乱"的开始。杨芷太后被困于宫中，无法发号施令救其父，便在帛书上写下"救太傅者有赏"，射到城外，贾后因而先下手为强，宣布太后同杨骏为同谋，废太后为庶人。

公元 292 年，杨骏被贾南风迫害至死，并被诛灭三族，株连而死的共有数千人。晋惠帝下诏将杨太后贬为庶人，使后军将军荀悝送到金墉城。贾南风更遣散太后的内侍和侍卫，不给与杨太后食物，八天后饿死，死时仅 34 岁。

之后贾南风还听信巫师之言，怕杨芷在阴间将事情告诉武帝，便在杨芷棺材上贴了灵符，并让杨芷面向下放于棺材中，意思是让她永世不得翻身。

永嘉元年（307），晋怀帝追封恢复杨芷的尊号，但是另立一庙，不能和武帝相配，至晋成帝咸康七年，才将她供奉入祀于晋武帝之庙。

八王之乱从元康元年（291）开始到光熙元年（306）结束，共持续 16 年。这场动乱从宫廷内权力斗争开始，引发战争，祸及社会。给社会造成了极大的破坏，也加剧了西晋的统治危机，成为西晋迅速灭亡的重要因素。之后的中国进入你争我夺的战乱分裂时代，长达三百余年。

左芬因丑做《啄木诗》述怀

丑女左芬像

左芬是西晋著名文学家左思的妹

妹，字兰芝，我国最早的女诗人。左芬从小就体弱多病，长得也很丑，但是很有才学，是当时有名的才女。

左芬的文名，真实多少也需要靠点哥哥的名声，因为左思《三都赋》一出，洛阳为之纸贵。自此左思的才名海内皆知。左芬虽不若左思知名，可是，在西晋的文坛上都是不世出的奇葩。

左芬不美，左氏亦非名门，照说这样的女子，本没有进宫的机会。那时候，后宫每隔一段时间就要广集民间的秀女，采择其中姿色出众的，备位后宫。左芬的样貌，可能在海选阶段，就被刷下去了，岂有机会得见天颜。但左芬的才情在冠盖云集的京华为人们所津津乐道。不知道怎么的，就传到了晋武帝司马炎的耳朵里。司马炎的后宫，收集了各式各样的美女，可是像左芬这样才情出众的，挑来挑去还真挑不出来一个。

于是，当时执政的晋武帝听说左芬有才学，便召之入宫，并于272年封为修仪。皇后杨艳夫世后，她奉召作了《离思赋》，晋武帝读后十分感动，晋封她为贵嫔。

在将近四百字的《离思赋》中，左芬尽情地宣泄了自己的哀愁。“嗟隐忧之沈积兮，独郁结而靡诉”；“夜耿耿而不寐兮，魂憧憧而至曙”；“怀愁戚之多感兮，患涕泪之自零”；“仰行云以欷兮，涕流射而沾巾”；甚至“长含哀而抱戚兮，仰苍天而泣血”，充满宫怨之气。在前述的双重痛苦中，左芬又增添了深切的思亲之痛。

但左芬实在是太丑，后宫中有上万的美女，她可能从来没有得到过晋武帝的宠幸，只是在皇帝出游或祭祀、喜丧大典时奉命写颂作赋，皆为应时之作。尽管晋武帝时常与她谈论文学，但是更多的时候，她是独居薄室，在昏暗的灯光下看书写字，打发时间。

其间，左芬写下著名的《啄木诗》，千古流传，因为啄木鸟是一种很丑陋的益鸟，所以这首诗被认为是左芬寄情所作，抒发自己怀才不遇的感情。其诗曰：南山有鸟，自名啄木；饥则啄木，暮则宿巢；无干于人，唯志所欲；此盖自卑，性清者荣，性浊者辱。

因为独处一寓，左芬一直落落寡欢，加上身体不好，四十余岁就去世了。

左芬原有集四卷，业已散佚，今存诗、赋、颂、赞、诔等二十余篇，大都为应诏而作。《杂感诗》是其代表作之一。她的诗构思新颖，感情充沛，是中国古代诗歌的优秀作品。

左芬的名声亚于她的哥哥左思，所谓“洛阳纸贵”这一成语就是从左思的故事来的。兄妹俩素来友爱。哥哥失去左芬很悲痛，曾写了《悼离赠妹诗》以寄情。

司马曜——被爱妃捂死的窝囊皇帝

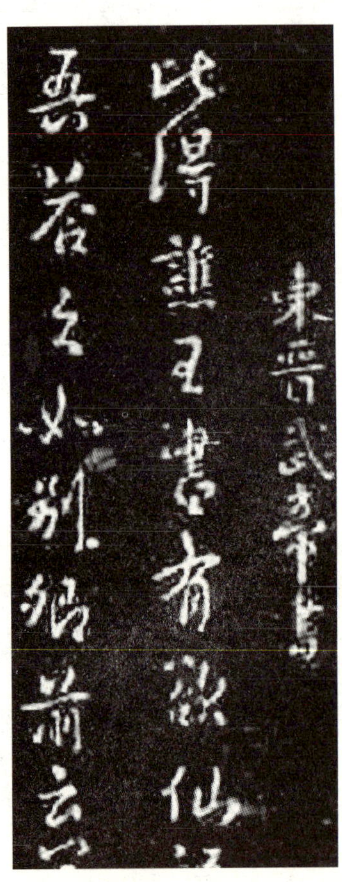

东晋孝武帝书法

东晋孝武帝司马曜，字昌明，简文帝子，简文帝死后继位，在位二十四年。

司马曜继位时，只有十岁，由褚太后听政。但简文帝丧事刚办完，忽然有卢悚率领的几百人，杀入云龙门，声称奉海西公司马奕回宫复位，直冲入朝堂、内宫，抢取武器，大砍大杀。后被禁卫军镇压，卢悚被捕杀。不久，桓温率军入都，合朝震惊，怕他前来夺帝位，但没过多久，桓温就病死，使东晋王朝又度过了一个危机，之后由崇德褚太后垂帘摄政。

公元373年，前秦苻坚命令进攻东晋，攻占了益州部分地区，双方大致在嘉陵江流域相对峙，376年，晋孝武帝亲政以后重用贤臣，励精图治，东晋的国力日益强盛，政治稳定，他也开始指挥抗击苻坚入侵的战争，这年晋朝的藩国前凉和代国被前秦灭亡。377年晋孝武帝下诏求文武良将，谢玄应诏，前往京口募兵，建立了新军“北府兵”。晋孝武帝还派遣朱序为梁州刺史，镇守襄阳。公元378年，苻坚命苻丕进攻襄阳，同时派遣部队进攻淮北，两国战争加剧。面对这种情况晋孝武帝采取了很多重要的防护措施。382年，苻坚准备征召天下兵马南下攻打晋朝，意图一路由益州的姚苌率领沿长江东下，自己亲帅主力由两淮过长江，陆续集结的前秦部队将超过百万。当时苻坚控制的国土面积超过东晋两倍，兵力也超过数倍，在晋朝面临严峻形势的时刻，20岁的晋孝武帝表现了非凡的勇气。

公元383年五月，在前秦大军还没有全部集结之时，晋孝武帝决定先发制人。至八月，苻坚主力百万大军

南下，前锋渡过淮河，晋孝武帝加卫将军谢安为征讨大都督，指挥抗击侵略。谢安派遣谢石为征讨都督，带领谢玄、谢琰、桓伊出征拒敌。

在淝水之战期间人们更多地是谈论谢安从容应敌的潇洒气概，前线三谢等众将因势利导，随机应变，取得胜利的精彩过程，对晋孝武帝在淝水战役中的作用往往忽视了，即使从上面淝水战役爆发前的准备过程阶段，就足以表现晋孝武帝非凡的指挥才能。在他的统治时期，晋朝几乎再次统一，得到中兴。另外，他同谢安、桓冲两位贤臣关系处理是值得称道的。

但孝武帝司马曜终究算不上英明之主，他在位后期，司马道子和桓温之子桓玄当政。司马曜沉溺于酒色，整天在宫中享乐，以致朝政荒废，

司马曜曾感叹“人生苦短”、“浮生如梦”，常做“秉烛夜游”的及时行乐。他身边常有一群美女，经常左拥右抱，放浪形骸，在美女的簇拥下喝得昏天黑地，沉湎于酒色之中尽做长夜欢歌。

后宫中的张贵人虽然不曾为司马曜生儿育女，却颇为得宠，在后宫中很有地位。公元 396 年 9 月庚申日，司马曜在宫内清暑殿中与宠爱的张贵人一起饮酒。他狂饮不止，并硬要张贵人再陪他对饮。张贵人已经酒足，难以再饮，极力辞谢。司马曜不由面露愠色，开玩笑地说：“你今天如敢违抗君命，拒不陪饮，我可要定你的罪！”

张贵人一时火起，恃宠起身顶撞说：“妾偏偏不饮，看陛下定我什么罪！”

司马曜醉眼蒙胧，起身冷笑一声说：“你用不着嘴硬。你已经年近三十，应该废黜了。我有的是年轻貌美的佳人，难道少了你一人就不成？”说到这里，又大口呕吐，喷得张贵人满头满身都是。左右慌忙将他扶入卧室，让他上床，昏睡过去。

张贵人自从得宠以来，恃宠生骄，从来没有受过如此训斥、羞辱，她又嫉妒成性，平日最担心司马曜再宠爱别人，废弃自己。这时，想到自己容貌将衰，司马曜已经厌弃，一时又气又恨，顿时起了杀心。

张贵人洗脸换衣后，召来心腹宫女，命令她谋害司马曜。宫女不敢答应，她厉声威吓说要处死宫女，宫女只好偷偷溜进卧室，见司马曜熟睡，就用被子蒙住他脸面，再搬来重物压在他身上。他挣扎一番，终于被活活闷死。

司马曜作为天下至尊，只因酒后一句戏言而遭杀身之祸，成为千古奇闻。司马曜死后的庙号为烈宗，谥号为孝武帝。而张贵人趁着皇宫一片混乱的机会，竟能带着金银细软潜逃，从此在史书上不再复见她的记载。

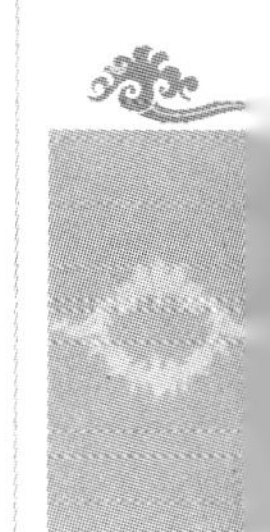

羊献容命途多舛被五废五立两任皇后

羊献容像

晋惠帝司马衷的第二任皇后羊献容一生的事迹可谓传奇，她曾被五废五立，两任皇后，不但是晋惠帝司马衷的第二任皇后，也是前赵末帝刘曜的皇后。

羊献容被立为晋惠帝司马衷的皇后，是赵王司马伦扩张自己势力的结果。起初，晋惠帝的贾南风皇后被废死，大臣孙秀决定给晋惠帝立一位新皇后。羊献容的外祖父孙旗是孙秀同族，他的儿子也多与孙秀结交，于是在永康元年（300），羊献容被立为皇后。但是将要入宫之际，却曾发生过衣服着火的不祥之兆。

这时“八王之乱”已到了第三个回合，被贾后南风用来诛杀了杨氏集团的楚王玮，已被贾后所杀。赵王伦、梁王肜又杀了贾后，皇后的位置出缺。赵王伦趁机安插自己人占据这个位置。羊献容的舅父孙弼及堂舅孙髦、孙辅、孙琰四人都投靠赵王伦，与赵王伦的头号亲信孙秀合了族。在赵王伦、孙秀掌权得志之时，这弟兄四个转眼间都平步青云。借这种政治派系发展势力之机，羊献容被安排当了皇后。尽管她本人身不由己也无所作为，她确实是赵王伦的工具。成都王颖和河间王颙是联合讨伐篡了皇位的司马伦的，司马伦、孙秀失败被杀，羊献容被废也就理所当然。

然而羊献容此后的几起几落似乎又有不同的处理标准。并不管她是否孙秀党羽，而是把她的废立当作显示权威的一种标志。例如陈眕复立献容，决不意味着给司马伦、孙秀平反，也不是对献容加以甄别，而是认为皇后的废立乃朝廷大事，你司马颖有什么资格废皇后？陈眕要讨伐司马颖，就宣布司马颖的举措全是非法的，因此他恢复了献容的后位。司隶校尉刘暾等洛阳“留台”的负责人再立羊献容，也是这种性质。张方两次废皇后，争的也是这一点：我河间王颙决定了的事情，你们有什么资格改变？仍照我的决定执行。

立节将军周权之复立皇后，则是捞取政治资本的性质，企图以此显示自己的合法性。何乔再废后，则是宣布周权非法。到东海王越复后位，更是大捞政治资本，因为他打出的幌子

是迎天子还都。使天子与皇后皆正其位，是他的“不世之功”，藉以掩盖他自己篡权的本心。

其实，羊献容从头到尾都是无辜的。她成了手中有军队的野心家们任意利用的一块招牌，或挂或摔，只不过被他们用来显示威权而已。

司马乂战败，司马颖便上奏废羊皇后为庶人，将她关在金墉城。后来陈眕等人讨伐司马颖，恢复羊皇后的地位。等张方进入洛阳，又废羊皇后，后来张方逼惠帝到长安留台，恢复羊皇后地位。

羊献容命途之大起大落，起落无常，一代国母，就这样的被几个武夫说立就立，说废就废，甚至一个小小的洛阳县令，也都能够废掉她。

永兴初年，张方再次废后。河间王司马颙拟了一份诏书，表示皇后多次为奸人所立，派尚书田淑到留台赐死羊皇后。诏书不断送来，司隶校尉刘暾与尚书仆射荀藩、河南尹周馥急忙上书表示羊皇后无辜，不该被杀。此举使司马颙相当愤怒，派陈颜与吕朗去逮捕刘暾。刘暾逃到青州，羊皇后才免于一死。惠帝回到洛阳以后，重新迎立羊皇后。之后洛阳令何乔又废羊皇后，等到张方前来洛阳时，恢复后位。

惠帝过世，羊皇后担心如果由皇太弟司马炽继位，他们的关系为叔嫂，自己就不能称为皇太后，便催前太子清河王司马覃入宫，想立他为皇帝，但是没有成功。

八王之乱中，羊献容皇后被五废五立。成都王司马颖想讨伐长沙王司马乂，便以讨伐皇后之父羊玄之为名义。

晋怀帝即位后，称羊氏为惠皇后，居于弘训宫。

公元311年，刘曜攻入洛阳，得到羊皇后，对她相当宠爱，也立她为皇后，羊献容才算找到了幸福。

刘曜问她：“我比起那司马家的小子如何？”

羊氏回答：“这怎么能相提并论？陛下您是开国圣主，他则是个亡国暗主，他连自己跟一妻一儿三个人都不能保护了，贵为帝王却让妻儿在凡夫俗子手中受辱。当时臣妾真想一死了之，哪里还想得到会有今天？臣妾出身高门世家，总觉得世间男子都一个模样；但自从侍奉您以来，才知道天下真有大丈夫。”于是刘曜更爱她了。

在刘曜身边，羊献容不但相当受宠，平日也参与朝政，与刘曜之间生有刘熙、刘袭、刘阐三子。死后葬于显平陵，谥号献文皇后。

爱上亲生母亲的宋孝武帝

南北朝时的南朝宋文帝刘义隆，有很多的妃子和儿子。妃子路惠男入

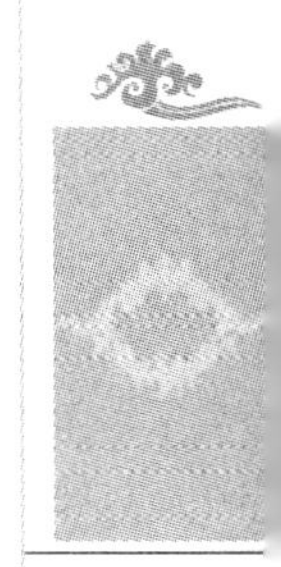

宋孝武帝刘骏像

宫时很受宠，并很快被文帝封为淑媛。可她为人心地善良，又不善于奉迎，因此她在生了儿子刘骏不久后，就失去了文帝的宠爱。

刘骏到了5岁时，循例封为武陵王。因为他母亲不得宠，所以不能留在京城建康，必须要到封地武陵。母亲路淑媛也顾不了那么多了，再三请求文帝让她陪儿子一起去。文帝念在过去的情份上，最终同意了她的请求。这一年，她才24岁。

刘骏母子离开了皇宫，也远离了宫廷中的恩恩怨怨，母子俩在封地相依为命，日子倒也过得舒心惬意。随着刘骏渐渐长大，文帝对这个儿子好了些，也让他转迁了好几次。儿子长大了，按理说路淑媛也该回皇宫了，可她因为对宫廷生活已是心灰意冷，同时也舍不得儿子，所以一直不肯回宫。

刘骏更是舍不得自己母亲，他深深依恋着母亲，甚至到了迷恋的地步。在他心目中，母亲是最可亲、最可敬，同时也是最美的。据说在刚懂男女之事时，他常会梦到与母亲赤裸相拥，醒后他虽然会自责不已，可也总是不由自主地回味梦中的情景。

有一次，在母亲午休时，他误闯了进去，当他看到母亲美丽的脸庞，薄衣紧裹着的美妙的身段，修长的大腿，光洁诱人的双足时，他全身的血都沸腾了。这事过后，当他再和母亲相处时，常常会产生难耐的冲动，为此他苦恼不已，他知道这样很不应该，可他实在没办法控制自己。

当他到了16岁，他开始有自己的妃子了，并很快就有了好几个。此后，他虽然不会再对母亲产生那种冲动，可也常会不自觉地拿那些妃子和母亲作比较，遗憾没有像母亲那样美、那样动人的妃子。

刘骏23岁时，已经是都督江州荆州之江夏，豫州之西阳、晋熙、新蔡四郡诸军事、南中郎将、江州刺史。

这年四月，刘骏登基称帝，称为宋孝武帝，并于五月攻入京城建康，杀死刘劭，平定了叛乱。大事已定，刘骏即尊封母亲路淑媛为皇太后，封立妃子王氏为皇后，并派人马上去接她们进京。刘骏从未和母亲分开这么长时间的，这些日子里，他无时无刻不念记着母亲，现在讨伐成功，他更是迫不及待地想与母亲团聚，与母亲一同分享成功的喜悦。刘骏已准备好，等到母亲一来到，就要为她举行一个盛大的尊封典礼。

太后终于来到了京城，刘骏马上

出城迎接，母子相见之时，也顾不上礼仪了，紧紧相拥而泣，久久不愿分开。刘骏本想多陪陪母亲的，可由于有太多的公事了，所以在把母亲接入城后，就依依不舍地离开了母亲，去忙别的事了。

这天晚上，刘骏如常地忙到深夜才睡。在睡梦中，刘骏梦到在临幸一个妃子，止当他如痴如醉之时，猛然间发现那个妃子竟是自己的母亲。刘骏随即也醒了，他发现自己汗湿重衣。第二天就是尊封太后的大典。

刘骏因为昨晚的梦，在面对母亲时难免有些不自然，而盛装在身的母亲又是那么雍容华贵，那么美丽，虽已四十出头了，可岁月却没在她脸上留下什么痕迹，风韵仍是那样的慑人心魄。刘骏不愿再看自己的母亲，可又忍不住、同时也不能不去看。他不禁盼这典礼快些结束。可当典礼结束时，看着母亲离开的身影，刘骏心中却感到一阵难言的失落。典礼结束后，接着就是盛大的宴会。

在后宫的宴席中，那些贵妇人谁不想巴结太后，因此争相向太后敬酒。太后这辈子做梦也没想到儿子竟能成为皇上，自己竟能被尊封为太后，她感到这一切象做梦一般，恍惚之间，她几乎来者不拒，杯来即干。这样她很快就不胜酒力。她匆匆和众人话别后，就由宫女扶着回宫里宽衣就寝了。

刘骏在前面的宴席和众皇亲大臣们也喝了不少酒，散席后，他见不到母亲，就问皇后太后哪去了，皇后告诉他太后喝多了，已回宫里睡了。刘骏听到母亲已睡了，不禁一阵兴奋，他猛然想起了小时候那次看到母亲午睡时的情景，那使他终身难忘的情景。借着醉意，刘骏带了两个太监，激动地赶去太后寝宫。当他去到太后寝宫，宫里的太监宫女忙全都迎出门外。

刘骏问："太后睡了吗？"

太监们说睡下了，刘骏听了，心中又是一阵激动，便说要进去看看太后。太监也不敢阻拦。刘骏进入寝宫，慢慢走近母亲床边。红烛之下，只见母亲半裸着身子，真的睡沉了。天气炎热，太后身上没穿什么。

刘骏痴痴地站在母亲床边，贪婪地看着母亲，母亲美丽的脸庞，薄衣紧裹着的美妙的身段，光洁修长的大腿，白皙诱人的双足，再次撩动刘骏不可遏制的欲念，在长时间的犹豫后，终于下定了决心。

第二天，当刘骏向母亲请安的时候，太后就象什么事也没发生那样，待儿子一如往常。刘骏见状，也安下心来。那晚的风流，使刘骏刻骨铭心，他在母亲身上得到从未有过的满足，这也让他食髓知味了。

没过多久，这天刘骏在饮宴过后，再次来到母亲寝宫。一到那里，他就让太监宫女全退出门外守候，他说有要事和太后商议。他母亲当然知道他的心思，可又不好阻拦。在全部人退出宫门外后，刘骏就紧紧抱住母亲，

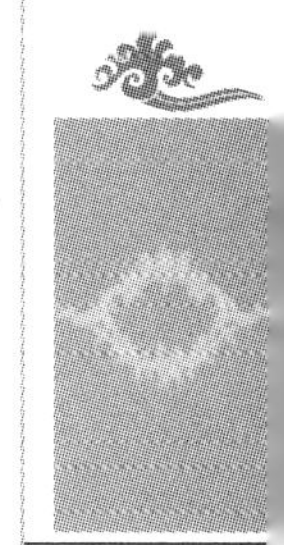

他母亲便使劲挣脱，但在刘骏再三央求下，他母亲终于答应了他，于是两人宽衣解带，相拥入帐共行云雨之事。

此后，刘骏就常常去母亲寝宫与母亲“商议要事”了。太后刚开始只是爱子心切，可慢慢地也享受到了其中的乐趣，对儿子也产生了夫君之情，两人就再也不能分开了。

这也是中国史书上记载的皇帝与亲生母亲乱伦的唯一的事例。《宋书·后妃列传》说：“上于闺房之内，礼敬甚寡，有所御幸，或留止太后房内，故民间喧然，咸有丑声。宫掖事秘，莫能辨也。”似乎刘骏与自己的母亲路太后有染，所谓“民间喧然”的不是皇帝临幸什么妃子，而是有时在太后的房内做那种事。

至于到底实情如何？《宋史》语言模糊。但是《魏书》上却提供了十分明确的评论：“骏淫乱无度，蒸其母路氏，秽污之声，布于欧越。”以及“四年，猎于乌江之傍口，又游湖县之满山，并与母同行，宣淫肆意。”话说得已经很明白了。

宋孝武帝喜爱堂妹以哭封官

南朝宋孝武帝刘骏生性好淫，当上皇帝后，凡是后宫之人不论尊卑长幼，只要略具二三分姿色，都免不了被刘骏强逼成欢。刘骏的叔父荆州刺史刘义宣的四个女儿自小养在宫里，她们个个生得花容月貌，刘骏也不管是否表姊妹，竟一起召幸了。刘义宣十分痛恨，以清君侧的名义起兵十万反对刘骏。刘骏害怕刘义宣兵力强盛自己不能抵挡，打算让位给他。竟陵王刘诞劝阻了刘骏，刘骏这才派兵遣将去攻打刘义宣。不料刘义宣只是徒有声势，几次交锋后便溃不成军，刘义宣和他的十六个儿子全部被杀。

灭了刘义宣后，刘骏觉得自己不可一世，他每天在后宫宴饮狎亵。以前与刘义宣的几个女儿还偷偷摸摸，此时干脆将她们册封为嫔妃。这四个姊妹中的第二个楚江郡主姿色超出了众人，丽色巧笑，看一眼就让人失魂丧魄，因此宠倾后宫。后来怀孕生下一个男婴，取名叫刘子鸾，在刘骏的众多儿子中排行第八。刘骏对刘氏更加宠爱，册封她为淑仪。但毕竟是自己的表妹，说出去不好听，于是冒充是殷琰家的女儿，封号殷淑仪。

刘骏不仅好色贪钱，而且喜欢赌博饮酒，好猜忌狎侮大臣。青冀刺史颜师伯入京为侍中，伺候在刘骏的左右，他生平所长只有谀媚二字，从早到晚哄得刘骏开心不已。刘骏经常与颜师伯赌博，一次刘骏一掷心花怒放，自以为肯定会赢钱，却不料颜师伯掷出了一个卢牌，刘骏脸一下就白了。颜师伯慌忙收起牌说：“差点儿得到卢。”接着他自愿认输。等到玩完了牌，颜师伯输了一百万缗钱。刘骏大喜，颜师伯也是喜出

望外。输了钱怎么还高兴？因为他知道只有输了钱刘骏才会升他的官，况且这些钱也是平时搜刮来的。

刘骏平时与朝廷大臣说话的时候喜欢戏谑耍笑，他称呼光禄大夫王玄谟为老伧（伧的意思是粗野、鄙贱、缺乏教养），称仆射刘秀之为老悭（悭的意思是贪婪而吝啬）。此外刘骏根据众人的长短肥瘦黑白妍媸，都各取了一个外号。刘骏嬖宠一个昆仑奴，昆仑奴长得像昆仑国人，身体高大强壮，专门让他执仗侍立在身边，刘骏稍微不惬意就命昆仑奴殴击群臣。

刘骏骄侈一天比一天厉害，因为过度赏赐导致了国库空虚，便想出一个敛财的方法。每次那些地方的刺史二千石卸职还都的时候，刘骏就召来他们赌摴蒲。那些刺史还只能输不能赢，多年搜刮地方积攒的财物都进了刘骏的囊中。简直与赖子差不多。

刘骏嫌宫殿狭隘，便另造了一座玉烛殿。一次他来到南宋开国皇帝刘裕所居的屋子，里面陈列着刘裕贫贱时给人当佣工使用的灯笼麻绳之类的东西，目的是让他的子孙们体念祖先创业的艰苦。待刘骏看见床头用土作障，墙壁上挂着葛草灯笼，麻绳做的拂，不禁鼻子发出嗤笑声。有个官员有意讽谏刘骏奢侈，便极口称赞高祖刘裕勤俭有德，刘骏变色说：“一个种田的用这些东西已经算是过度了！”

刘骏立殷淑妃生的儿子年仅6岁的刘子鸾为新安王，领南徐州刺史。殷淑仪宠擅专房，只可惜红颜命薄，大明六年四月得病身亡。刘骏好像丧了双亲一样悲痛得吃不下饭，他追册殷淑妃为贵妃，并在皇都立庙。出葬时特别用大车载奉灵柩，周围陈列着銮辂、九旒、黄屋、左纛、羽葆、鼓吹、班剑、虎贲等各种仪仗，前后部羽葆鼓吹比皇后的葬礼还要煊赫。送丧的人数多至几千，公卿百官与嫔御六宫都穿着白衣服排队跟在灵柩后面。

刘骏多次领着后妃及群臣到殷淑妃的坟墓前痛哭，并以哭的悲痛与否作为朝臣忠不忠心的表现。秦郡太守刘德愿哭得撕心裂肺，全身的衣服都被泪水湿透了，甚至差点昏死过去。刘骏十分高兴，立刻封刘德愿为豫州刺史。还有个叫羊志的御医滑稽诙谑。刘骏让他哭殷淑妃，并说：“只要你哭得悲痛，会有重赏。”羊志就泪如雨下，悲不自胜地痛哭起来，有几次还几乎哭得背过气去。刘骏便赏赐给羊志许多金银珍宝。事后有人问羊志：“你那得此副急泪？”当时羊志的爱妾刚刚死去，他说：“那天我自哭亡妾罢了。”

刘骏悲不自胜，让执事中谢庄作一篇哀悼文。谢庄一向富于文采，他援笔立就千言，辞赋的内容哀艳可泣。刘骏躺在深宫里看了不到两行泪水便潸潸而下。等看完全篇坐起来长叹说：“天底下还有这样的人才！”说着自己也效仿汉武帝给李夫人写悼赋，写了一篇悼念殷贵妃的文章《伤宣贵妃拟汉武帝李夫人赋》，其中有“流律有终，心情无歇。徙倚云日，徘徊风月。”等句子，可以说字字悱恻缠绵抑扬尽致，但自己

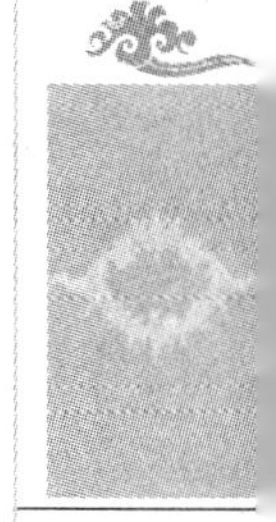

觉得好像还比不上谢庄的哀文。当下他命令将谢庄的辞赋刻在墓石上。京城里的人都私下传抄，一时纸墨的价格飞涨。其中最得意的莫过于谢庄，他的才名因此飞扬遐迩了。

后宫的佳丽虽多，但自殷贵妃死后，刘骏找不到一个合心意的。渐渐地因愁生病，不能再亲理政事，于大明八年夏天35岁的刘骏在玉烛殿去世。16岁的太子刘子业嗣位，这就是刘宋最昏庸残暴的宋废帝。刘子业即位后追谥刘骏为孝武皇帝，庙号世祖，尊皇后王宪为太后。可是不到一年，38岁的王宪就被儿子活活气死了。

潘玉儿一双“金莲”惹人怜

潘玉儿贵妃像

潘玉儿是南朝齐国皇帝萧宝卷最宠幸的妃子，中国历史上形容女人的脚为“金莲”一说就是从潘玉儿开始，潘玉儿以一双柔弱无骨，状似春笋般的美足而名传千古。不过，她的金莲不是缠出来的小脚，而是皇帝用金子打造出来的。

萧宝卷原本是一个醉心于骑马射箭，外出狩猎，奇装异服，招摇过市的人物，自从得到潘玉儿后，一下子抛开了其他嗜好，为了宠爱潘王儿，整天在宫中闹得昏天黑地，乌烟瘴气。

萧宝卷继位后狎匿群小，荒嬉无度，后宫佳丽多达万人，其中他却特别宠爱潘玉儿，形影不离地天天和她腻在一起。

潘妃的皮肤光滑细腻，就叫她“玉儿”或者“玉奴”。潘妃更有一双妙足，于是，萧宝卷就特地为她修一座“玉寿殿”，壁嵌金珠，地铺白玉，又凿地为莲花，用粉红色美玉装饰，让潘妃赤裸脚踝在上面珊娜而行，婀娜多姿，萧宝卷眯起双眼，恍惚看到一个绰约的仙女，香风过处，遍地莲花绽放，因而大发感叹：“仙子下凡，步步生莲”。

他发现潘妃的足美是他自己在后宫中调查研究挖掘出来的，更因此封她为“贵妃”，得空便握住她的足踝，搓之，揉之，捏之，闻之，甚至吻之，啮之。偶尔咬痛了潘玉儿的足趾，潘玉儿便毫不客气地用杖怒击其背；萧宝卷反而愈觉快乐。

萧宝卷为了讨好潘玉儿，在内廷之中，时常以奴仆自居，小心翼翼地来侍候他的“太上皇妃”，端茶送水，捏脚捶背，做得心甘情愿。每当外出时，总使潘玉儿坐卧轿中，自己则骑马相随，朝臣们以为不成体统，萧宝卷却始终习以为常。

为了进一步博取爱妃的欢心，萧宝卷先后大兴土木，建造了“仙华”“神仙”“玉寿”三座华丽巍峨的宫殿，穷极奢侈，潘玉儿常在这里飞舞玉足。但萧宝卷还不满足，又在“阅武堂”的两侧建造“芳乐苑”，亭台楼榭，工巧绝伦，山石都涂上五彩，各处墙壁尽画上男女私亵的像。

还有最不成体统而又莫名其妙的事，要算是在宫苑之中设立集市了。潘玉儿原是商贩的女儿，对于市衢买卖之事，时常心向往之，为了使她重温旧梦，萧宝卷特地命人在御花园中搭建了一条小型街道，仿照民间市集模样，由宫人分别设置日用杂货及酒肉等店铺，所有六宫的日常用品都在此处购买，潘玉儿担任“市令”，萧宝卷自任“市魁”，如果发现市场里有人不守规矩，或发生争执，就由“市魁”派人拘束听候“市令”发落，具体再由“市魁”执行，居然进行得有模有样。但毕竟是十分荒唐的事情，宫人们不胜其苦，大臣们更是群情哗然，老百姓听到后，尤为不满。

齐少帝萧宝卷永无二年，崔慧景带兵废萧宝卷的帝位，改为吴王。萧宝卷只当了两年皇帝，便把大好江山断送，而自己也落得个死无葬身之地的下场。南齐亡后，梁武帝将潘玉儿赐给了有功的将军田安启，田将军不解风情，而潘玉儿更是“曾经沧海难为水”，于是自缢而死，结束了她荒唐的一生。

冯妙莲“二进宫”气死孝文帝

北魏孝文帝拓拔宏画像

北魏孝文帝皇后冯妙莲，太师冯熙家的女儿，她风采照人，妩媚艳丽。虽然这个女孩子刚生下时并不得父亲的欢心，但14年后她却被自己的亲姑姑，当时的北魏文明太后看中，召进了宫里。

当时，北魏虽是孝文帝拓跋宏当皇帝，但大权实际上是掌握在文明太

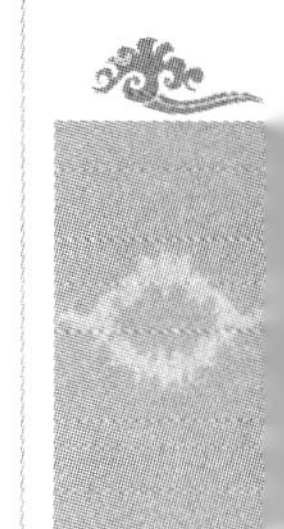

后手里的。这个文明太后可是个权力欲极强的女人，她为了能光耀冯家的门第，巩固自己的地位，就把自己的两个侄女都召入了孝文帝后宫，准备随时挑选一个立为皇后。

孝文帝对这姐俩是宠幸有加，尤其是冯妙莲，她是个很有心机的女孩，她知道在这后宫里，光漂亮还不够，要想让孝文帝离不开自己，就得知道皇帝的喜好，能投其所好才行。她知道孝文帝喜欢吃鹅掌，喜欢音乐，喜欢文学，她就在这方面下了不少功夫，让自己和皇帝能有更多的共同语言。

就在这姐俩入宫的第三个年头，灾难就接踵而来了。先是妹妹冯姗难产死了，紧接着就是冯妙莲也突然身患重病，全身无力，无法陪伴孝文帝不说，脸上还突然冒出了许多白点，连容都毁了。文明太后见这情形，觉得立她为皇后是没多大希望了，就随便找了个理由，把她打发回家了。

为了维持冯家在皇室的地位，太后又将冯妙莲同父异母的小妹冯媛选进了后宫。可还没等她这个春秋大梦做成，文明太后就病死了。太和十七年，孝文帝服丧期满后，就将冯媛册立为皇后。冯媛性端庄秀丽、文弱娴静，但性格保守又倔犟，对孝文帝改制中所提倡的说汉语、穿汉服之事颇不以为然，孝文帝虽然对她比较尊重，但却并不爱她。

冯妙莲出宫后，孝文帝一直挂念把她，就把她接入宫中宠爱如初。能够再次回来，冯妙莲欣喜异常，为霸住孝文帝，她可算是使出了浑身的解数。

为取悦皇上，她把自己一头秀发做出千变万化的发式，每天都打扮得新鲜刺激。虽然那个时候没有香水这个发明，可是冯妙莲却有着一个自制香水的绝活——她将麝香粉末放进肚脐眼里，让自己通体香味飘逸，孝文帝每次都被她的这种香气刺激得热血沸腾。孝文帝觉得很奇怪，因为原来在冯妙莲身上并没有这种味道，便问她。可冯妙莲却答得玄乎其玄，说她自从病好了以后，全身上下就脱了一层皮，从那以后，便有了这种体香。孝文帝还信以为真，从此再也摆脱不了这诱人的肌香。

冯妙莲决心登上皇后的宝座，为此而不顾姐妹的情分，时常在皇帝面前诋毁妹妹，最终使冯媛由皇后而被废为庶人，被迫到瑶光寺出家做了尼姑，度过了自己的后半生。冯妙莲于冯媛被废的第二年，即公元 497 年，在孝文帝南征前如愿以偿地当上了她朝思暮想的皇后之位。

冯妙莲本就水性杨花，风骚成性。孝文帝领兵在外，在后宫做主的她便忍不住寂寞了。她与中官高菩萨一拍即合，夜夜一起寻欢作乐，并在阉宦双蒙等的帮助下淫乱宫闱。此种丑闻不久即传入朝中大臣耳中，但无人敢向孝文帝回报，只有一个叫刘腾的人偷偷告诉了孝文帝，但孝文帝不大

相信。

可巧的是，年少寡居的彭城公主被冯妙莲不学无术的弟弟冯夙看中，冯妙莲为弟做主，逼公主赶紧成婚。无奈的公主只好率几个婢仆秘密出宫，赶往皇帝军中，全盘端出了皇后与高菩萨的奸情。两相印证后孝文帝相信了刘腾的密报，遂提拔刘腾为冗从仆射，但皇帝因听知此事而急怒攻心，竟病倒在军中。

冯妙莲得知刘腾与彭城公主把自己的丑行密告了皇帝后，忧惧之中忙与母亲常氏商讨对策，俩人别无他法，只得求托于女巫，诅咒孝文帝速死，并希图援引文明太后故例，另立少主临朝称制。同时为了侦探孝文帝的情况，多次派心腹双蒙到军中探望孝文帝，孝文帝为免打草惊蛇，对宫中之事佯作不知，于是冯妙莲心中窃喜。

公元499年，孝文帝经周密安排，突然赶回洛阳，一入宫即捕拿高菩萨、双蒙等人，严刑之下两人供出皇后淫乱宫闱、找女巫咒皇帝死等事，把大病初愈的皇帝当即气昏。

孝文帝醒后，派人把皇后传来，从她身上搜出一把三寸长的小匕首，原来她已意欲行刺孝文帝。但孝文帝仍然顾念旧情，在处死高菩萨与双蒙后，只废了她的皇后之位，还是留下了冯妙莲的性命。

经此剧变，孝文帝竟致一病不起，临终时下旨："后宫久乖阴德，自寻死路，我死后可赐冯皇后自尽，葬用后礼，庶可掩冯门之大过。"不久后孝文帝死，年仅33岁。

孝文帝死后，北海王来到冯妙莲的住处，让她喝毒酒自尽。死到临头的冯妙莲还在不停地狡辩，说皇上不会让她死，肯定是有人要害她，就是不喝。最后，北海王愣是让手下把毒酒灌进了她嘴里，让她去找孝文帝说理去了。

多产皇后娄昭君

皇后娄昭君像

北齐武明皇后娄昭君，鲜卑人，家居北齐代郡平城人（今山西大同）、赠司徒内干之女，太原王娄昭之姐。

娄昭君长相姣美，办事果决，又极具眼光，还很年轻时，她看到在城墙之上服劳役的将领高欢相貌奇伟，面带忠厚，虽然知他很贫穷，但料定

他日后必是个英雄，能成就大事业，于是产生了爱慕之意，暗地赠给高欢金银财物，高欢很感激他，于是二人结成美满姻缘。

之后，娄昭君又拿出全部家产，让高欢结识天下英雄豪杰，并参与出谋策划，使高欢屡立战功，官居东魏丞相。

娄昭君平日很勤俭，谦卑自守。经常告诉高欢，要珍惜人才，不能以私废公。娄昭君处事能够顾全大局，委曲求全。

她在帮助高欢开创北齐基业的同时，也为丈夫的事业做出过巨大牺牲。北魏分裂后，东魏、西魏两国之间战事不断。为了与少数民族茹茹国建立外交关系，高欢打算娶茹茹公主，因考虑娄昭君而犹豫未决，娄昭君便以国家利益为重，劝谏高欢说："国家大计，不要迟疑。"高欢娶回茹茹公主后，她自动腾出正室，让高欢合婚。此举受到举国上下称赞。

有一次，昭君怀孕分娩难产，正值高欢领兵征讨西魏，宫人要给高欢送信，让其回宫照看，昭君制止不让，说："王出统大兵，何得以我故，亲离军幕。"后来终于忍痛生出一男一女的双胞胎。日后高欢听到以后，很受感动。

高欢一在沙苑之战中败给了宇文泰。部下侯景请求出兵两晚，西击宇文泰。高欢十分高兴。娄氏却冷静地说："侯景得到精兵，无论胜败，都不会再来服从你！"高欢这才作罢。

高欢死后，天保初年，其次子高洋即位北齐皇帝，尊她为皇太后。高洋死后，高洋的儿子高殷即位，她被尊为太皇太后。不久，她发动宫廷政变，废黜孙子高殷为济南王，另立儿子高演为皇帝。孝昭帝高演去世后，娄昭君诏令高湛登基，即武成皇帝。期间，娄昭君作为皇太后一直临朝听政。她的另外两个儿子高淯、高济分别被封为襄城景王、博陵文简王。

娄昭君为高欢生育了八个孩子。在六子二女中，有三个儿子登基称帝，一个儿子被追谥为皇帝，两个儿子封王，两个女儿均成为一代皇后。作为一位母亲，娄昭君所经历的这种传奇，获得的这份荣耀，即使在整个人类历史上，都是一个绝无仅有的奇迹。高欢共有一妻十妾，十五个儿子，三个女儿。从娄昭君一人生育八个孩子来看，高欢是很爱她的。

公元562年，娄昭君病逝。葬义平陵。谥号"神武明皇后"。有这样的谥号，既是对这位传奇女性的高度评价，也是对娄昭君传奇人生的确切概括。

北齐胡太后
以做妓女为乐

北齐武成皇帝高湛的皇后胡氏，

北齐胡太后画像

北齐安定郡（治所在高平，今宁夏固原）人，其父姓胡名延，母亲姓芦。天保（北齐文宣帝高洋的年号，公元550～559）初年，长相出众的胡氏在朝廷选美中胜出，被选为长广王妃。公元561年，武成皇帝高湛继承了北齐的皇位后，将长广王妃胡氏册立为皇后。

胡氏是个漂亮的女子，出身于名门，但是胡氏却并不得宠，和大多数嫔妃一样，被武成皇帝冷落，成为宫中的摆设。但胡皇后不甘心，她耐不住寂寞，开始与阉人来往。后来她找到皇帝的宠爱亲信和士开。和士开相貌英俊，风度翩翩，两人是一拍即合。

这个时候，武成帝沉迷于自己的嫂子李祖娥，武成皇帝因此常常留宿在昭信宫，而将胡皇后冷落在一边，所以对胡皇后的寻欢作乐也不计较，依旧宠信和士开，也依旧让胡氏做着皇后。夫妻两个可说是谁也不干涉对方的自由。

野心勃勃的和士开有了胡皇后这个靠山之后，开始不满足于“亲信”的地位。在和士开的劝说下，武成帝把皇位让给了胡皇后的儿子高纬，自己则全心享乐去了。于是，胡氏从皇后变成了太后。三年后，纵情声色的武成帝因酒色过度而一命呜呼。

太子高纬继承皇位后，尊母亲胡皇后为皇太后，胡太后和和士开的奸情没有了障碍，更加肆无忌惮，朝廷内外几乎无人不知，无人不晓。许多正直的大臣对此极为不满，纷纷上奏皇帝高纬，要求处死和士开。年少昏庸的后主高纬惧怕得罪母亲胡太后，只好忍气吞声，不敢采取任何行动。和士开乘机重用亲信，排除异己，一时权倾朝野，地位显赫，被皇帝高纬封为淮阳王，成了北齐王朝里的大红人。但和士开权倾一时却不懂收敛，十分高傲，结果引来杀身之祸，后被高纬的弟弟高俨所杀。

胡太后失去了这个情人，伤心了很长时间，她只能另寻他欢了。这次，她把目光投向了寺院，开始与僧侣昙献私通，甚至把龙床都搬到寺庙里，这几乎成了公开的秘密，只有儿子高纬还蒙在鼓里。

一次，高纬见太后身边的两名女尼姑很诱人，于是让她们侍寝，谁知扒下衣服后竟发现是男人。原来，他们都是胡太后招进宫来的淫乐工具。东窗事发后，胡太后被幽闭于北宫，

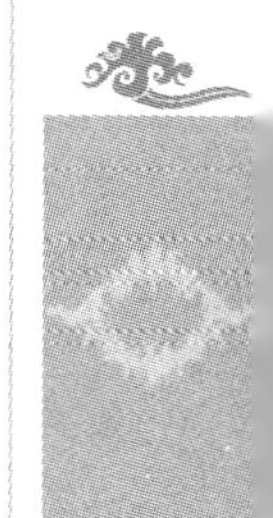

失去了自由。

高纬也是个淫乱的皇帝，不问政事，结果不久后北齐被北周所灭，胡太后和高纬的皇后一起流落长安，无法安身立命，便去妓院找营生。于是胡太后在40岁左右竟沦为娼妓，一下从“母仪天下”跌至卖身为生，这种落差非常人所能承受。但胡太后却兴高采烈地接受了这种命运的转变。

人们听说太后沦落为娼，全长安城都为之震撼，无数男人纷纷前去捧场。胡太后本一淫女，她能从幽闭的冷宫中来到外面的花花世界，不由欣喜若狂，说出了这样一句让人吃惊千载的话：“当后何如当妓之乐也?”

冯小怜玉体横陈君臣共赏

冯小怜玉体横陈图

冯小怜是中国历史上著名的美人儿，生活在南北朝时期，是北齐后主高纬的爱妃。据《北史》记载，冯小怜精通乐器，又会唱歌跳舞，是一个聪明、漂亮，又有才情的女子。

冯小怜原本是高纬皇后穆邪利身边的侍婢，高纬是个标准的纨绔子弟，醇酒美人，声色犬马，过着豪奢浪漫的生活，他在女色上特别喜新厌旧，见到冯小怜后便喜欢上了她，据野史记载，冯小怜是一个天生的尤物，冰肌玉骨，体形曲线玲珑，凹凸有致，非常好看，肌肤明艳如玉，吹弹可破，在冬天软如一团棉花，暖似一团火；夏天则润滑如玉，凉若一块冰，任何时候抱着都非常舒服，让人欲罢不能，高纬虽为帝王，久历风月场，仍从冯小怜身上感受到一种新鲜无比的乐趣与快活。

从此，高纬专宠冯小怜，“坐则同席，出则并马”，还发誓说“愿得生死一处”。他有好几次都想立冯小怜为皇后，只是冯小怜顾念穆皇后的恩情没有同意。高纬便册立她为淑妃，位置仅次于皇后。只要冯小怜一有所求，高纬没有不答应的。她身上的衣服首饰，动辄就千金。高纬喜欢音乐，经常亲自作词作曲，谱入琵琶，与冯小怜一唱一和，卿卿我我、艳舞狂欢，彻夜不歇。两人过着神仙一般的日子，当时的人都称高纬为“无愁天子”。

高纬对冯小怜真是爱不释手，即使与大臣们议事之时，高纬也要把冯小怜抱在怀里或放在膝上，耳鬓厮磨。

魏晋南北朝时期

看到这些，议事的大臣们也感觉很不好意思，说话经常语无伦次，不着边际，多数无功而返。时间一久，朝廷的许多大事也就荒废了。

其实，高纬很明白朝臣的心思，同时也很想炫耀一下自己拥有的冯小怜的绝世之美。便在一次朝会上让冯小怜脱光衣服，赤裸裸地躺在朝廷大堂的案几上，并时不时的作出各种动作，让大臣们拿钱排队欣赏。这回大臣们算是开了眼界，个个口水流了三尺长，瞪大了两眼唯恐看不仔细，一会儿又摩拳擦掌，几欲飞奔上去，又恐高纬动怒，只得咽着唾沫啧啧称赞。

听着大臣们赞不绝口的谀词，高纬高兴得合不拢嘴。他可能认为像冯小怜这么美的女子，自己独享的话有点亏待了她那至美的胴体，妖冶的肌肤，就像他拥有一个天下至宝，总不能藏在自己的怀里，所以压抑不住地要拿出来让更多的人开开眼界，让别的男人都能欣赏到冯小怜的秀色美姿。而"玉体横陈"的典故也由此流传下来。

"可怜玉体横陈夜，已报周师入晋阳。"这边君臣荒唐的欢声淫语还未说完，远方惊天的鼙鼓已骤然响起。北周武帝宇文邕看到高纬这样淫乱昏庸，于是御驾亲征讨伐不义，北齐各地早已厌恶高纬的统治，纷纷投降，北周军队长驱直入，北齐很快就灭亡了。

北齐灭亡后，高纬和冯小怜均被活捉，冯小怜被周武帝赏赐给了他的弟弟代王宇文达，高纬因思念冯小怜，乞求周武帝将其归还，周武帝大怒，便把高纬杀掉了。

宇文达"性果决，善骑射……雅好节俭，食无兼膳，侍姬不过数人，皆衣绨衣。"并且他处事缜密，又不营资产，家无储积，史家对其多有赞语。然而这样的好汉子在得到了冯小怜后，竟也被她迷得晕头转向，将自己的老婆李氏遗忘在凄凉冷宫，欲活不能。

不久后北周灭亡，宇文达被杨坚所杀，杨坚又把冯小怜赐给了宇文达正妃李氏的哥哥李询。当年宇文达为宠冯小怜而冷落李氏，现在李询的母亲为了给女儿报仇，令冯小怜改穿布裙，每日舂米、劈柴、烧饭、洗衣，并且对她多方谩骂，还不时地加以叱责和鞭打，冯小怜哪里经得起这样的屈辱和摧残？她自知生无可恋，亦不能容于他人，最终自缢而死。

张丽华"落红满地归寂中"

南朝陈后主陈叔宝的妃子张丽华，是贫民家的孩子，歌伎出身，后主为太子时，被选入宫，选拔为东宫侍婢。当时后主的龚、孔二妃，花容月貌，皆称绝色，并承宠爱，而孔妃更盛一

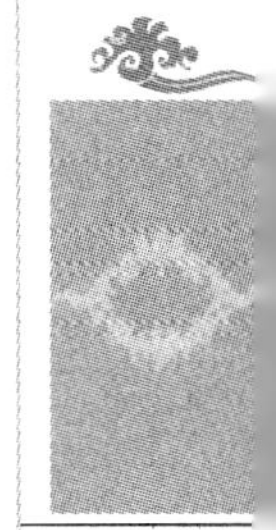

张丽华像

筹。张丽华入宫的时候，年仅 10 岁，为孔妃的侍女。

陈叔宝即位之后耽于诗酒，专喜声色，宠爱孔贵妃。有一天，陈后主去孔贵妃处，10 岁的张丽华被陈后主偶然遇见，后主大惊，端视良久，对孔妃说："此国色也。卿何藏此佳丽，而不令我见？"

孔妃说："妾谓殿下此时见之，犹嫌其早。"

后主问何故，她说："她年纪尚幼，恐微葩嫩蕊，不足以受殿下采折。"

后主微笑，心里虽很怜爱，只是因为她年小幼弱。因此做小词，以金花笺书写后送给张丽华，后来终于忍耐不住，强占了张丽华。

丽华年虽幼小，但天性聪明，吹弹歌舞，一见便会，诗词歌赋，入目即晓。随着年龄的增长，越发出落得轻盈婀娜，进止闲雅，姿容艳丽。她发长七尺，黑亮如漆，光可鉴人。并且脸若朝霞，肤如白雪，目似秋水，眉比远山，顾盼之间光彩夺目，每一回眸，光彩照映左右。

不久宣帝崩，陈后主正式即位，册张丽华为贵妃。陈后主即帝位的时候，北朝的隋文帝杨坚正大举任贤纳谏，减轻赋税，整饬军备，消除奢靡之风，随时准备攻略江南富饶之地。而陈后主竟然奢侈荒淫无度，臣民也流于逸乐，给隋朝以可乘之机。

自陈朝开国以来，内廷陈设很简朴。后主嫌其居处简陋，不能作为藏娇之金屋，于是在临光殿的前面，起临春、结绮、望仙三阁。阁高数十丈，袤延数十间，穷土木之奇，极人工之巧。窗牖墙壁栏槛，都是以沉檀木做的，以金玉珠翠装饰。门口垂着珍珠帘，里面设有宝床宝帐。服玩珍奇，器物瑰丽，皆近古未有。阁下积石为山，引水为池，植以奇树名花。每当微风吹过，香闻数十里。

后主自居临春阁，张贵妃居结绮阁，龚、孔二贵嫔，居望仙阁，其中有复道连接。又有王、季二美人，张、薛二淑媛，袁昭仪、何婕妤、江修容等七人，都以才色见幸，轮流召幸，得游其上。张丽华曾于阁上梳妆，有时临轩独坐，有时倚栏遥望，看见的人都以为仙子临凡，仿佛在缥缈的天上，令人可望而不可及。

张丽华也确是艺貌双佳，还很聪明，能言善辩，鉴貌辨色，记忆力特别好。当时百官的启奏，都由宦官蔡

脱儿、李善度两人初步处理后再送进来，有时连蔡、李两人都忘记了内容，张丽华却能逐条裁答，无一遗漏。起初只执掌内事，后来开始干预外政。

陈叔宝宠爱贵妃张丽华，“耽荒为长夜之饮，嬖宠同艳妻之孽”，到了国家大事也“置张贵妃于膝上共决之”的地步。后宫家属犯法，只要向张丽华乞求，无不代为开脱。王公大臣如不听从内旨，也只由张丽华一句话，便即疏斥。因此江东小朝廷，不知有陈叔宝，但知有张丽华。

陈后主更把中书令江总，以及陈暄、孔范、王瑗等一班文学大臣一齐召进宫来，饮酒赋诗，征歌逐色，自夕达旦。著名的亡国之音《玉树后庭花》就是陈后主这时写的，其中有言：

丽宇芳林对高阁，新装艳质本倾城。
映户凝娇乍不进，出帷含态笑相迎。
妖姬脸似花含露，玉树流光照后庭。
花开花落不长久，落红满地归寂中。

当时陈后主还特地选宫女千人习而歌之。这明明形容的是嫔妃们娇娆媚丽，堪与鲜花比美竞妍，但却笔锋一转，蓦然点出“玉树后庭花，花开不复久”的哀愁意味，时人都认为是不祥之兆。

当时隋文帝处心积虑地要灭掉陈朝，完成统一，但陈后主认为“王气在此，役何为者耶?”孔范附和：“长江天险，限隔南北，今日虏军，岂能飞渡耶?”居然大事化小，无视隋文帝的勃勃雄心。

隋文帝开皇八年（588）三月，下诏：“天之所覆，无非朕臣，每关听览，有怀伤恻。可出师授律，应机诛殄，在期一举，永清吴越。”于是发兵51.8万人，由晋王杨广节度，分进合击，直指陈朝都城建康。

晋王杨广由六合出发，秦王杨俊由襄阳顺流而下，清河公杨素由永安誓师，荆州刺史刘思仁由江陵东进，蕲州刺史王世积由蕲春发兵，庐州总管韩擒虎由庐江疾进，其他还有吴州总管贺若弼及青州总管燕荣也分别由庐江与东海赶来会师。大军很快攻破建康。其中韩擒虎亲率五百名精锐士卒自横江夜渡采石矶，紧接着贺若弼攻拔京口，形成两路夹击，最先进入朱雀门的是韩擒虎。

当时陈后主陈叔宝惊慌失措。平日围绕在他身边的一班侍臣，还力劝他仿照梁武帝见侯景的故事，摆足架势会见韩擒虎。

当年侯景以千人渡江，攻下台城，去“拜见”梁武帝，面对八旬老翁，犹觉天威难犯，背上冷汗涔涔而下，惶恐不已。而今时移势易，韩擒虎不是当年的侯景，而陈后主也不是昔日的梁武帝，陈后主不理会群臣的看法，只说：“非唯朕无德，亦是江南衣冠道尽，吾自有计，卿等不必多言!”大家听他说“吾自有计”，立即作鸟兽散。

韩擒虎本期望攻入宫中，抓住皇帝，立下头功，想不到宫殿中空空如

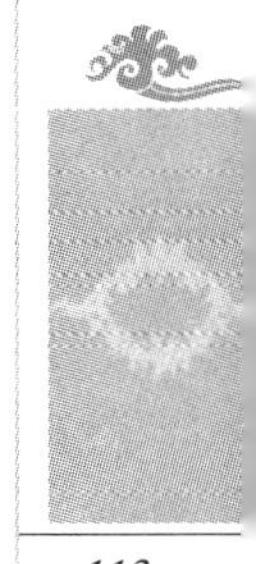

也，鬼影也没有一个，陈后主不知去向，这可大事不好。陈后主虽然无能，但一个有野心的人却可利用他起事，给政权带来不稳定因素，当即下令搜查。

后宫佳丽都已列在景阳殿前听候发落，还不见了张丽华与孔贵嫔，韩擒虎差一点把宫苑掀翻过来。最后只剩下后花园中的一口枯井了，一群士兵趴在井口大呼小叫，但井中寂然无声，士兵中有人建议用大石头投入井中，这时井中忽然传来讨饶的声音。于是士兵用粗绳系一箩筐坠入井中，众人合力牵拉，觉得十分沉重，大家先是以为皇帝的龙体确实不同凡体，等到拉上一看，才发现陈后主、张丽华、孔贵嫔三人，紧紧地抱在一起坐在箩筐中。士兵们一见欢声大笑。据传由于井口太小，三人一齐挤上，张丽华的胭脂擦落井口，从此，这口井被叫作“胭脂井”，但也有人不齿于陈后主与张丽华、孔贵嫔的作为，把它叫作“耻辱井”。

陈朝已灭，隋朝各路军马业已次第攻破陈国各州郡，隋军统帅晋王杨广派遣高颎先行入城，收图籍、封府库，并索张丽华。高颎一一照办，但唯独认为张丽华不可留，他对人说：“昔太公蒙面以斩妲妃，今岂可留张丽华。”于是在清溪旁将张丽华处斩。于是杨广没有得到张丽华，从此恨透了高颎，后来找个借口杀掉了高颎。

张丽华香消玉殒，杨广为之惋惜了好长一段时间，因为要争夺皇位的继承权，不得不多有矫饰，装出一副礼贤下士、恭谨仁厚的模样，故示俭约，不好声色。及其登位而为隋炀帝，接二连三地糟踏女子，甚至不惜杀兄奸嫂，但都不能满足他对张丽华的想念。最后不惜开凿运河，三下江都，劳民伤财，归根结底，就是对江南风物人情与佳丽的思慕，特别是为了满足他未曾得到张丽华，在心理上获得一些补偿。

唐朝大诗人杜牧夜泊秦淮，闻岸上酒家女子还在月下高歌陈后主的玉树后庭花，歌声凄婉，兼蕴南朝幽怨气韵，良夜宁静，益增遐思，于是作《泊秦淮》：

烟笼寒水月笼沙，夜泊秦淮近酒家；
商女不知亡国恨，隔江犹唱后庭花。

隋唐五代时期

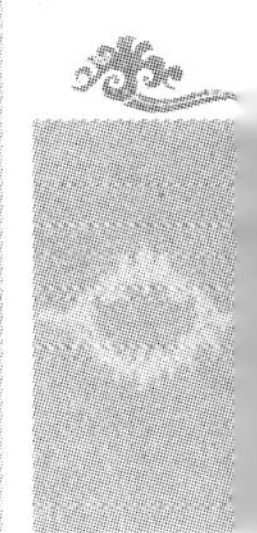

独孤皇后“醋坛子”，隋文帝“妻管严”

独孤伽罗皇后

隋文帝的皇后独孤伽罗是北周大臣独孤信的女儿，14 岁时便嫁给了 17 岁的杨坚。杨坚为人深沉有大略，官职越混越高，北周武帝时官至柱国大将军，封为隋国公，北周武帝死后，杨坚迫使自己的外甥、北周静帝让出皇位，自己当了皇帝，即隋文帝。

杨坚当皇帝后，独孤氏被册封为皇后，其长子杨勇为皇太子，其余四子都封了王：杨广为晋王、杨俊为秦王、杨季为越王、杨谅为汉王。诸王子都是独孤氏所生，这在历代较为罕见。

每当杨坚临朝听政，独孤皇后便与他一起坐辇去朝堂，到了门阁才止步。杨坚能顺利登极，她积极地参与谋划功不可没。独孤后暗中遣宦官监察朝政，若有不妥的地方，等文帝退朝后她必然婉言进谏，文帝也常常采纳她的意见。

独孤后学识、眼光都好，只是生性非常好妒，是历史上出了名的“醋坛子”，她绝不容杨坚接近女色！据说在婚礼之夜，聪明的独孤小姐当场逼着杨坚发下重誓，这辈子绝不纳妾，不碰别的女人，更不能与除了她之外的任何女人生孩子。迫于独孤家的权势，杨坚无奈之下只好答应，独孤伽罗赢得了她人生的第一个胜利，所以杨坚的孩子，全都是由独孤皇后一人所生，这不但在中国，就是在世界帝王史上也是罕见的。

正是因为独孤伽罗的强烈“醋”劲，隋朝后宫佳丽三千，然而形同虚设。宫中诸嫔妃宫女，也在独孤后严厉的目光下噤若寒蝉，春心冻结，无人敢冒生命之虞去与皇上调情。

独孤皇后不愿文帝宠嫔妃，也讨厌群臣及诸子宠姬妾。大臣中凡有姬妾生子者，皇后多会令皇帝斥责贬官。如今自己的儿子杨勇宠妾疏妻，独孤皇后极为气愤，严辞训斥。

独孤皇后把皇帝当作了私产，她专横跋扈，使杨坚越来越反感，乃至积怨日深。一桩突发事件，引爆了后宫这只潜藏很深的“火药桶”。

奇妒的独孤后，不容别的女人接

近杨坚，这天独孤后受了些风寒小病卧床，在宫中调养。杨坚得了一线的隙缝，悄悄地带了两名内侍，去了仁寿宫。忽然一阵清香随风送至，梅花从里一个女子背面立着，乌黑的云发披覆在晶莹的颈项。

杨坚吃了一惊，不知宫里竟藏着如此美艳的丽人，这个女人叫尉迟贞，杨坚当即将其临幸。

不想独孤皇后有两个心腹的宫女，平日专替独孤后侦察杨坚的行踪，这下得了杨坚留宿在梅花别苑的消息，便报告了独孤皇后。

独孤后顿时气得脸上转色，咬牙道："我与贱人，誓不两立!"接着抱病起床，率领了八个宫女拿着棍棒来到了梅花别苑。尉迟贞顿时花容失色，娇躯发抖，再也站立不住忙双膝跪倒。

独孤后冷笑："好一个美人儿，怪不得圣上心爱，你是圣上的爱人，怎的对我下起跪来？真是要折死我了!"接着厉声喝道："你们还不动手!"众宫人听了一齐下手。可怜一个千娇万媚的尉迟贞，在地上乱滚了一阵，不到片刻时光，就已经被打死了。

杨坚知道后，是既心疼又恼火，但他没找皇后辩理，而是跨马出城。独孤皇后见杨坚变色而走，不禁也着慌起来。急忙赶出室外想唤回杨坚。杨坚却误会独孤皇后的意思，以为独孤皇后不肯与他干休，便加快脚步头也不回地走出了梅花别苑。

独孤皇后随在后面喊："圣上请回来，不要为了一个宫女，伤了多年夫妇的情分!"任凭独孤后怎样喊，杨坚匆匆地只顾向前走，径自出城而去，他骑上一匹马连夜逃跑，躲进了终南山的一个寺庙中。

由于国不可一日无君，大臣高颎等人劝杨坚回宫，杨坚哭哭啼啼地说："朕贵为天子，而不得自由。"可是他即便为此离家出走，也并没有为自己争取到纳妾的自由，还是乖乖地回到了宫中。

而从此以后，独孤后对杨坚的控制更严密了。杨坚上朝时，她与杨坚同辇而进，至阁乃止。在幕后注视着朝堂的一切，史称"政有所失，随则匡谏，多所弘益。"候其退朝之后又一起回宫，"同返燕寝，相顾欣然。"每当与隋文帝议论国家大事，看法往往不谋而合，故而宫中称为二圣。到底是谁说话算数就不知道了。但在这史书的美化描写之后，掩盖了杨坚多少辛酸和无奈呢？

一生跟随六个皇帝的萧皇后

隋炀帝的皇后萧氏，父西梁孝明帝萧岿，母张皇后。萧氏出生于二月，由于江南风俗认为二月出生的子女实为不吉，因此由萧岿的堂弟萧岌收养。

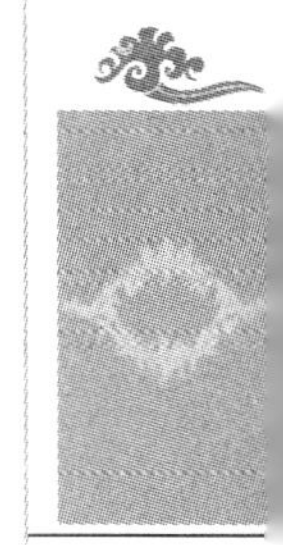

萧皇后像

养父萧岌过世后，萧氏辗转由舅父张轲收养。由于张轲家境贫寒，因此本贵为公主的萧氏亦随之操劳农务，早年过了一段贫困的生活。

隋文帝即位后，立长子杨勇为太子、封次子杨广为晋王。之后文帝希望从向来关系良好的西梁国选位公主为晋王之妃。萧岿知道后开始占选，但占卜所有留在身边的女儿，结果却皆不宜，最后不得以接回萧氏，占之，结果大吉，于是萧氏成为杨广之妻，封晋王妃。

于是萧氏从13岁便嫁为杨广为妃，但由此开始，她一生历经杨广、宇文化及、窦建德、突厥处罗可汗、吉利可汗和李世民等六位皇帝。在萧皇后生活的时代，国号经历了梁、陈、隋、唐四朝，但她作为女性的魅力却能长久地保持着，这很少见。

在萧氏8岁那年，她被接入宫中，但并未马上成婚，杨广的母亲独孤皇后很喜欢她，把她当成是自己的女儿抚养，并为她请人教她读书、作文、绘画、弹筝。聪明过人的萧氏学什么像什么，往往一点就通，四五年之后，她成为了一个明艳秀丽的小美人，而且知书达礼，多才多艺。

在萧氏刚满13岁那年，和25岁的杨广完婚。完婚后，杨广很快拉拢宰相杨素等人开始了夺储行动。到他登上皇位算起，他和萧皇后已经完婚七年了。之后，皇帝杨广开始撇下萧皇后，费尽心思征选新的美女入宫。萧皇后没有更好的办法，只能放宽心思，睁一只眼闭一只眼。正因为萧皇后的忍让大度，所以沉湎于酒色的隋炀帝对她一直十分礼敬，自己享乐也不忘了萧皇后。而对于杨广的暴政，萧皇后因为惧怕而不敢直述，但作了《述志赋》委婉劝戒。

史书中记载隋炀帝杨广的子女有三子二女，其中二子一女为萧皇后所出，即：元德太子杨昭、齐王杨暕、南阳公主。可见真实她还是很得宠的。

隋炀帝日夜风流，萧皇后却寂寞度日，这时萧皇后方才30来岁，虽然有享不尽的荣华富贵，但她的心却空荡荡的。

这时，海山殿的护卫校尉宇文化及年轻英俊、魁梧的身影深深映入了她的眼帘，宇文化及其实也早

就被这位美丽而孤独的皇后迷住了，但碍于她高贵的身份，不敢轻举妄动。一个风狂雨骤的夜晚，宫女们都已歇息，因心情烦躁而不能入眠的萧皇后起身踱步来到大厅，正好遇上值夜的宇文化及，四目相撞，如干柴遇到烈火，两人心有灵犀，自此后便常常幽会。

好景不长，隋炀帝的倒行逆施终致天下大乱。太原留守李渊举兵攻下长安，宇文化及与其兄长宇文智及在扬州起兵造反，率兵进入宫中，隋炀帝那年刚满 50 岁。这时宇文化及已经升为右屯卫将军了，他缢死了隋炀帝，灭亡了隋朝。

萧皇后万万没有想到，杀死她的皇夫的是她的情人。于是她极力责备宇文化及恩将仇报，愤怒地要求他为隋炀帝按天子之制举行葬礼。宇文化及满足了她的要求，在一切妥当之后，萧皇后无可奈何地成了宇文化及的偏房。

宇文化及得到了萧皇后，竟然忘了政治扩张。这时，在中原一带起兵的窦建德，势力快速增长，其兵马长驱直入，节节胜利，直逼江都。宇文化及抵挡不住，连连败退，最后带着萧皇后退守魏县，急忙自立为许帝，萧皇后被封为淑妃。

但魏县很快又被攻破，宇文化及率众仓皇退往聊城，窦建德率军紧追不舍，最后攻下聊城，杀死了宇文化及。作为胜利者的窦建德除了收缴宇文化及的金银珠宝，更收缴了魅力不减的萧皇后。虽说已经作了两次寡妇，失去了两任丈夫，但是萧皇后的美艳姿容和高贵气质依然让窦建德为之倾倒，于是他把宇文化及的淑妃变成了自己的王妃，在乐寿地方纵情于声色之娱，几乎忘记了自己是要逐鹿中原的。

这个时候，北方突厥人的势力迅猛地发展起来，大有直取中原的势头，而李渊已得长安，占有半壁江山，窦建德势力较弱，而此时远嫁给突厥可汗和亲的隋炀帝的妹妹、萧皇后的小姑子义成公主，听到李渊已在长安称帝，又打听到萧皇后的下落，就派使者来到乐寿迎接萧皇后。窦建德不敢与突厥人正面对抗，只好乖乖地把萧皇后及皇族的人交给来使。

战乱使萧皇后日夜不宁，她的丈夫及情人相继被杀使她胆战心惊，夜夜做噩梦，更时常被噩梦惊醒。她心灰意懒，几乎没有活下去的意念了。当小姑子来接她时，她很愿意远走高飞，在完全不同的环境里，开始自己新的生活。于是她随突厥使者离开了中原。

而突厥的首领处罗可汗见到了萧皇后之后，浑身就全酥了。他顿感天下之美都集于此女一身，不由勾起他无限的欲望。当天夜里，萧氏便由隋天子的皇后变成了番王的爱妃。处罗可汗死后，由颉利可汗继位。按突厥人的风俗，老番王的妻妾——义成公

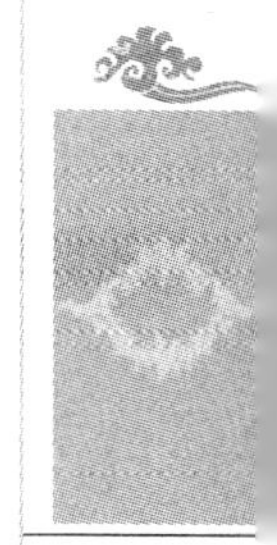

主与萧皇后姑嫂两人又被颉利可汗接纳，成为他的妻妾。虽说萧皇后比义成公主年长，但由于她有一股中原人的新鲜滋味，还有那绰约迷人的风韵，所以颉利可汗更钟情于她。

至唐太宗贞观四年，唐朝派大将李靖消灭了突厥，活捉了颉利可汗，要回了萧皇后。萧皇后入朝时，李世民见她没有一丝老态，云髻高耸，雾鬓低垂，美眸流盼，仪态万千，李世民也不由一见倾心。

这时萧皇后已是年近五旬的半老徐娘了，而唐太宗李世民才 30 多岁。但他在萧皇后身上体会到成熟女人的一种风韵，这使他为繁重国事所累的心得到抚慰，于是他顾不得年龄的悬殊，更不在乎外人的说三道四，宗封萧皇后为昭容，于是萧皇后又成了大唐天子李世民的爱姬。

李世民毕竟是一代明君，他勤政廉洁，日子过得十分节俭。但是萧皇后来到宫中时，他还是破格举行了一次盛大的宴会来欢迎她，以表达对她的重视和爱意。唐太宗以为这种场面已够豪华了，因此问身旁的萧昭容："卿以为眼前场面与隋宫相比如何?"

其实，眼下这点排场距离隋宫的豪奢情形差得远了！对此，萧昭容只是平静地说道："陛下乃开基立业的君王，何必要与亡国之君相比呢!"这句话说得唐太宗十分惊讶。唐太宗立即明白了她话中的含义，他不仅被她的容貌所深深吸引，也深为她的明晓事理和言语得体而折服，对她愈加敬重了。

萧皇后在李世民的后宫中度过了 18 年平静的岁月，67 岁时溘然而逝。李世民以后礼将萧皇后葬于杨广之陵，上谥愍皇后。

唐太宗一生中的四大极品女人

唐太宗李世民协助父亲李渊一手建立了中国所有朝代中最为强盛的唐朝，但与他的身边的四位极品女人对他的协助时分不开的，现在，我们来分别介绍下这四个女人。

1. 无比贤惠的长孙皇后

长孙皇后名无垢，本是胡人的后代，祖先是北魏拓跋氏，随着北魏孝文帝的姓氏改革，她们家这一支最后改姓长孙，她的父亲长孙晟在隋朝官至右骁卫将军。

长孙无垢很小就知书达理，饱读经书，13 岁时就嫁给了 17 岁的李世民。之后，长孙无垢尽行妇道，悉心事奉公婆，照顾丈夫起居。就孝道而言，长孙无垢不仅做得好，而且做得有始有终，即使后来成了母仪天下的大唐帝国皇后，她还是一如既往地保留着好儿媳应有的美德，对退休赋闲

的太上皇李渊侍奉有佳，每天早晚都去请安，时时提醒太上皇身旁的宫女怎样调节他的生活起居，与寻常百姓家的儿媳们并无两样。

对于李世民，长孙无垢在丈夫身份变迁的不同阶段，她成功饰演了不同类型的夫人。李世民21岁随父在晋阳（今太原）起兵，一路东征西讨，打入关中，建立大唐，随后又与王世充、窦建德等豪强作战，短短数年，就平定了偌大的一个中国。

在这段戎马征战的岁月，长孙无垢紧紧追随着李世民在各处奔波，沏茶洗衣，事无巨细，竭力照料其生活起居，使李世民在繁忙的战事之余能得到抚慰，从而使他在作战中更加精神抖擞，成功打赢了一场又一场战役。

李世民登上皇位之后，长孙无垢作为统驭六宫的正宫，对后宫的其他妃嫔，她也真正当一家人一样宽容大度，经常规劝丈夫要公平地对待每一位妃嫔，完全没有争风吃醋的意思。正因如此，唐太宗的后宫女人虽多，却很少出现争风吃醋的事，真正像一家人一样和睦相处，这在历史上是极其罕见的。

长孙无垢却把做皇后的尺寸拿捏得很准，她不愿以自己特殊的身份干预国家大事，她有自己的一套处事原则，那就是男女有别，应各司其职。

她曾经这样婉言拒绝李世民：牝鸡司晨，终非正道，妇人预闻政事，亦为不祥。唐太宗却坚持要听她的看法，长孙皇后拗不过，说出了自己经过深思熟虑而得出的见解：“居安思危，任贤纳谏而已，其他妾就不了解了。”她提出的是原则，而不愿用细枝末节的建议来束缚丈夫，她十分相信李世民手下那批谋臣贤士的能力。

作为母亲，长孙无垢对孩子们的要求也是很严格的。拿一件事来说，她为李世民所生的嫡长子承乾基本由乳母遂安夫人养大，溺爱之心甚至超过了长孙无垢。尤其在太子东宫的日常用度上，遂安夫人屡次要求增加，为此她时常在长孙皇后面前请求。但长孙皇后不为所动。

2. 隋炀帝之女大杨妃

这位高贵的公主可能出生在大业元年左右，因为从独孤皇后，长孙皇后以及公主们的出嫁年岁来看，一般都在15岁以下，虽然隋炀帝比较喜欢玩乐，但他的公主的出嫁时的年龄应该不超过15岁。

她嫁给李世民的时间最迟不能晚于武德两年，因为她的儿子吴王李恪是在武德三年封为蜀王的。

大杨妃应该是李世民晋封秦王后的第一位妃子，但她还是没有长孙皇后受宠，不过她的品行应该和长孙皇后差不多。因为在长孙皇后

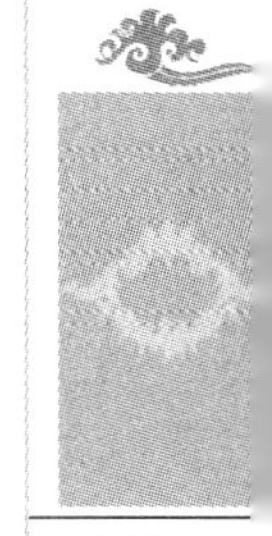

去世后，李世民一度想立大杨妃为皇后，但群臣以她是隋炀帝之女而强烈反对，最后只得作罢。而她的儿子吴王李恪是少有的文武全才，李世民宠爱得不得了。李世民曾想该立李恪为太子，然而一干重臣尤其是太尉长孙无忌极力反对，最终帝国交给了能力偏低的李治，才有了后来的武则天及其大周。

3. 有才气的徐惠妃

唐太宗李世民的妃子徐惠，徐孝德之女，自小便聪慧过人，公元 627 年，生于浙江湖州，据《新唐书》记载：她出生五个月便会说话，4 岁能读《诗经》《论语》，8 岁时，父亲要她仿屈原的《离骚》作骚体诗，徐惠挥笔即成《拟小山篇》一首：

仰幽岩而流盼，抚桂枝以凝想，
将千岭兮此遇，荃何为兮独往？

小小的徐惠，在诗中流露出对屈原的崇敬与仰慕——想遇上了你（屈原）这位真正的人啊，你纯洁似香草，又因何独自殉国呢？

徐惠 11 岁时被选入宫中，封为才人，此时在位的正是唐太宗李世民。只是，后宫佳丽三千，小小才人难得君王眷顾，不免深宫清冷。徐惠于是铺纸挥毫，写了一首《长门怨》：

旧爱柏梁台，新宠昭阳殿。
守分辞芳辇，含情泣团扇。
一朝歌舞荣，夙昔诗书贱。
颓恩诚已矣，覆水难重荐。

以表达深宫中少女的寂寞与无奈。

为唐太宗殉情的徐惠

徐惠才气横溢，很快享誉宫中，从而更令唐太宗刮目相看。于是唐太宗对徐惠日益礼顾，颇怀眷恋，将她由才人一下晋迁为九嫔中的第八级充容。

徐惠十分好学，尤其喜爱读书，入宫对徐惠妃来说是一件仅次于来到这个世上的好事，因为宫中的藏书超过任何一个地方的收藏，求知欲极旺的她得以有机会遍览群书，才学和见识也进步的更快了。

李世民看在眼里，喜在心里，对徐惠日益礼顾，颇怀眷恋。有一次，太宗派人召人请徐惠，徐惠迟迟不来。李世民等了很久，才见徐惠珊珊来迟，便大为恼火。容光焕发的徐惠见李世民一脸怒气，只是嫣然一笑，挥笔写下了一首诗，递给丈夫。诗文写到：

朝来临镜台，妆罢暂徘徊。

千金始一笑，一召讵能来。

李世民看了忍俊不禁，气一下子全消了。

徐惠矜持、多才、温情、幽默，给唐太宗留下了深刻的印象。两人可谓相知相敬、相亲相爱。而徐惠才思敏捷，时常令唐太宗惊叹，爱慕不已。徐惠虽深得唐太宗的眷顾，但从未恃宠而骄。

除文学造诣外，徐惠在政事上也颇有眼光。李世民晚年多次远征高丽，同时修建了多处豪华的宫殿，统治渐趋腐化，搞得老百姓怨声不断。徐惠上《疏建》给李世民，李世民看后顿时悔悟，称赞徐惠所言有理，并重重奖赏了一番。

徐惠是不太喜欢皇宫里的生活的，但她是个有真性情的人。唐太宗于贞观二十三年病逝，葬于昭陵，徐惠为此哀思成疾，太医开方熬药医其病，她竟然坚决不肯进药，并表白说："吾荷顾实深，志在早殁，魂其有灵，得侍園寢，吾之志也。"徐惠对太宗之情的偏执，让她在次年便送了命，年仅24岁。后来徐惠被唐高宗追赠为贤妃，陪葬于昭陵石室，终实现心愿。

4．"野心家"武则天

武则天是唐太宗李世民的才人，唐高宗李治的皇后。她拥有天使般的容貌，连拥有过无数美女的李世民都赞叹她的妩媚，于是干脆给她起了个名字叫"媚"。

贞观二十三年，李世民病逝，武则天与所有嫔妃都被送到感业寺削发为尼。可李治继位后，依然念念不忘武则天，经常往来于感业寺，并于两三年后重召武则天入宫，晋封"昭仪"。武则天为当上皇后，不惜一切手段，32岁那年，她如愿以偿当上了皇后。虽然武则天的年龄比李治大5岁，但她的命却远比丈夫硬，终于在弘道元年（683），她熬死了李治。

又经过九年的准备，武则天认为称帝的条件成熟，先借佛僧法明之口，广造舆论："武后为弥勒佛转生，当代唐为天子。"接着，以唐睿宗为首的六万臣民上表劝进，请改国号的壮举。至此，水到渠成，则天武后在"上尊天示""顺从众议"的万岁声中，登临大宝，实现了梦寐以求的夙愿，改唐为周，自号圣神皇帝。这一年，她已经67岁。古人七十已是古来稀，相当的高寿了，然而武则天一干就是十五年，直到82岁。

武则天称帝后，延续了唐太宗的管理方法，极为重视人才的选拔和使用。为了广揽人才，她发展和完善了隋以来的科举制度，放手招贤，允许

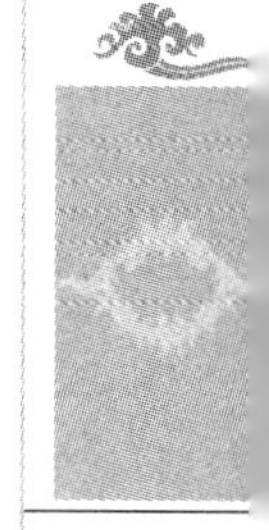

自举为官、试官，并设立员外官。此外，她还首创了殿试和武举制度。在她执政的年代里，农业和手工业都得到较大的发展。人口不断增加。在抗击外来入侵，保护边境安宁，改善相邻各国的关系方面，武则天施政时期也做了很多努力。

高阳公主与辩机和尚

高阳公主像

高阳公主是唐太宗李世民的第十七女，特受太宗钟爱，因此骄恣无忌。她下嫁给名相房玄龄的少子房遗爱。房遗爱也因高阳公主得宠之故，特受太宗的优礼，远过于其他的女婿。

与高阳公主年纪相仿的辩机和尚，自小怀着高操的志节，专心学问。15岁时，出世为僧，在大总持寺作为道岳法师的弟子。贞观十九年正月，唐玄奘得到御准，在弘禅寺院译经。从事译著的缀文大德九人中，最有名的就是长安会昌寺的沙门辩机。辩机当时只有26岁，已经以渊博的学识、优雅流利的文采而知名了。他在玄奘译场中担任缀文译出的经典计有《显扬圣教论颂》1卷，《六门陀罗尼经》1卷，《佛地经》1卷，《天请问经》1卷；又参加译出《瑜伽师地论》要典，在100卷经文中由他受旨证文者30卷，足见他才能兼人，深受玄奘器重。

据说高阳公主下嫁房玄龄之子房遗爱后不久，即和辩机发生了密切关系，而且已经持续八九年之久。

原来房遗爱从小讨厌学问，却有一身蛮力。他借着父亲的威势，成为唐太宗爱女高阳公主的丈夫，因此被封为右卫将军，得到了比其他驸马都尉优厚许多的待遇。只有蛮力的房遗爱，在儒教风行的国度里，等于是不学无术。诗书满腹而又骄傲的高阳公主，对他根本不感兴趣，从结婚那天起就不接纳丈夫。

婚后不久的某一天，公主和丈夫到长安郊外的公主领地打猎。当时的辩机，住在一处无名的草庵里，正在用功读书。公主累了，想休息休息，房遗爱和侍从就带着公主到草庵来，贵人突然造访，辩机放下一切，急急出来招呼。公主见到这位年轻的僧人，一下子就迷上了他的风采，立刻两颊绯红。当时辩机只有20岁左右，公主大约是16岁。两人交谈中，公主又见这位伟岸倜傥的年青僧人吐辞高雅，

见识广博，更增爱慕情愫。于是立即吩咐将自己的华贵卧具搬至寺中铺设，并具盛馔邀辩机对酌。另外派两位女子服侍房遗爱到别处歇宿。

迫于公主的淫威，房遗爱敢怒而不敢言，辩机一时糊涂，也曲与公主周旋。当晚，辩机便与公主同房共枕。从此之后，一发难收，两人时相过从。公主私下赠给辩机的服玩、珍宝、财帛，价值巨亿。

自从有了辩机，高阳公主便陶醉在女人的幸福里，她美丽的容貌散发出玫瑰色的红晕，眼睛闪烁着艳丽的光泽。虽然这是有夫之妇与犯女戒的僧人所做出的不可宽恕的偷情，但对高阳公主来说，是有生以来第一次恋爱，是使身心都变得生动、兴奋的青春之恋。

继续幽会之后，辩机便感到烦恼多于欢乐，万一事情被揭穿，怕影响学术抱负，使他非常苦恼。但是一旦与公主相会，美丽的女菩萨的热情，便使他身心皆醉，为此，他宁愿受地狱之苦刑。事后的心理矛盾，又使他痛苦不堪。

被选为无上光荣的译经者，对辩机而言是心中矛盾的一大救星。他要借这个机会摆脱烦恼，专心致力于这项伟大的工作。在译经的工作中，他比年长于自己的大师们，负责更多的部分，更特别被选为《大唐西域记》的撰写人。就算辩机英才卓绝，如果精神仍为偷情分散，是没有办法完成这项伟大的工作的。

高阳公主虽然满怀热情，但为了情人的光荣使命，也只好退让了。公主把玉枕交给辩机，泪水盈盈地看着自己所爱的男人说："真的，这只是暂时的忍耐，如果从此不能相见，我实在无法忍受，在我们相见之前，就把这个枕头当作是我，每天晚上抱着它吧！"没料想，玉枕却成了奸情的凭证。

而高阳公主的情欲，并非得一辩机就可满足。此后她又先后与僧人智勖、惠弘，道士李晃、高医私通。

在物质上和权势上，高阳公主也是欲壑难填。房玄龄一死，她就怂恿房遗爱与哥哥房遗直分家折产，自立门户，还反过来向太宗诬告房遗直不守礼法。太宗调查出事实真相，严厉地责备了高阳公主，从此对她的宠爱稍弛。

但高阳公主不反省自己的过错，反而心生怨望，并进一步恣行不法，于是引起了执法官员的注意。不久后，御史官发现了高阳公主与辩机的暧昧关系，借口劾盗，搜查了辩机的住所，搜出了公主赠给辩机的金宝神枕。

在严刑面前，辩机供出了与高阳公主私通及接受公主馈赠的实情。唐太宗听说后十分震怒，下令腰斩辩机，同时杀戮高阳公主奴婢十余人。时在贞观二十二年（648）七月房玄龄已卒之后，贞观二十三年（649）五月唐太宗驾崩之前，时辩机约莫30岁。

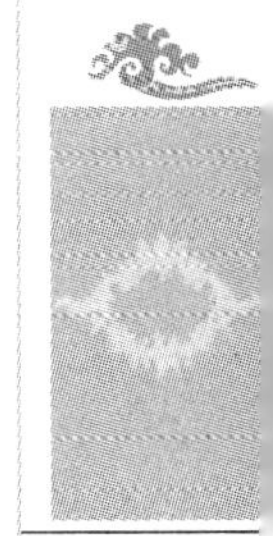

文成公主嫁吐蕃

文成公主进吐蕃的情景

唐太宗之女文成公主，聪慧美丽，端庄丰满，自幼受家庭熏陶，学习文化，知书达理，并信仰佛教。

唐太宗贞观十二年，松赞干布率吐蕃大军进攻大唐边城松州，即今天的四川松潘县；唐太宗治理下的唐朝，此时正国富兵强，于是派侯君集督率领大军讨伐。大败吐蕃于松州城下。松赞干布只好俯首称臣，并对大唐的强盛赞慕不已，他在上书谢罪的同时，还特向唐廷求婚。

于是，唐太宗决定将文成公主许配给松赞干布。文成公主虽然对遥远的吐蕃心存疑虑，却又充满了新奇的向往，因而也就应允了。经过两个多月的准备，于贞观十五年隆冬，一支规模宏大的送亲队伍，在礼部尚书江夏郡王李道宗的率领下，护送文成公主前往吐蕃和亲。这支队伍除了携带着丰盛的嫁妆外，还带有大量的书籍、乐器、绢帛和粮食种子；组成成员除文成公主陪嫁的侍婢外，还有一批文士、乐师和农技人员。

经过一个多月的艰苦跋涉，文成公主一行到了河源。送亲和迎亲的队伍前呼后拥、威风八面地进入了逻些城，在李道宗的主持下，松赞干布与文成公主按照汉族的礼节，举行了盛大的婚礼，全逻些城的民众都为他们的赞普和夫人歌舞庆贺。

数年之后，一座美轮美奂的宫殿就建成了，这就是布达拉宫，里面屋宇宏伟华丽。亭榭精美雅致，还开凿了碧波荡漾的池塘，种上了各色美丽的花木，一切建制都模仿大唐宫苑的模式，用来安顿文成公主，借以藉慰她的思乡之情。

为了与文成公主有更多的共同语言，松赞干布脱下他穿惯了的皮裘，换上文成公主亲手为他缝制的丝质唐装，还努力地向文成公主学说汉语，一对异族夫妻，感情融洽，互爱互敬，开始了他们新的生活。

按照传统习惯，吐蕃人每天要用赭色制土涂敷面颊，说是能驱邪避魔，虽说样子十分难看又不舒服，但因是传统习俗，谁也没有提出异议，大多数吐蕃人只是照章行事。文成公主到吐蕃后，仔细了解和揣摩了这种习惯，认为这样做毫无道理，又有碍卫生，实在是一项鄙俗的陋习，因此她婉转地向松赞干布提出了自己的看法。松

赞干布听了觉得她的话很有道理，立即下令废除这项习俗，最开始一些念旧的吐蕃人很不习惯，但慢慢地都觉得保持自己的本来面目，既方便又好看，大家也就都乐意接受了，他们甚至还十分感激文成公主为他们破除了陈规。

待生活安定下来后，文成公主带来的汉族乐师们开始履行职责，他们十分卖力地为松赞干布和文成公主演奏唐宫最流行的音乐，音乐舒缓优美，使松赞干布大有如闻仙音的感觉，他对乐师和音乐大加赞叹，并选拔了一批资质聪慧的少男少女，跟随汉族乐师学习，

使汉族的音乐渐渐传遍了吐蕃的领地，流进了吐蕃人的心田。随来的文士们也开始工作，他们帮助整理吐蕃的有关文献，记录松赞干布与大臣们的重要谈话，使吐蕃的政治走出原始性，走向正规化。

松赞干布欣喜之余，又命令大臣与贵族子弟诚心诚意地拜文士们为师，学习汉族文化，研读他们带来的诗书；接着他还派遣了一批又一批的贵族子弟，千里跋涉，远赴长安，进入唐朝国家，研读诗书，把汉族的文化引回吐蕃。

文成公主以款款柔情善待松赞干布，使得吐蕃国王深切体会到汉族女性的修养与温情，他对文成公主不但备加珍爱，而且对她的一些建议尽力采纳。

文成公主则凭着自己的知识和见地，细心体察吐蕃的民情，然后提出各种合情合理的建议，协助丈夫治理这个地域广阔，民风骠悍的国家。并且文成公主不是那种极有权势欲的女人，她参预治国，却从未要求松赞干布给自己一个什么官职，对于吐蕃国的重大政治决策，她只是提出自己的看法，并不强行干涉，因此松赞干布和大臣们对她非常好，经常向她讨教唐宫的政治制度以作为他们行政的参考，广大的吐蕃民众更视她如神明。

可惜不久之后，松赞干布去世，唐高宗永隆元年（680），文成公主在逻些城病逝。文成公主死后，吐蕃人到处为她立庙设祠，以志纪念。一些随她前来的文土工匠也一直受到丰厚的礼遇，他们死后，也纷纷陪葬在文成公主墓的两侧。至今文成公主和这些友好使者，仍被当地人视为神明。

上官婉儿与武则天争男宠

上官婉儿像

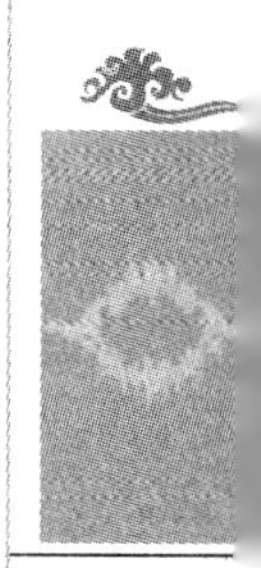

武则天极有治国才干，她协助高宗处理军国大事，佐持朝政30年后，亲登帝位，自称圣神皇帝，废唐祚于一旦，改国号为周，成为中国历史上空前绝后的唯一女皇。从她参与朝政，自称皇帝，到病移上阳宫，前后执政近半个世纪，上承“贞观之治”，下启“开元盛世”，史称“贞观遗风”，因此还是有些历史功绩的。

上官婉儿是武则天的得力助手，陕州陕县人，唐高宗时宰相上官仪的孙女。麟德元年（664），上官仪因替高宗起草将废武则天的诏书，被武后所杀，家族籍没。尚在襁褓之中的上官婉儿与母亲郑氏同被配没掖庭。

到了14岁的时候，上官婉儿出落得妖冶艳丽，秀美轻盈，一颦一笑，自成风度，加上天生聪秀，过目成诵，文采过人，下笔千言。仪凤二年（677），上官婉儿曾被武则天召见宫中，当场命题，让其依题作文。上官婉儿文不加点，须臾而成，尤其她的书法秀媚，格仿簪花。武则天看后大悦，当即下令免其奴婢身份，让其掌管宫中诏命。此后，武则天所下制诰，多出上官婉儿的手笔。婉儿还曾建议扩大书馆，增设学士，代朝廷品评天下诗文，一时词臣多集其门。

武则天与上官婉儿既为主仆，也是诗友，时常吟风弄月，诗文唱和，以消除处理朝廷政务后的劳累和烦忧。然而，这二位才华盖世、异彩纷呈的绝代佳人在漫长而寂寞的后宫生活中，却成为了争床夺爱的情敌，这是她们都没有想到的。

当时的上官婉儿正是花季少女，情窦初开，太子李贤刚24岁。上官婉儿见的最多的男人，除了唐高宗李治，就是太子李贤了。因此又有了这样的传说：上官婉儿是李贤的侍读，与李贤之间产生了感情。公元680年，李贤被武则天以私藏兵器和谋反朝廷的罪名废为庶人，徙于巴州。而欲将置他于死地的那份废黜诏书，正是17岁的上官婉儿替武则天草拟的。

武则天将上官婉儿倚为心腹，甚至与男宠张昌宗在床榻间交欢时也不避忌她的存在。此时正值青春年华、情欲正旺的上官婉儿看到这样男女交欢的场面，免不得心如鹿撞，跃跃欲动，加上张昌宗姿容秀美，时常撩拨，更让她心猿意马，夜不能寐。

一天，上官婉儿忍受不住张昌宗的撩拨与之幽会偷情，不想被武则天撞见。武则天勃然大怒，当即拔取金刀，砍到上官婉儿的前髻，伤及左额，且怒目道：“汝敢近我禁脔，罪当处死。”亏得张昌宗替她跪求，才得赦免。

上官婉儿因额有伤痕，便在伤疤处刺了一朵红色的梅花以遮掩，谁知却益加娇媚。宫女们皆以为美，有人偷偷以胭脂在前额点红效仿，渐渐地宫中便有了这种“红梅妆”。没想到因祸得福，上官婉儿竟然以此“红梅妆”而成为后宫中更加有名气了。

经过上次的事件，上官婉儿不得不收心敛性，对武则天精心伺奉，曲意迎合，这让武则天渐渐地消除了戒心。从圣历元年开始，便又让上官婉儿处理百司奏表，参决政务，权势日盛。

张昌宗既是武则天的心爱的男宠，又是上官婉儿的心仪的男人。据说他与其兄张易之聪明伶俐，通晓音律，而且精力旺盛，更有侍寝的本领。武则天给二人加官四品。从此二张俨若王侯，每天随武则天早朝，待其听政完毕，就在后宫寻欢作乐。

二张恃宠而骄，不仅在后宫恣意专横，而且结党营私干预朝政，引起了众怒。终于在神龙元年，张柬之等策动了“宫廷政变”，杀掉二张，武则天也在病榻上被“请”下了御座，让位于唐中宗。

上官婉儿也就此结束了与张昌宗若即若离、难成气候的情人关系。而当唐中宗李显复位以后，大权在握，便迫不及待地召幸了上官婉儿，之后册为昭容，封上官婉儿母亲郑氏为沛国夫人。又令上官婉儿继续专掌起草诏令。后来，临淄王李隆基率兵进宫，发动政变，上官婉儿死于乱军的残杀之中。

武则天保持青春的秘方

中国历史上唯一的女皇帝武则天，

女皇帝武则天

也是继位年龄最大的皇帝，又是寿命最长的皇帝之一。武则天也是一位女诗人和政治家。而据历史资料记载，武则天还是一个非常讲究保养的人，在养生保健上有一套方法。

当时的一位御医曾为武则天的皮肤护理开出了很多美容秘方，但武则天常用的一个是“益母草泽面方”。益母草是妇科的良药，既可内服，也可外用。外用敷面，有治疗肤色黑、祛除面部斑点和皱纹等功效；经常使用能使皮肤滋润有光泽。

“益母草泽面方”具体的做法是，每年农历五月五日采集根苗全具的益母草，采集的益母草上不能带一点土，否则就没有效果。然后将采来的益母草晒干，粉碎后过细罗，加入适量的面粉和水，调和成鸡蛋大小的团药，晒干，然后用黄泥土制成炉子，炉子四边各开一个小孔，炉上层和下层放入炭火，两层间放置药丸，点火烧制。

大火烧一顿饭时间，改用文火慢慢煨制24小时，中间不能灭火，最后

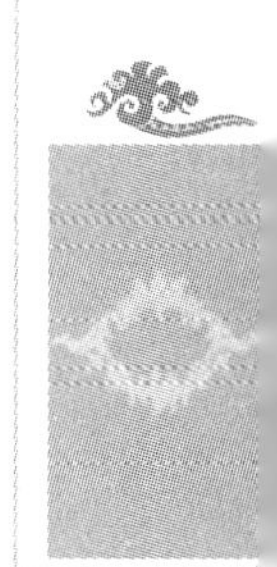

炼出的上等药丸应该是药色洁白细腻的。药丸一般制好取出后要凉透，放入瓷钵中，用玉锤（或鹿角锤）研粉，过细罗，再研，如此反复，粉越细越好。

接着将玉粉或鹿角粉掺入药内，然后将药放入瓷瓶密闭，用的时候再拿出来。制作这种药丸非常讲究，包括采药的时间、药材的品色、制药过程中的火候等等，如果做不好，药丸变黑、变黄，都会失去功效；制作这些药丸的主药、药童，都必须严格按照要求才可能制作成功。

刚开始用这个药洗面，会觉得手开始变得润滑，脸上也有了光泽，以后逐渐会面生血色，脸色红润，据说如果长年使用，四五十岁的妇人，看上去也会像十五六岁的女子一样年轻。

武则天 80 岁的时候，还能保持皎好的容貌，看来跟她经常使用这个美容秘方不无关系。这个方子收录在苏敬编辑的《新修本草》中，后来王焘在《外台秘要》中也有所收录，后世的医书中也曾经收录并改名为“神仙玉女粉”，到明代李时珍时，在《本草纲目》中又恢复原名收录。

武则天的另一个美容方是御医张文仲开的“常敷面脂”。面脂作为养颜美容用品，在唐代很是流行，这种东西大概相当于我们今天的面膜，而那时候的“面脂”都是用天然的药材制成的。

“常敷面脂”这个方子的主要成分据说是用细辛、葳蕤、黄芪、白附子、山药、辛夷、川芎、白芷、瓜蒌、木蓝皮，加猪油炼成的。制作方法也很复杂，药要切碎，然后用酒浸泡一晚，再煎制，慢慢形成凝固，才能成为面脂。葳蕤、瓜蒌、猪油有滋阴润肤的功效，细辛、白附子、辛夷可以祛风通窍，黄芪可益气补肾，川芎、木蓝皮能活血保湿。所以这个面膜用后可以光洁皮肤、祛皱保湿，疗效还是很显著的。这个方子收录在王焘的《外台秘要》中。

武则天耍心眼儿终被临幸

武则天皇后

武则天在 15 岁的时候就进宫了，当时是唐太宗李世民执政，但她并没

有引起唐太宗的注意，两个多月过去了，她还没有见到皇上。

武则天整日呆在掖庭宫里，跟太监学一些规则、礼仪、用语等方面的知识。而和她一起入宫的徐惠因父亲在朝廷为官，有传言说皇上近日要宠幸她，大家都很羡慕。武则天听说后，为了自己也尽快得到宠幸，她经过考虑想了个办法，就是和徐惠拜姐妹，通过徐惠接近皇上，于是她每天就千方百计讨好徐惠。

徐惠是一个才女，武则天常常以向徐惠请教学习上的各种问题到她的房间和她谈话，表现得也十分虚心，这样一来二去，两人就熟悉了。武则天见时机已成熟，便向徐惠提出拜姐妹之事，徐惠也答应了。

这天晚上，两人穿戴整齐，来到院子里，燃香结拜，并互立誓言，如果双方谁先被皇上宠幸，谁就提携对方，俩人同时到皇上身边才好，可以互相照应，永远不分离。

几天后，徐惠果然被李世民宠幸。武则天按捺不住喜悦，事情进展的和她预料的差不多，她为自己下一步谋划着，甚至每个细节、每个对话和动作。但几天过去了，徐惠一去杳无音信。武则天并不灰心，她了解徐惠的脾气秉性，知道徐惠不会不理她，所以她也积极行动，托太监给徐惠捎信。

于是，徐惠经常在皇上面前提起武则天如何好。几天后，李世民果然要召见武则天，这是武则天第一次陪皇上睡觉，但毕竟是小女孩，心里羞涩，有点放不开。帮她打理的那位老太监也许发觉她对自己的第一次很不安，基于好意，便说了些安慰她的话。

武则天坦诚地接受了他的好意，可同时也唤起她不服输的心理，她想一定要超过其他女孩子。初更时分，武则天由提着灯笼的太监引导，来到甘露殿中。终于能见到皇上了，看着近在咫尺的皇上，武则天的心紧张得快要跳出来了。

李世民宠幸武则天时，动作很粗鲁，让她觉得下身阵阵痛楚，一颗泪珠禁不住滚了出来。李世民却喜上眉梢，在他的眼里，这眼泪就像稀世珍宝似的，还从来没有人当着他的面哭过。以前，李世民占有的少女不计其数，她们都拼命地忍耐，木偶般的脸上强露出死板的笑。而怀中的武则天却不同，她并不隐藏此时的痛苦，她梨花般娇美的脸颊上泪珠晶莹剔透，闪着妩媚之光，让李世民倍感珍贵，心中非常快慰。

其实，武则天的哭开始时是情不自禁，当她看到皇上兴奋的样子，决定继续哭下去。喜得皇上爱不释手，他第一次觉得怀中拥有的不是傀儡，而是个妩媚的处女。李世民被武则天的眼泪所打动，他亲自给她定号为“媚”。

武则天退出甘露殿时，已接近午夜了吋，她由太监背着，回到掖庭宫。她不了解其他宫人的情形，例如徐惠状况。但她本能地知道，自己能使皇

上如意，就有了个好的开始。

此后，不到三天，武则天就又得到皇上宠召，再度侍候皇上，她是又高兴又害怕。不过她觉得身体的痛苦虽然很深，但精神上是荣耀的，受天子专宠而胜过其他佳丽的荣幸，使武则天看起来更加容光焕发，美艳动人。而李世民这次也被武则天的美惊呆了，从此便倍加宠幸她。

武则天小小年纪，便在李世民面前大胆、机智地运用了“哭”这一对男人最有用的招数，使她从众多的女人中脱颖而出，终于勾住了李世民的心。

千金公主向武则天“献药”

武则天的墓碑

千金公主是唐高祖的小女儿，她两次下嫁，两次成寡妇。由于生母身份低微，在皇族中从没受到重视，也没享受好待遇。但千金公主虽是个寡妇，性格却十分开朗，在吃穿不愁的皇宫里，始终过着快乐悠闲的生活。

有意思的是，千金公主和武则天的关系很好，对武则天的一切都带有衷心的敬佩与向往。可能是她内心里觉得在李氏宗族中孤立无援，所以自然地靠向武则天寻求保护。

据说千金公主私下养着不少男宠，冯小宝就是她最喜欢的一个。冯小宝原是长安洛阳街市上的一个卖野药的。他个子高大，身体结实，30 岁左右。从整体上看，他有一副标准男性的形象。但是他的手脚和脸，都晒得黝黑，沾满灰尘，衣服褴褛，发出油腻的光泽，如果走近他的身边，或许会闻到一种奇特的臭味。

冯小宝卖药很有一套，先是天南地北神吹一通，把他的药说成灵丹妙药；然后是脱去上衣，赤膊舞棒，很是吸引群众。有人为了看他的棒术，就会情不自禁地买下并不需要的药物。

有一天，距离江湖郎中卖药的地点不远处，出现了一辆装饰华丽的马车，马车帘子偶尔微微摇动，看样子有人在帐子里欣赏江湖郎中要棒。第二天、第三天、第四天，同样的马车停在同样的地方。而在这辆装饰华丽的马车中，坐着欣赏冯小宝卖药的就是千金公主。

到了第五天，冯小宝出现在了千金公主的内室里。他已经洗过澡，梳过发，换上了崭新的衣服，他并不知道自己来这里要干什么，心里忐忑不安。而千金公主象鉴定美术品似的，从头到脚仔细观察这个男人。

千金公主让冯小宝在内室为她表演棒术，他摆出庄重的姿态，深深一揖之后，脱下上衣，从桌子上拿起如意代替木棒，耍一两手后，就侧眼看看公主的反应。在室内明亮的灯光下，看眼前这个男人的强健身体和隆起的肌肉，对千金公主来说真是绝妙的景色。

数名宦官送上酒菜，又悄悄退下。公主拿起白瓷酒瓶亲自为冯小宝斟上西域的葡萄美酒。冯小宝虽已过而立之年，但是面对仍保有美丽的千金公主和倒在夜光杯里的美酒，以及不知名的山珍海味，他显然已经陶醉了。

于是，千金公主对开始对冯小宝萌生出怜爱之情。冯小宝此时机警地感受到了公主内心产生的理解和同情。在极其自然的过程中，冯小宝轻轻抱起娇小丰满的公主，走进了隔壁房间。

事过一个月后，千金公主到宫里向武则天皇后问安，正遇上武后头痛，躺在睡椅上，让上官婉儿揉额角和颈肌。她很少听武后喊头痛。经御医诊断以后，太医署针博士给太后做过全身针灸治疗，但只做了一次，武后就拒绝再针灸了，聪明伶俐的千金公主看出了病因所在。

她对武后说："太后的精神和头脑都呈现男性刚气，也就是阳，可是玉体仍是女体，亦即阴。以阴的玉体，长期做阳的活动，阳气就输给阴气，就会产生阴阳失调，导致阴气衰弱，就会生病。"

武后对千金公主的新鲜理论很感兴趣，追问治疗方法。千金公主发出开朗的艳笑声："臣最近得到灵药，效果比预先想的还好。过去秦始皇命徐福到东方海上去找长生不老之药，就是那样找，也无法找到这样的灵药。因为看到太后近来有阴阳失调的征候，所以才想把这个灵药献给太后。如果太后能接受这份灵药，臣就感激不尽了。"武后的眼光很敏锐地察觉出，当千金公主说到最后时，脸上闪过类似哀怨的表情。

就这样，冯小宝又从千金公主的内室踏进武后的寝宫，服侍起了50余岁的老太后。

武则天为男宠母亲寻夫

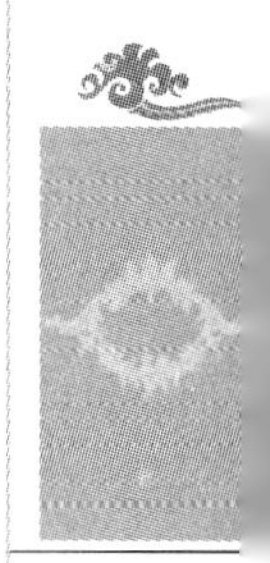

武则天晚年宠幸张昌宗、张易之两兄弟，有一次一番陶醉之后，她可怜起张氏兄弟的寡妇母亲阿藏来，便想替她寻个门当户对的人。

武则天为她物色了凤阁侍郎李迥

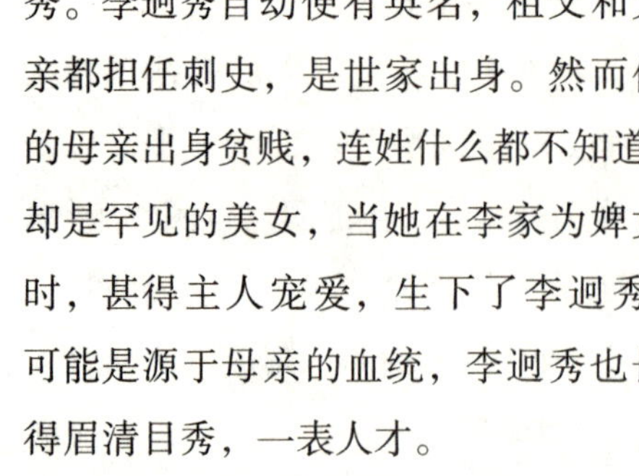

秀。李迥秀自幼便有英名，祖父和父亲都担任刺史，是世家出身。然而他的母亲出身贫贱，连姓什么都不知道，却是罕见的美女，当她在李家为婢女时，甚得主人宠爱，生下了李迥秀。可能是源于母亲的血统，李迥秀也长得眉清目秀，一表人才。

李迥秀还颇有文才，喜欢交友，兴起吟诗，不辞斗酒，但绝不因酒乱性，号称当代第一风雅人物。武则天对才能、人品、容貌都相当杰出的李迥秀非常有好感。因此，偶尔会召他和他的母亲到宫中，给予优厚的待遇。

李迥秀婢女出身的母亲享受如此待遇，也使李迥秀心中很感激皇上。当他知道皇上要把张昌宗的母亲阿藏嫁给他时，心中又非常困扰。因为他早有妻妾，如赐的是年轻的佳人，或许还会有点兴奋，如今赐了个年龄比自己还大的女人，于是心里很不愿意，但是他又不想为此事犯违敕之罪，让宗族及个人蒙受不幸，不过他又想，张昌宗兄弟都是美少年，他们的母亲也必定是容貌出众的美女吧，何况想到皇上平日对母亲的恩宠，无论如何也得接受这项敕命。

可是看到阿藏本人之后，李迥秀不禁气急败坏。阿藏虽身穿豪华的衣服，却只是个毫无美感，如市井老衰的中年女人一般，令人怀疑这样的母亲怎么会生出金雕玉镂的张昌宗兄弟。

可是，阿藏因儿子受皇上宠爱，所以只知穿金戴银，在满是皱纹的脸上，土里土气地化上浓妆，又怕风闻一时的李迥秀看不起，故又扭捏作态，实在叫人不敢领教。李迥秀第一眼看她，就表现出极度的厌恶和轻蔑，阿藏看在眼里，就非常不高兴。

尽管如此，碍于敕令，李迥秀还是得忍下来，把阿藏留在家中，但李迥秀常借口政务忙碌身心疲倦，或者邀朋友到家里来，赋诗饮酒闹到三更半夜，或者借口回家探母，尽可能的想办法不和阿藏单独相处。

由于精神上的痛苦，李迥秀身体生了病，一天天消瘦。阿藏也无法忍受，通过儿子向武后诉说实情，说李迥秀瞧不起她。武后觉得强扭的瓜不甜，便让她离开了李迥秀，这样李迥秀才摆脱了这个令他不悦的女人，但却因此被左迁到岩州为刺史。

风流唐玄宗惧怕妒妇杨玉环

唐玄宗李隆基生性风流，喜爱女色，有个叫江采蘋的女子 15 岁时便选归长安，服侍玄宗，江采蘋容貌出众、能诗善文。玄宗一见便相当喜欢，于是大加宠幸。

江采蘋喜欢梅花，住所周围栽满

杨玉环像

了梅树，她时常流连花前，赏花吟诗，到夜晚仍不忍离去。玄宗见她爱梅，就戏称她为“梅妃”。梅妃的这种好日子没持续多久，强劲无比的竞争者杨玉环就出现了，玄宗的感情急速转移，但也没有疏远冷遇梅妃的意思。接着，梅、杨二妃两人互相嫉妒。梅妃性情柔和，很快就败在杨妃的手下，被迫迁往上阳东宫，从此，很难见到玄宗了。

可玄宗难忘旧情，晚上派小宦官熄灭烛火，用舞戏的马匹秘密召幸梅妃到翠华西阁，再续前缘。缠绵之后，玄宗睡过了头，卫士惊慌失措地跑进来报知杨妃就要来了。玄宗急忙披上衣服，把梅妃抱起来藏在夹幕里。

杨妃进门劈头就问：“那‘梅花精’躲在哪里了?”玄宗说在东宫，杨妃说：“请把她召来，今天一同去温泉洗浴。”玄宗说：“她已经被搁置冷宫了，不要和她一同去温泉。”杨妃审视屋内一周，大怒说：“屋里菜肴果品零乱不堪，床下又有妇人留下的鞋子，今晚究竟是哪个女人在伺候您睡觉？欢醉到现在还不上朝？现在，您可以上朝去见大臣了，我留在这里等您回来。”

玄宗支支吾吾，拉着被子面向屏风假装打哈欠，说：“今天有病，我不能去上朝了。”杨妃见他要赖，便气冲冲地回自己的住宅去了。杨妃一走，玄宗赶紧寻觅梅妃，得知她已被小太监送走。

玄宗觉得受了窝囊气，徒步回到东宫，发怒杀了小太监，并把梅妃慌急中留下的鞋袜首饰等物品送还给她。梅妃对前来送物品的使者说：“皇上真要彻底抛弃我了吗?”

使者说：“皇上并不想抛弃你，只是害怕杨妃发火。”

梅妃苦笑道：“害怕因为我而惹怒那个胖肥婆，这不就是抛弃了我吗?”

此后，梅妃虽又做了一些努力，但都在杨妃的阻挠下归于失败。

玄宗还常和杨贵妃在皎月之下互相扑捉戏耍。杨贵妃年轻，每次捉玄宗都很容易，但玄宗却总是逮不着杨贵妃，引得满宫的人都拍手大笑。杨贵妃故意在衣服上挂了许多香囊，用

香囊挑惹玄宗扑捉，玄宗屡捉屡失，逮不着人，只抓得满把香囊，游戏结束后笑道："我确实比不上贵妃。"当时把这种游戏叫作"捉迷藏"。于是，"捉迷藏"一词便流传了下来。

除了"文戏"，还玩"武斗"，酒至半酣的时候，玄宗让杨贵妃统领宫女一百多人，自己率领小太监一百多人，在庭院中排列成两阵，手擎旗帜攻击互斗，打了败仗的一方，每人罚喝一大碗酒——玄宗称这种战阵叫"风流阵"。

他们在一起的日子是很快乐的，可就当玄宗沉醉于"助情花香"的时候，安禄山举兵叛乱，铁骑攻破长安，玄宗仓皇逃往四川。行至马嵬坡（在今陕西兴平），禁卫军哗变，逼迫玄宗处死杨贵妃。

相传杨贵妃在佛堂前梨树下被缢杀时，脱落了一只袜子，高力士拣起来藏在了怀中。后来玄宗梦见杨贵妃诉说此事，便问高力士："贵妃遇难时丢下一只袜子，你收起来了吗?"高力士把袜子交给了玄宗，玄宗写了《妃子所遗罗袜铭》：

罗袜罗袜，香尘生不绝。
细细圆圆，地下得琼钩。
窄窄弓弓，手中弄初月。
又如脱履露纤圆，恰似同衾见时节。
方知清梦事非虚，暗引相思几时歇?

由此诗亦可见玄宗对杨贵妃是多么的痴迷！

杨贵妃"三日洗儿"给安禄山洗澡

杨贵妃的墓

"三日洗儿"是我国育儿风俗之一，包含洗浴、赠赏、宴乐等内容，主要是为小儿祈福，保健因素较多，对于体质弱小的婴儿来说，则是一种考验。这一风俗至迟在唐贞观初年就已出现，到开元时已基本定型，此后盛行不衰。

唐朝的时候，"三日洗儿"在宫中比较流行。婴儿出生三天，要郑重地为小儿举行出生后的首次仪礼，因为仪式一定要包括给婴儿洗浴，故叫"洗三"，或"洗儿会"。这是大喜事，要对下人有所赏赐，所赐金钱就称为"洗儿钱"。给孩子办满月、过一百天的风俗至今盛行，有的地方讲究给新生儿过"十二天"。

"三日洗儿"这天，主人设宴款

待来贺的亲友，俗称为“汤饼会”。汤饼就是汤面。相当于现在的“长寿面”，过生日、“三日洗儿”、办满月都必不可少。

唐代风俗趋向奢靡，小儿生下来一个月，主人又一次泛邀亲朋宾客，用盛宴来庆贺儿孙满月，再展“洗儿会”，议程、物件比“洗三”更繁复、多样，叫作“庆满月”。宫中为皇子、公主办满月，举行盛大宴会，朝臣赋诗祝贺。

王建的《宫词》之七十一写道：日高殿里有香烟，万岁声长动九天。妃子院中初降诞，内人争乞洗儿钱。这是写后宫诞育的情景，妃子生了小孩，大家齐声高呼“万岁”，宫女们争着讨“洗儿钱”。

贞观年间高宗李治出生三日，太宗和长孙皇后赐他一件玉龙子作礼物，算作“洗儿”之礼。代宗李豫（原名李俶）是肃宗李亨的长子，是玄宗的第一个皇孙。代宗出生在开元十四年十二月十三日，玄宗刚从泰山封禅回来不久。“三日洗儿”那天，玄宗亲自到李亨的住处探望孙儿，命赐金盆，为孙儿洗浴，还说“此一殿有三天子，乐乎哉！”其实，当时李亨并不是皇太子。为了倡导节俭之风，唐高宗李治龙朔二年（662）六月下诏：“比每诞育王子公主，诸亲庆贺多进锦绣纂组，金银雕镂，虚有糜费，深乖节俭，自今以后，即宜并停。”让大家不要进贡了。

关于杨贵妃给安禄山办“洗儿”典礼的事，元稹的《连昌宫词》中这样写道：“禄山宫里养作儿，虢国门前闹如市。”安禄山被杨贵妃作为养儿，宫中既有“洗儿”习俗，那么在其生日之后三天为其办洗儿典礼则自然顺理成章。姚汝能的《安禄山事迹》这样记载：“（安禄山生日）后三日，召禄山入内，贵妃以绣绷子绷禄山，令内人以彩舆舁之，欢呼动地。玄宗使人问之，报云：‘贵妃与禄山作三日洗儿，洗了又绷禄山，是以欢笑。’玄宗就观之，大悦，因加赏赐贵妃洗儿金银钱物，极乐而罢。自是，宫中皆呼禄山为禄儿，不禁其出入。”

有人据此推测杨贵妃与安禄山关系不一般，说是“三日洗儿”，分明是找借口给安禄山洗澡调情。

洗儿之俗直到唐末依然盛行。韩偓的《金銮密记》记载：“天复二年（902），大驾在歧，皇女生三日，赐洗儿果子、金银钱、银叶坐子、金银铤子。”唐昭宗在唐朝即将灭亡之际还讲究这些礼仪，可见洗儿之俗在宫中的盛行。洪迈的《容斋四笔》卷六提到宫中“洗儿”之事，办一次“洗儿会”可以收受大量金银珠宝，“盖宫掖相承，欲罢不能也。”

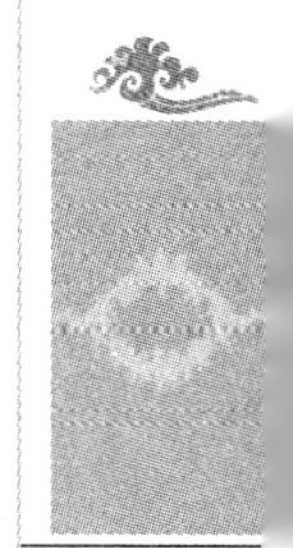

杨玉环到底是肥是瘦

古语中有“燕瘦环肥”之说，“燕瘦”起自于赵飞燕，她能在盘中跳舞，胖了肯定不行，“环肥”则是说杨玉环较胖，那么“环肥”之说起于何处呢？这个说法有根据吗？

杨玉环在沐浴

唐朝是个富有的朝代，杜甫有诗记载“稻米流脂粟米白，公私仓廪俱丰实”，国繁荣昌盛，人们丰衣足食，大多可放开肚皮畅快淋漓地吃香的喝辣的，具备了身强体胖的外在条件，也就保持了健康丰满的体格。

“环肥”之俗兴于盛唐，起自北方。唐代开国皇帝李渊的外祖父是鲜卑大贵族独孤如愿，李唐皇室的血统中至少有一半是鲜卑血统，李唐王室由鲜卑游牧部落的关陇军事集团起家入主中原后，依然是保持着游牧生活的一些习性的，喜欢欣赏牡丹，热爱肥臀大马，崇尚壮硕之美。而鲜卑族的游牧生活需要的就是剽悍、健硕的体魄，丰腴的杨贵妃受欢迎，得到宠爱也就不足为奇了。

随着西域人大量涌入，长安城中的生活方式也产生了变化，模仿“胡人”成为时尚。比如在服饰上，长安受西域风气的影响就较深，远自波斯、吐火罗，近至突厥、吐谷浑和吐蕃都为唐人模仿的对象。而西域人的块头都比较大，估计唐朝的“以肥为美”与此也有着一定的关联。

杨玉环是杨玄琰的女儿，祖籍灵宝，少随叔父玄圭迁徙蒲州（在今山西省），跟叔父长大。杨玉环被召入宫时，身着道士服饰，身材很丰腴。她太真天生丽质，能歌善舞，通晓音律，智算过人，善于奉迎，深得玄宗宠悦。

据野史考证称：杨贵妃身高 1.64 米，体重 138 斤，也有说杨贵妃身高 1.55 米，体重 120 斤的，但杨贵妃究竟有多胖，至今无法考证，只能从唐代诗词、书画、雕塑、陶俑及各类艺术作品中寻得一丝痕迹。

比如唐人绘制的《贵妃出浴图》就给后人留下了尺幅春光。另有白居易的《长恨歌》，虽说对杨贵妃肥与不肥没多的描述，但一句“温泉水滑洗凝脂”，可让人从字里行间体会到杨贵妃的丰腴。

成语“环肥燕瘦”的来源，原是被

苏轼用来比喻书法作品风格各有所长。但也与杨贵妃有着千丝万缕的联系。杨贵妃的身材是丰腴的，汉成帝的皇后赵飞燕身材是清瘦的，这两位历史上有名的人的胖与瘦，便被苏轼拿来运用了。

据苏轼的《孙莘老求墨妙言诗》言：

杜陵评书贵瘦硬，此论未公吾不凭，
短长肥瘦各有态，玉环飞瘦谁敢憎。

人的胖瘦本与书法隔着十万八千里，居然也被苏老先生联系到了一块，真是够别出心裁。此后，“环肥燕瘦”这一成语也就流传开了，不过慢慢跟书法毫无瓜葛了，回归到它最本真的含义，说的就是女人的身材。

唐玄宗一生中的三大极品女人

梅妃江采蘋

唐玄宗的一生中有很多女人，在他宠爱过的女人中，有三位很特殊，称得上是极品女人了。在中国历史发展的进程中，三位美女有一定的影响力。

1. 性情乖巧武惠妃

在武惠妃之前，中国历史上并没有惠妃这个封号。唐玄宗因为不能升武惠妃为皇后，特意发明了这么个封号，其受宠程度可见一斑。

武惠妃本是武周时期恒安王武攸止（武则天的堂侄）的女儿。在武周王朝垮台后，她沦落为一个无人理睬的小宫女。十五六岁时已经出落成芙蓉颜面。唐玄宗很快发现了她，便纳为才人。

史载，武惠妃很有魅力，她性情乖巧，善于察言观色，很快就战胜了王皇后等人，变成了唐玄宗的专宠专房，日夜陪侍在左右。

在唐玄宗的精心体贴下，武惠妃一连生下了七个孩子，四男三女，成为李隆基妃嫔中生育最多的人。其中第一个儿子的名字叫李嗣一，在李隆基看来，这个孩子是自己所有儿子中最好的。如果不是因为夭折，被立为太子将是顺理成章的事。

公元737年，十二月，武惠妃病死。唐玄宗悲痛至极，竟然把宫女全部赶出宫去，差点再不碰女人，直到梅妃江采蘋的出现。

2. 梅妃江采蘋

江采蘋出身福建莆田的一个文人

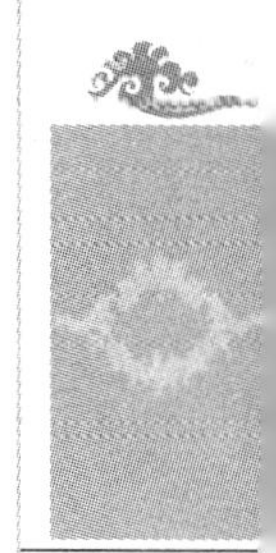

世家，父亲自小就教她读书识字、吟诵诗文，他曾向友人夸口道：“吾虽女子，当以此为志”。

江采蘋确实不负父望，九岁就能背诵大本的诗文；及笄之年，已能写一手清丽俊逸的好文章，曾有“萧兰”“梨园”“梅亭”“丛桂”“凤笛”“破杯”“剪刀”“绮窗”等八篇赋文，在当地广为人们传诵和称道。

此外，江采蘋对棋、琴、书、画等也很精通，尤其擅吹奏极为清越动人的白玉笛、表演轻盈灵捷的惊鸿舞。小小年纪的她，就成为一位才貌双全的绝世女子。

此时的唐玄宗刚刚失去前半生最宠爱的女人武惠妃，整日郁郁不乐。太监高力士想排解一下玄宗的烦恼，于是找到了江采蘋。

入宫之后，唐玄宗喜不自胜，先前的烦恼全部消失。江采蘋淡装雅服，姿态明秀，给唐玄宗带来了无尽的快乐。她从小就癖爱梅花，到了皇宫之后，居住的地方遍植梅树，每当梅花盛开时，赏花恋花，留连忘返。

江采蘋性情高傲，目下无尘，却又出淤泥而不染，不去为红颜之事争风吃醋，常以东晋才女谢道韫自比。唐玄宗封她为梅妃，并亲切地称她为“梅精”。

江采蘋入宫的前十年左右，唐玄宗宠爱她至极，对后宫其他妃子都视而不见。这一情况直到杨玉环的出现，她才渐渐失宠。安史之乱爆发后，唐玄宗跑得仓促，来不及带上江采蘋。长安城陷落后，梅妃一身白布裹身，跳水井而死。

3. 最爱杨贵妃

杨贵妃原名杨芙蓉，小字玉环，自小精通音律，擅长歌舞，以至于后来音乐成就斐然，成为宫廷女子中难得的音乐家。

公元 745 年，杨玉环入宫，封为贵妃，一下便抢了江采蘋的风头，享受唐玄宗的专宠。当时她每次乘马，都由大宦官高力士亲至执鞭，这一荣耀是连江采蘋和武惠妃二人都没享受过的。唐玄宗安排伺候杨贵妃的织绣工就有七百人！

后安史之乱爆发，唐玄宗只带了她一个人逃出长安。可惜到了马嵬坡，军队怨声载道，纷纷要求杀掉杨贵妃的堂兄杨国忠。唐玄宗没有办法，只好杀掉杨国忠。但是军队又声称杨国忠为贵妃堂兄，堂兄有罪，堂妹亦难免。万般无奈之下，唐玄宗为了保住自己的性命，只好牺牲杨贵妃的性命。

一代美女，就这样凄惨地缢死于路祠，做了唐玄宗的替罪羔羊。

宋元时期

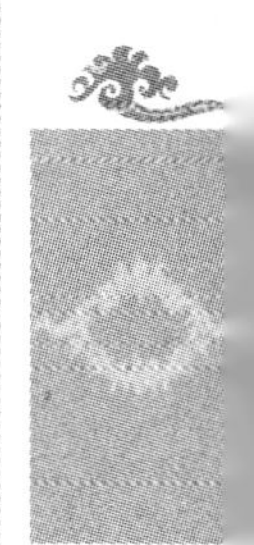

阿保机的贤内助述律皇后

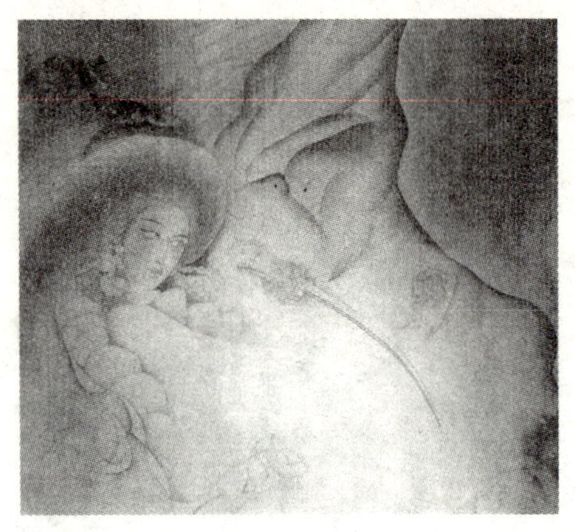

述律皇后像

辽代开国皇帝辽太祖耶律阿保机的皇后述律平是个极有才干的政治家，她小字月里朵，处事果断，眼光长远，且有军事才能。她曾率兵迎战黄头、臭泊二室韦的进攻，指挥若定，由此“名震诸夷”。

述律皇后很有政治远见。当时的幽州节度使派韩延徽为使，向契丹求援，韩延徽进见时不肯跪拜，阿保机大怒，让杀了他，述律平马上劝道：韩延徽守节不屈，是个好汉，留着有用。阿保机才召来任命为参谋，以后还使其成为左膀右臂。

公元926年，阿保机死，述律平以皇后身份称制，掌握了军国大权。当时有兆思温等元勋重臣不服管制，为了稳定朝局，她以“亲近臣子应追随侍奉太祖”为由，要沿袭老土的少数民族旧例，命令他们为太祖殉葬。兆思温反驳她：“亲近之人莫过于太后，太后为何不以身殉?”只见她脸色漠然，挥起金刀，砍下自己的右手，放在太祖棺内，说道：“儿女幼小不可离母，暂不能相从于地下，以手代之。”兆思温等人没有办法，只得全部为太祖殉葬，这下使辽国皇统顺利得以传继。

述律皇后积极支持并协助阿保机统一了长城以北的许多少数民族，开发了祖国东北和蒙古的广大地区，并且坚决反对侵入汉族政治统治区域，主张与汉族人民友好相处。在定州王处直的诱惑下，阿保机下令倾国出动，与晋王李存勖争夺“金帛山积”而又有“燕姬赵女”的镇州。述律皇后极力劝诫，她说：“我有牛马之富，西楼足以娱乐，今舍此而远赴人之急，我闻晋兵强天下，且战有胜败，后悔何追?”阿保机利令智昏，不听劝阻，终于大败而归，后悔莫及。

述律皇后在其朝称制期间，曾遣使和后唐修好。之后，在皇后的积极促成下，耶律德光又派梅老等30多名使者到后唐，“自是山北安静，蕃汉不相侵扰。”长期遭受战乱的各族人民有了暂时的安宁。

后来，述律皇后的亲孙子被拥为帝，她却带着三儿子造反，兵败被逐出上京，郁郁而终。

辽太宗发烧纵欲“泄火”丢性命

辽太宗耶律德光像

辽太宗耶律德光是耶律阿保机的次子，契丹的名字为尧骨，是个很有作为的契丹首领。耶律德光年仅20岁的时候就做天下兵马大元帅，阿保机对他寄希望很大，在他的三个儿子当中，耶律德光和长子耶律倍都很受阿保机的喜爱，但耶律德光更像他的父亲，在阿保机到各处征战的时候，耶律德光都跟着出征，因此立功甚多，一直到后来平定渤海国，耶律德光在军功上都有所建树。

耶律德光的母亲述律后也对他另眼相看，在继承皇位的问题上全力支持他，反对喜欢汉族文化的长子耶律倍继位。阿保机死后，述律后主持了推选新皇帝的仪式，在主政的耶律后的建议下，大臣们都赞成耶律德光继位，于是，耶律德光举行了契丹传统的“燔柴礼”，正是继位为契丹新皇帝。

在巩固了自己的帝位之后，辽太宗开始继续父亲阿保机的事业，向南用兵，争霸中原。契丹从阿保机开始就想把疆土扩展到黄河岸边，进而拥有黄河以北的大片领土。但中原的势力一直抵制契丹的入侵，所以，契丹用兵时总是趁中原几派势力相争时打着支援一方的旗号进攻。在后唐统治时期，尤其是后唐明宗时期，中原比较稳定，再加上后唐的军队号称鸦军，都穿黑衣，战斗力也很强，而契丹是以民为兵的，没有专门的野战军，所以在和中原兵作战时总是吃亏。因此，辽太宗的势力再大，也要等到中原出了变故时乘虚而入，收渔人之利，单纯的宣战和正式决战很难取得成功。所以，辽太宗南下中原一直等到了李嗣源死后，而且是石敬瑭主动求救时才敢出兵，后来灭后晋也是由于后晋将领投降拣了个便宜。

石敬瑭和后唐末帝李从珂发生矛盾之后，石敬瑭为保住自己的势力，称帝登基，只得向辽太宗求救，于是自称“儿皇帝”求耶律德光出兵。等待已久的辽太宗喜出望外，看到石敬瑭诱人的条件，赶忙亲自出兵相救。立石敬瑭为大晋皇帝，自己则得到了一大块肥肉，不费吹灰之力将早就渴望的十六州拢入契丹的统治范围，而且每年还有大批的布帛输入。

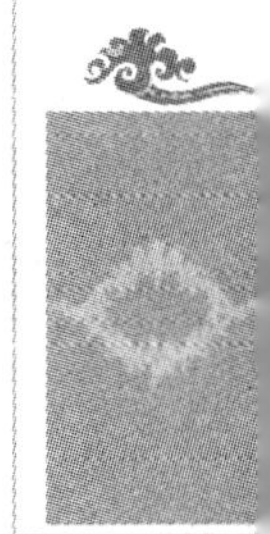

辽太宗将十六州弄到了手，下一个目标就是继续南下，将边界推进到黄河岸边。石敬瑭死后，石重贵继位，他向耶律德光提出了“称孙不称臣”的要求。耶律德光大怒，以此为借口又发兵南侵中原，很快就灭了后晋。但是灭晋过程中，扰民太重，中原的百姓起义不断，各路武装纷纷抗击辽军侵略，令耶律德光发出“中国人难制”的感叹，在汴京驻留不足三月，就不得不下令撤军回国。

公元947年，45岁的耶律德光在撤离中原途中的临城（今河北临城）染上一种热疾，高烧不退，在胸口和腹部放了冰块也无法降温，太医知他身体虚弱，便让他远离女色，但他却将太医臭骂了一通：“你们都是不学无术，我得了热病，正要女色泄火，怎么能远离女色呢！”便不听太医的话，终因纵欲无度，走到栾城杀胡林时，口吐鲜血，一命呜呼。

这时，远在辽国都城上京，但已获报耶律德光病危的述律太后传来懿旨：“生要见人，死要见尸。”这可难坏了伴驾的文武大臣，当时正是炎夏，保存尸体谈何容易。

正在文武大臣和太医们束手无策的时候，一位御厨出了个主意：干脆把皇帝做成“羓”吧。“羓”到底是什么呢？原来北方游牧民族多喜食牛羊肉，有时候杀了一只牛或羊后，一时又吃不掉，碰上夏天，牧民就把牛羊的内脏掏空，用盐卤上，就成了不会腐烂的“羓”，相当于中原地区的“腊肉”。

这个主意一出，虽然有把皇帝当牲畜处理做成菜的的意思，但无奈之下，文武大臣和太医们也只好照厨师的意见办，虽然只是给述律太后送上了一道菜，但毕竟原材料难得，不知述律太后见到这份菜时的心情如何。

花蕊夫人多才多艺迷蜀主

花蕊夫人像

五代十国时期后蜀主孟昶的费贵妃是一个歌妓出身的贵妃，青城（今都江堰市东南）人她是当时闻名遐迩的女诗人，也号花蕊夫人。

花蕊夫人小的时候就能写得一手好文章，尤长于宫词，蜀主孟昶将其纳为已有，赐号花蕊夫人。其宫词描

写的生活场景极为丰富，用语以浓艳为主，但也偶有清新朴实之作，如“三月樱桃乍熟时，内人相引看红枝。回头索取黄金弹，绕树藏身打雀儿”这一首，就写得十分生动活泼，富有生活情趣。

孟昶是个无能皇帝，耽于酒色，不问政事。前蜀亡后，后唐庄宗以孟知祥为两川节度使，孟知祥到蜀后，后唐内乱，庄宗被杀，孟知祥野心膨胀，训练甲兵，到唐明宗死后，孟知祥就僭称帝号，但不数月而死，孟昶继位。

孟昶在位期间，十年不见烽火，不闻干戈，国内五谷丰登，斗米三钱，都下仕女，不辨菽麦，士民采兰赠芬，买笑寻乐，宫廷之中更是日日笙歌，夜夜美酒，教坊歌妓，词臣狎客，装点出一幅升平和乐的景象。

孟昶是个非常懂得享乐的人，据传宋太祖灭后蜀后，侍卫们领了宋太祖的旨意前去收拾东西，这些人居然连他的小便器也收来了。那溺器是最污秽的东西，侍卫们怎么还要取来呈给太祖呢？只因孟昶的溺器与众不同，乃是七宝装成，精美无比。侍卫们见了，十分诧异，不敢隐瞒，取回呈览。太祖见孟昶的溺器，也是这样装饰，不觉叹道：溺器要用七宝装成，却用什么东西贮食呢？奢靡至此，安得不亡！命侍卫将它打得粉碎。

孟昶还广征蜀地美女以充后宫，妃嫔之外另有十二等级，其中最宠爱的便是“花蕊夫人”费贵妃。他天天颠倒在宫女队里，每逢宴余歌后，略有闲暇，便携着花蕊夫人，将后宫侍丽召至御前，亲自点选，拣那身材婀娜，资容俊秀的，加封位号，轮流临幸，其品秩比于公卿士大夫，每月香粉之资，皆由内监专司，谓之月头。到了支给俸金之时，孟昶亲自监视，那宫人竟有数千之多，唱名发给，每人于御床之前走将过去，亲手领取，名为支给买花钱。

花蕊夫人最爱牡丹花和红栀子花，于是孟昶命官民人家大量种植牡丹，并说：洛阳牡丹甲天下，今后必使成都牡丹甲洛阳。他不惜派人前往各地选购优良品种，在宫中开辟“牡丹苑”。

孟昶除与花蕊夫人日夜盘桓花下之外，更召集群臣，开筵大赏牡丹。那红栀子花据说是道士申天师所献，只有种子两粒，它开起花来，其色斑红，其瓣六出，清香袭人。由于难得，便有人模仿那花的样式画在团扇上，竟相习成风。每当芙蓉盛开，沿城四十里远近，都如铺了锦绣一般。

孟昶日日饮宴，觉得肴馔都是陈旧之物，端将上来，便生厌恶，不能下箸。花蕊夫人便别出心裁，用净白羊头，以红姜煮之，紧紧卷起，用石头镇压，以酒淹之，使酒味入骨，然后切如纸薄，把来进御，风味无穷，号称“绯羊首”，又叫“酒骨糟”。孟昶遇着月旦，必用素食，且喜薯药，

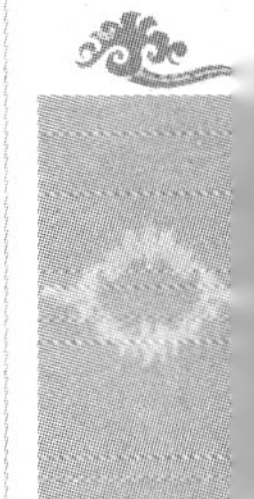

花蕊夫人便将薯药切片，莲粉拌匀，加用五味，清香扑鼻，味酥而脆，又洁白如银，望之如月，宫中称为“月一盘”。

孟昶最是怕热，每遇炎暑天气，便觉喘息不定，难于就枕，于是在摩河池上，建筑水晶宫殿，作为避暑的地方。其中三间大殿都用楠木为柱，沉香作栋，珊瑚嵌窗，碧玉为户，四周墙壁，不用砖石，尽用数丈开阔的琉璃镶嵌，内外通明，毫无隔阂，再将后宫中的明月珠移来，夜间也光明透澈。四周更是青翠飘扬，红桥隐隐。从此，盛夏夜晚水晶宫里备鲛绡帐、青玉枕，铺着冰簟，叠着罗衾，孟昶与花蕊夫人夜夜在此逍遥。

一晚，孟昶又一次喝醉了，但觉四肢无力，身体摇摆不定，伏在花蕊夫人香肩上，慢慢地行到水晶殿前，在紫檀椅上坐下。此时倚阁星回，玉绳低转，孟昶与花蕊夫人并肩坐在一起，孟昶携着夫人的素手，凉风升起，那岸旁的柳丝花影，映在摩河池中，被水波荡着，忽而横斜，忽而摇曳。

孟昶回头看夫人，见穿着一件淡青色蝉翼纱衫，里面隐约地围着盘金绣花抹胸，乳峰微微突起，映在纱衫里面，愈觉得冰肌玉骨，粉面樱唇，格外娇艳动人。孟昶情不自禁，把夫人揽在身旁，真个赛过神仙，不知天上人间。

宋太祖强求花蕊夫人

宋太祖赵匡胤嫁妹时的情景

五代十国时，后蜀主孟昶，只知享乐，不问政事，迷恋花蕊夫人，不道流年，挟弹骑射，游宴寻诗。而此时中原地区的后周归德军节度使、检校太尉，殿前都检点赵匡胤已经“黄袍加身”，取代后周而君临天下，国号宋，改元建隆整军经武，南征北伐，目标逐渐指向后蜀。花蕊夫人屡次劝孟昶砺精图治，孟昶总认为蜀地山川险阻，不足为虑。

宋太祖乾德二年（964）十一月，宋太祖赵匡胤命忠武节度使王全斌率军6万向蜀地进攻，并命工匠在汴梁为蜀主孟昶起造住宅，谕令将士：“行军所至，不得焚荡庐舍，驱逐吏民，开发邱坟，剪伐桑柘，凡克城寨，不可滥杀俘虏，乱抢财物。”这月汴梁大雪，宋太祖在讲武堂设坛帐，衣紫貂裘帽视事，忽对左右说：“我被服如此，体尚觉寒，念西征将士，冲犯霜霰，何以堪此？”即解下紫貂裘帽，遣太监飞骑赶往蜀地赐给王全斌，且传谕全军，以不能遍赏为憾事。此举激励宋军人人奋勇，14万守成都的蜀兵竟不战而溃。

后蜀主孟昶听知此消息，对身边的花蕊夫人说：“我父子以丰衣足食养士40年，一旦遇敌，竟不能东向发一矢！”说完二人默然相对。

乾德三年元宵刚过，司空平章事李昊草表，孟昶自缚出城请降，此时自王全斌出兵之日算起才66天，后蜀便告灭亡，比起前蜀王衍被后唐所灭还快。

之后不久，孟昶与花蕊夫人等一行33人被押赴汴梁。到汴梁后，宋太祖赵匡胤如此优待孟昶，封其为秦国公，检校太师、兼中书令。原来赵匡胤久闻花蕊夫人艳绝尘寰，说花蕊夫人的诗作和事迹后，心中便爱慕不已，欲思一见颜色，以慰渴怀，又不便特行召见，恐人议论，便想出重赏孟昶这个主意，连他的侍从家眷也一一赏赐，料定他们必定进宫谢恩，就可见到花蕊夫人。

果然如此，孟昶的母亲李夫人偕花蕊夫人入宫谢恩那天。赵匡胤格外留神，觉得她才至座前，便有一种香泽扑鼻中，令人心醉，仔细端详，只觉得千娇百媚，难以言喻，等到花蕊夫人口称谢之时，那一片娇音如莺簧百啭，直把太祖的魂灵勾了去，赵匡胤两道眼光，射在花蕊夫人身上，一眨也不眨。花蕊夫人此时瞧了太祖一眼，低头敛鬟而退。这临去时的秋波一转，更是勾魂摄魄，直把宋太祖弄得心猿意马，再难割舍。

孟昶受封七天后暴疾而终，年仅47岁，史家多认为是太祖毒死的。而太祖听到孟昶已死，辍朝五日，素服发表，馈赠布帛千匹，葬费尽由官给，并追封为楚王。孟昶死后，他的母亲并不哭泣，但举酒酹地，说道：“你不能以一死殉社稷，贪生至此，我也因你而苟活在人间，不忍就死，现在你死了，我活着还有什么意思呢？”于是绝食数天而死。

孟昶葬在洛阳，他的家属仍留汴京，少不得入宫谢恩。这日花蕊夫人全身缟素来到宫中，愈显得明眸皓齿，玉骨珊珊，赵匡胤便趁此机会，把她留在宫中，通令侍宴。花蕊夫人身不由己，只得宛转从命，饮酒中间，太祖知道花蕊夫人能诗，在蜀中时，曾作宫词百首，要她即席吟诗，以显才华，花蕊夫人吟道：

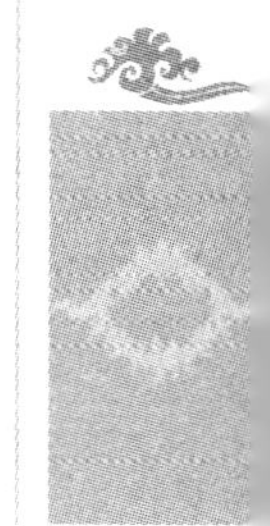

初离蜀道心将碎，离恨绵绵，

春日如年，马上时时闻杜鹃。

三千宫女皆花貌，共斗婵娟，

髻学朝天，今日谁知是谶言。

吟罢说道：这词是当日离开蜀国，途经葭萌关时写的，写在驿站的墙壁上。

赵匡胤听了只是叹息，花蕊夫人又说："当年在成都宫内，蜀主孟昶亲谱'万里朝天曲'，令我按拍而歌，以为是万里来朝的佳谶，因此百官竞执长鞭，自马至地，妇人竟戴高冠，皆呼为'朝天'。及李艳娘入宫，好梳高髻，宫人皆学她以邀宠幸，也唤作'朝天髻'，哪知道却是万里崎岖，前往汴京，来见你宋主，万里朝天的谶言，却是降宋的应验，岂不可叹么?"

宋太祖赵匡胤听罢长久不语，连饮三杯，说道你再做一首新的。花蕊夫人沉思片刻，再启朱唇赋诗一首：

君王城上树降旗，

妾在深宫哪得知；

十四万人齐解甲，

更无一个是男儿。

宋太祖本也是个英雄人物：当年千里送京娘，当年以一条棍棒打遍18座军州。此时有感于花蕊夫人的故国之思，亡国之痛，竟更加深了对花蕊夫人的爱慕之心。饮了几杯酒后的花蕊夫人，红云上颊，更觉妩媚动人，太祖携着花蕊夫人的手，同入寝宫，不久封花蕊夫人为贵妃。自此太祖每日退朝必到花蕊夫人那里，饮酒听曲。

这日退朝略早，径向花蕊夫人那里而来，步入宫内，见花蕊夫人正在那里悬着画像，点上香烛，叩头礼拜。太祖不知她供的是什么画像，即向那画像细看去，只见一个人端坐在上，眉目之间好像在什么地方见过一般，急切之间，又想不起来，只好问花蕊夫人。夫人不料太祖突如其来，被他瞧见自己秘事，心下本就惊慌，见太祖问起，连忙镇定心神，慢慢回答道："这就是俗传的张仙像，虔诚供奉可得子嗣。"太祖听如此说，笑道："妃子如此虔诚，朕料张仙必定要送子嗣来的。但张仙虽掌管送生的事，究竟是个神灵，宜在静室中，香花宝柜供养，若供在寝宫里面，未免亵渎仙灵，反增罪戾。"夫人听了太祖的话，连忙拜谢。实际上花蕊夫人所供的并不是张仙，而是蜀主孟昶。她本与孟昶相处十分恩爱，自从孟昶暴病身亡，她被太祖威逼入宫，因为贪生怕死，勉承雨露，虽承太祖宠冠六宫，心里总抛不下孟昶昔日的恩情，所以亲手画了他的像，背着人，私自礼拜，不料被太祖撞见，只得谎称是张仙。可怜那些宫里的妃嫔，听说供奉张仙可以得子，便都到夫人宫中照样画一幅，供奉起来，希望生个皇子，从此富贵。不久，这张仙送子的画像，竟从禁中传出，连民间妇女要想生儿抱子的，也画一轴张仙，香花顶礼，至今不衰。如此，孟昶九泉有知，也一定会十分

感念花蕊夫人了，后人有人咏此事：供灵诡说是神灵，一点痴情总不泯；千古艰难唯一死，伤心岂独息夫人。

宋太祖的弟弟赵光义（宋太宗）也久恋花蕊夫人姿色，一日遇见便上前调戏，花蕊夫人不从，赵光义暗自恼怒，便欲杀之。后来有一次宋太祖和弟弟等人在宫中射猎玩耍，花蕊夫人路过，赵光义见到后将她一箭射死，还说什么不让妖人近帝身，其实是他自己才是妖人罢了。而太祖虽然英明神武，也无从追究其弟之责，只好独自为之悲悼。

风流李煜情挑小周后

小周后像

南唐后主李煜是中主李璟的第六子，他是个风流才子，善诗词、书法、绘画，并精通音律，但却不是个好皇帝。李煜的书法学柳公权，甚得其妙，诗、文均有造诣，尤其词的成就最高。

李煜任南唐后主期间最宠爱两个女人，就是大周后和小周后，这二位是亲姐妹。大周后名蔷，小名娥皇，她容貌美丽，精音律、善歌舞、通书史，采戏弈棋，无不绝妙。娥皇经常随父亲出入宫廷，中主李璟很喜爱她，就做主让她嫁给了李煜。娥皇在19岁与李煜成婚。李煜即位后，就立她为皇后。

娥皇音乐才华出众，尤其擅长弹琵琶。她修复了著名的《霓裳羽衣曲》，堪称大音乐家。修复乐谱之后，二人又按乐编舞，编成了霓裳羽衣组舞。他们又调集教坊宫娥，由娥皇亲自教习。这之后，娥皇便经常在宫中举行大型的霓裳羽衣舞歌舞会。

据有关资料记载，李煜和娥皇在一起很幸福，可惜这种幸福很短暂。李煜在位四年的时候，在七夕夜间多饮了几杯酒，又着了凉，忽然生起病来。

殊不知年仅29岁的大周后周娥皇一向处尊养优，一经突然生病，就久治不愈。李煜见爱妻病倒，李煜茶饭无心，日夜陪伴在娥皇的病榻前，盼望她早日痊愈，又召周后的家属入宫省视。周后的父母遂携带次女周薇入宫问候。周后留家人在宫中多住数日，待自己病愈后再回去。然由于周父母因家事繁冗，不能不回去，就留下正是破瓜年纪的妹妹在内官服侍姐姐。

4岁的儿子很孝顺，看母亲生病

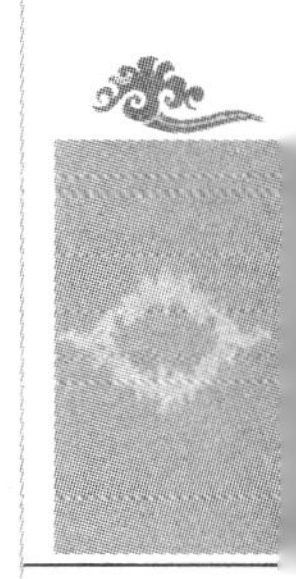

了，也学着大人去佛堂前祷告，祝愿母亲早日康复，谁知因为年幼不小心，从高高的椅子上掉下来摔死了。爱子的死使娥皇悲痛万分，病情更加严重了。但还有一件让她难受的事是，娥皇生病期间，李煜和她妹妹周薇相爱了。

小周后比娥皇小 14 岁，李煜与娥皇结婚时，小周后年仅 5 岁。随着时光的流逝，当年混沌未开的小女孩已出落成 15 岁的婀娜少女。小周后天生活泼，美丽可爱，深受李煜母后的喜爱，时常派人接她到宫中小住。小周后酷似初入宫时的娥皇，只是她比娥皇更年轻、更活泼。随着接触的增多，李煜对她的态度发生了变化。因后来也被封为皇后，人们便把她称作小周后。

小周后这次来探望姐姐，被安排住在瑶光殿的画堂里。这天中午，午睡之后，李煜身着便装去看望小周后。为了给小周后一个意外的惊喜，他不让宫女通报，径直走向画堂。来到画堂门口，室内一片寂静，原来小周后午睡未醒。他悄悄掀起竹帘向里观看：周薇身着睡衣躺在绣榻上，睡衣薄于蝉翼，刚刚发育的挺拔的玉乳双峰若隐若现，那醉人的曲线随着淑女均匀的呼吸慢慢起伏，少女特有的体香一缕缕地传来。任是他李后主曾历阅风月无数，也不由得如痴如醉血脉贲张，更想近前看个真切，嗅个满足，便悄悄掀帘而进，却不料碰响了珠锁，发出了响声。

小周后猛然惊醒，扭头一看，李煜正尴尬地站在门口。这时，李煜只好硬着头皮走向前去，说道："寡人本想看看小妹过得可好，不料惊动了小妹的好梦，真是抱歉之至！"

小周后连忙起来走下床向前施了一礼，说道："不知陛下光临，请恕小妹未曾迎驾之罪。"小周后向前一低腰，睡衣稍微分开向后滑动，她雪白柔嫩的酥胸大半都暴露在李煜眼前。李煜顿时目瞪口呆，语塞无言，只是张着嘴巴痴迷地盯着小周后的酥胸。小周后低头许久不见皇帝姐夫应答，偷偷眼抬瞥见李煜的失态，这才意识到自己尚穿着睡衣，慌忙中又施了一礼退向了屏风后面更衣。

更衣之后，小周后重新施礼坐下，便问起姐姐近日的病情。谈话之中，小周后无意中向李煜看去，发现姐夫以一种异样的目光注视着自己，便羞涩地低下头来。为了打破尴尬，小周后说道："到今日才明白，姐夫竟是双瞳仁，和舜帝一样。"

李煜说："是啊！他不但是有名的圣君，还有一个让人羡慕的幸福美满的家庭。他有恩爱的一后一妃，这一后一妃不但有倾国倾城之貌，而且都对他一往情深。王后叫娥皇，和你姐姐同名，王妃叫女英，是娥皇的胞妹。她们姐妹俩双双嫁给了舜帝。我不想做什么圣君，只想和大舜一样有一双美丽多情的后、妃，此生足矣。"

李煜说完，眼睛直直地注视着前方。小周后虽然年龄不大，但异常聪慧，情窦初开，听了李煜的话，已隐约听懂姐夫的弦外之音。但她一点思想准备都没有，一时不知如何应对，惶恐地低头不语。李煜一言既出，自感过于冲动，便借故告辞。路上，回想这次与小周后的会面，一时心潮难平，便填写了一首《菩萨蛮》：

蓬莱院闭天台女，画堂昼寝无人语。抛枕翠云光，绣衣闻异香。潜来珠锁动，惊觉银屏梦。脸慢笑盈盈，相看无限情。

写好之后，便派宫女把这首词送给小周后。

小周后看完这首词，完全明白了姐夫的心意。尤其那一句“相看无限情”写得多么引人遐思啊！不由脸红耳热起来。

此事之后，李煜的整个身心都被小周后吸引了，小周后充满青春的面容，莺莺燕燕的声音，丰满动人的体态，随时随地晃动在眼前，就连睡梦中也常常与小周后相会。他实在不能坚持下去了。何况以帝王之尊，小周后为什么不能为我所有呢？现在她已来到宫中，如何还肯轻轻放过！于是李煜写了密信约小周后月夜到御苑红罗小亭，派心腹宫人送给小周后。

红罗小亭是李后主在御苑群花之中建筑一亭，罩以红罗，装饰着玳瑁象牙，雕镂得极其华丽，内置一榻，榻上铺着鸳绮鹤绫，锦簇珠光，生辉焕彩。只是面积狭小，仅可容两人休息。李煜遇到美貌的宫女，便引至亭内，任意临幸，所以亭中都时时备有床榻、锦衾绣褥等物品。

小周后接到密信很是兴奋，思来想去，决心按期赴约。这是她首次和李煜幽会。二更之后，月光朦胧，小周后轻出画堂，按照送信宫人的指引慢慢向移风殿走去，只是脚下的金缕鞋发出有规律的响声，让她感到惊心动魄，只好脱下金缕鞋，提在手上，前瞻后顾地向红罗小亭走去。小周后但见内中地方虽小，却收拾得金碧辉煌，设着珊瑚床，悬着碧纱帐，锦衾高叠，绣褥重茵，又有月色朦胧，不禁十分好奇。

正察看间，却发现有一男人从纱帐中迎了出来。小周后定睛一看，正是姐夫李煜，不觉十分害羞，而李煜早已执定了小周后的纤手，将她拉往自己的怀抱中。小周后已无处可以藏身，不觉娇羞无地，却不得不做出娇羞的样子，故意推却，无非是进一步吊起后主的胃口。后主于是再三央求挑逗，小周后也就半推半就着顺了后主。

后主是个风流天子，得着小姨子这样的美貌可人儿与自己有了私情，心中得意非凡，少不得又要借诗抒情了，便填词一阕，把自己和小姨子的私情，尽情描写出来。第二天，李煜回到澄心堂，激动地将昨夜的情景用小周后的口吻写成了一首《菩萨蛮》。其词道：

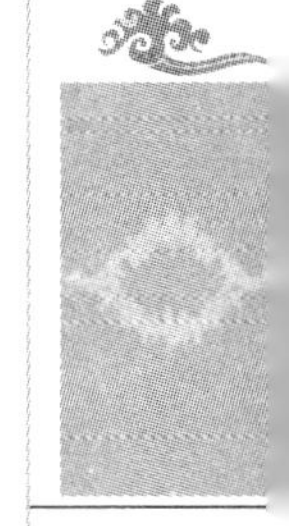

花明月暗笼轻雾，今宵好向郎边去。刬袜步香阶，手提金缕鞋。画堂南畔见，一向偎人颤。奴为出来难，教郎恣意怜。

这阕词儿，填得十分香艳，很是撩人情思，早被那些长期情欲压抑的妃嫔贵人宫女传播开来，到处传唱，流于宫外，以至于后主与小姨子的暧昧关系连民间也知道了，传为风流佳话。

李煜只在红罗亭内日夕取乐，早把其他众妃嫔抛在九霄云外。那些妃嫔经了李煜这样的冷落，未免心怀怨意，恰巧李煜填了这两阕词，把所有的私情，都真实描写出来。就有妃嫔借着探问周后疾病的名目，来到中宫，把两阕词作为证据，将李煜与小周氏的私情，一齐告知周后。

开始娥皇对于妃嫔拿来的两阕词不很相信，清纯的妹妹怎么会背着自己与姐夫私情呢。这一日，娥皇抱病躺在床上，突然从帐后看到妹妹在床前，惊问："妹妹什么时候来的？"天真的周薇没有仔细考虑便回答："来了几天了。"娥皇马上明白了一切，她翻身向内，痛苦地闭上了眼睛，没有再与妹妹交谈。

周后本不是大病，但经失子之痛一伤，又经李煜与妹妹相好之事一气，疾病愈加重，不上数日，竟自撒手尘寰。娥皇的死使李煜非常悲痛，写了很多的诗词悼念娥皇，即使在娥皇亡故多年之后，李煜仍然触物伤怀，不能自持。

娥皇死后第三年，李煜立周薇为皇后，史称小周后。小周后虽然美，但在感情上和生活情趣方面都无法和姐姐娥皇相比。不过，从李煜的《菩萨蛮》一首中可以看出两个人还是很浪漫的。

宋太宗强占小周后

宋太宗强占小周后图

公元975年，宋太祖开宝七年，北宋向南唐发动了全面进攻，大将曹彬率军攻略南唐，金陵城破，李煜为了不使金陵成为涂炭战场，肉袒而出城投降，以换取百姓平安，这份勇气还是值得赞赏的。

之后按照宋兵的要求，李煜写罢降表，率领王公后妃、百官僚属在江边码头集结，登上宋船北上，至此，

李煜由皇帝变为囚徒。数月后，李煜来到开封，朝觐宋太祖赵匡胤，赵匡胤对后主说："你屡次违抗我命令，就封你为'违命侯'吧!"。于是李后主得到了"违命侯"的封爵，小周后被封为郑国夫人，又赐予他们汴梁城府邸，两人住在那里，倒也受尽优待，作了高级亡国奴。

但就在这年冬天，50岁的宋太祖赵匡胤在"烛影斧声"中，在他的弟弟赵光义守护下，在万岁殿的不明不白地驾崩，史学家多认为是是被赵光义谋杀。第二天赵光义便继位称帝，为宋太宗，改元"太平兴国"。当年十一月，他废除掉李煜的爵位，由"违命侯"改封为"陇西郡公"。这表面上看，似乎意味着李煜身份的提高，然而事实并非如此。

太平兴国三年的元宵佳节，各命妇循例应入宫恭贺。小周后也照例到宫内去庆贺。不料小周后自元宵入宫，过了数日，还不见回来，李煜急得像热锅上的蚂蚁，在家中恨声叹气。走来踱去，要想到宫门上去问，又因自己奉了禁止与外人交谈并任意出入的严旨，不敢私自出外，只得眼巴巴地盼着小周后回来。一直至正月将尽，小周后才从宋宫中被放出来乘轿回归府邸。

李煜连忙将花容憔悴的小周后迎入房中，问她因何今日方才出宫？小周后却一声不响，只将身体倒在床上，掩面抽泣。李后主料定必有事故，不敢再追问，待到夜间行将就寝，李煜悄声地向小周后细问情由。小周后终放声痛哭，大骂李煜说："你当初只图快乐，不知求治，以致国亡家破，做了降虏，使我受此羞辱。你还要问什么?"李煜顿时什么都明白了，只得低头忍受，宛转避去，心虚得一言也不敢出口。

原来宋太宗赵光义是个卑鄙无耻的小人，他表面上优待李煜，提升其官职，其实却是早看上了生得花容月貌的小周后，以使其有机会进入皇宫。那日小周后循例进宫，朝贺太宗及皇后，众命妇各散归。太宗却暗使太监假借皇后口谕，要小周后留下磋商女红，却把她留在内宫。

小周后信以为真，只满心欢喜在内宫候召。谁知当晚却等来急不可耐的宋太宗赵光义，逼着她先是陪宴侍酒，后又要强拥她入帐侍寝。小周后被骗留宫被逼侍酒本已违意，又怎肯给那个长得又黑又肥的宋太宗玷污了自己？因此拼死相抗。怎奈女子力弱，又酒后手软；太宗又乃一介武夫，性情正起，毫无羞耻的太宗还生怕不易得手，竟喝命数名宫女代为强抓住小周后，并去其衫裙，公然在众宫女面前强奸了小周后。只怜了小周后一生两次分别被两朝皇帝骗诱。

从元宵佳节进宫，宋太宗夜夜强辱小周后，至正月将尽，方才恋恋不舍放小周后出来。一连半个多月中，那厮一直粘着小周后，让其夜夜受尽

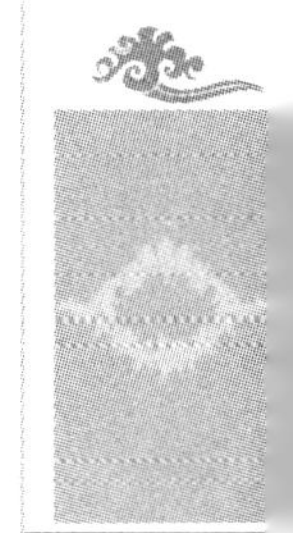

非人的折磨，还极不愿放其回去，只是恐怕留在宫中，要被臣下议论，所以暂时忍耐。

李煜知道一切后，长叹一声，仰天流泪。他除了逃避和忍耐之外再没有别的办法，躲着不敢见妻子，待其心情平和后才抱紧她失声痛哭，词作《相见欢》就是写的他此时的心情：

林花谢了春红，太匆匆。无奈朝来寒雨晚来风。胭脂泪，留人醉，几时重。自是人生长恨水长东。

而打那次元宵节之后，尝到甜头的宋太宗便常以要皇后与众命妇磋商女红或赏花为名，强召小周后及众命妇一起入宫，之后便将她多“挽留”几天。淫邪的宋太宗也渐渐不满足于只在逢年过节强幸小周后，他还想到了一个小周后不在时意淫她的变态主意，就是事先召来数名宫廷御用画师坐于帐后，等他强奸小周后时把情景描绘下来！

于是在宋太宗又一次强幸小周后时，小周后发现竟然有数名老头从宫闱后战战兢兢地探头出来现场写生，仅存的一丁点自尊爆发出来，不顾一切地一脚蹬开宋太宗，惊恐万状地躲入龙床后。任宋太宗怎么威逼利诱她死活都不肯再就范。宋太宗强推力按仍无法得手，恼怒之余竟又喝来数名宫女代为强抓住小周后，终又将其侮辱，并使画师完整地画下场面。这就是历史上著名画作《熙陵幸小周后图》的由来，“熙陵”是指宋太宗，因为他死后葬在河南巩县的永熙陵。

元人冯海粟在图上题诗：

江南剩得李花开，也被君王强折来；

怪底金风冲地起，御园红紫满龙堆。

明人沈德符在《万历野获篇》中描述这幅作品说：“宋人画熙陵幸小周后图，太宗戴幞头，面黔黑而体肥，周后肢体纤弱，数宫女抱持之，周后有蹙额不胜之态。”姚叔祥《见只编》云：“余尝见吾盐名手张纪临元人《宋太宗强幸小周后》粉本（即水粉画），“后戴花冠，两足穿红袜，袜仅至半胫耳。裸身凭五侍女，两人承腋，两人承股，一人拥背后，身在空际。太宗以身当后。后闭目转头，以手拒太宗颊。”

小周后一被召去便是多日，每次归来都要扑在李煜的怀中向他哭诉宋太宗对她的无耻威逼和野蛮摧残。为了李煜的安全，小周后只能满足宋太宗的任何要求。李煜望着小周后那充满屈辱和痛苦的泪眼，唉声叹气，自惭自责地陪着她悄悄流泪。

这个时候，南唐君臣众人的命运操纵在他人手里，李煜对亲人遭受的这种难以启齿的凌辱也就无能为力了。李煜是个书呆子，他不懂得掩饰自己的感情，却任由它流露，他对故国的思念终于让太宗起了杀机，赵光义深知李煜才华实在过人，随着那些动人心弦的词话四处流传，有李煜在一天，南唐故地的人心就不安稳一天。

不久，宋太宗派南唐旧臣徐炫去看望李煜，李煜对徐炫态度非常冷淡，坐下也不说话，这是因为当初徐铉和张洎在后主面前排斥潘佑和李平，说了些潘李二人的危险举动，李煜胆小，便先将二人打入牢狱，二人于是愤而自尽。李煜对此一直深深自责，过了很长时间他才叹息说："当初我错杀潘佑、李平，悔之不已！"徐炫无奈，立即告辞回去，将情形如实报告给了宋太宗，宋太宗这是已是决定杀李煜了。

公元978年的七夕之夜，这天恰好是李煜的42岁生日。大家为李煜拜寿，她们在庭院中张灯结彩，备置几案，摆上酒食瓜果。这天月色朦胧，大家的心突然感到无比茫然和凄凉。酒过三巡，沦落在异乡受人凌辱到几乎麻木的李煜勾起了对不堪回首诸多往事的苦思苦恋，李煜回忆在以前的歌舞欢饮，回忆在江南的时节，不由感慨万千，挥笔写下了《虞美人》一词：

春花秋月何时了，往事知多少。小楼昨夜又东风，故国不堪回首月明中。雕栏玉砌应犹在，只是朱颜改。问君能有几多愁，恰似一江春水向东流。

这首词传到了宋太宗赵光义的耳中，终于令他忍无可忍，他暴跳如雷，决定除掉李煜便让人赐药酒一壶，毒死了李煜。

李煜亡故，宋太宗佯装不知道，下诏赠李煜为太师，追封为"吴王"，并废朝三日，遣中使护丧，赐祭赐葬，葬于洛阳邙山，恩礼极为隆重，其实不过是为了讨小周后的好罢了。

李煜死于非命之后，凄美的小周后失魂落魄，悲不自胜。她整日不理云鬓，不思茶饭，以泪洗面。自此之后，太宗仍时时寻机要强召小周后入宫。小周后悲愤难禁，拒绝再入宫，终日守在丈夫灵位前。太宗虽无可奈何，还是贼心不死地不断派人来做说客，威逼利诱。小周后欲以死相抗，免再遭逼幸。短短几个月后，守丧结束，小周后终因经不起悲苦哀愁与绝望惊惧的折磨，于当年自杀身亡，就此化蝶而去。

被自己的诗词害死的辽后萧观音

女文学家萧观音

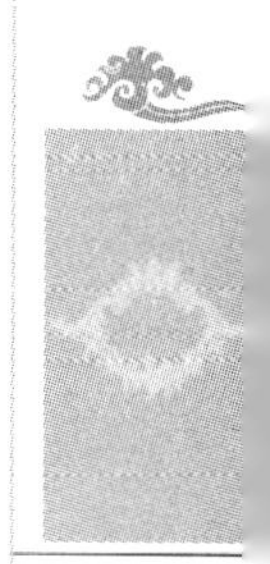

辽道宗耶律洪基懿德皇后萧观音，辽代女文学家，她爱好音乐，善琵琶，工诗，能自制歌词。萧观音曾作《伏虎林应制》诗、《君臣同志华夷同风应制》诗等，被道宗誉为女中才子。后来，由于谏猎秋山被疏，作《回心院》词10首，抒发幽怨怅惘心情。

契丹人都保持着尚武的习俗，喜欢打猎，辽道宗时常骑着号称“飞电”的宝马，出入深山幽谷之中打猎，这天萧观音陪着丈夫出猎，豪气勃发，漫声吟道：

威风万里压南邦，东去能翻鸭绿江；

灵怪大千俱破胆，那教猛虎不投降。

她借打猎为题，表现出雄心万里，威震四方的气概，辽道宗听了大为高兴，当即把那个地方命名为伏虎林。

但萧观音还是属于颖慧秀逸，娇艳动人的女性，她的才华主要表现在诗词、书法、音律方面。她弹得一手好琵琶，称为当时第一。这种才华与辽国的风俗习惯便格格不入，再加上她个性内向纤柔，对于驰马射箭，动辄鲜血淋漓的场面无法适应。

萧观音时时劝诫耶律洪基不要忙于射猎，不要疏于政务。但道宗很少和她在一起。萧后又寂寞又悲哀，开始作曲以自娱，也想挽回道宗对自己的宠爱。

她作了一道《回心院》，词中尽是“扫深殿，待君宴”“拂象床，待君王”“换香枕，待君寝”“铺翠被，待君睡”“热熏炉，待君娱”等，词虽香艳，词藻美丽，情真意切，惹人怜爱，只此一阕，便足以让萧观音成为大辽国第一诗人。

《回心院词》情致缠绵，萧观音叫宫廷乐师赵惟一谱上音乐。赵惟一殚精虑智，把《回心院词》发挥得淋漓尽致。一支玉笛，一曲琵琶，萧观音与赵惟一丝竹相合，每每使听的人怦然心动。

但宫婢单登和南院枢密史耶律乙辛都忌恨皇后，两人勾结起来，找人作了一首黄色小调，名为《十香词》。于是，耶律乙辛拿着这首诗给皇帝，说是皇后与赵惟一私通。有了这一个“物证”，又有了过去的一些谣传，头脑简单，专喜打猎的辽道宗不由得不有些相信，这时耶律乙辛的走狗，辽国宰相张孝杰乘机就将《怀古》诗进行曲解，说道：“诗中‘宫中只数赵家妆’，‘惟有知情一片月”，正包含了‘赵惟一’三字，此正是皇后思念赵惟一的表现。”

于是，辽道宗醋劲大发，勃然大怒。认定萧观音与伶官赵惟一私通，敕令萧观音自尽，赵惟一凌迟处死。

萧观音临死前请求再见道宗一面，但竟不获准，她对道宗的一片思念落得个自尽而死，只有36岁，她年刚18岁的太子耶律植也在耶律乙辛的构陷下废为庶人，不久之后也被害死。

包拯智断宋仁宗的风流债

宋仁宗赵祯对于法律事务有很大的兴趣，也很有研究，他亲政后不久，就亲自提审京师在押的囚犯，又要求司法机关重新审定刑名，恢复向地方各路派出专门负责司法审判以及监察事务的提点刑狱使。刘太后听政期间，已经编制过一次法典，号为“天圣编敕”，仁宗亲政后再次编定“编敕”，更新法典的内容。

包拯像

宋仁宗在位期间，北宋经济发展，社会安定，是在北宋可称盛世的时代。而他对于司法审判事务的关注，也与一位古代最著名的法官的事迹相映得彰。这位法官就是被民间称为包公的包拯。

包拯，字希仁，庐州合肥（今属安徽）人。和传说不同的是，他有一个很圆满的家庭，有一个在双亲呵护下成长的童年。他自幼接受儒学教育，走科举之路。仁宗天圣五年（1027），他近30岁那年终于中了进士。朝廷已经任命他为建昌县知县，可他却以父母年老，家中无人照顾为由，辞不就职。在家一呆就是10年，直至父母病逝、三年守孝完毕，他才在乡亲们的劝勉之下接受了朝廷的任命。

宋仁宗后宫里有众多的妃嫔，可是当了28年皇帝的他，却一直没有一个健康的儿子，早先曾有过三个儿子都是早夭。为了保证自己的皇位能够由亲生的子嗣来继承，宋仁宗难免采取“广种薄收”之策，除了妃嫔外还临幸宫女无数。

据说他每临幸一位宫女，就赐予一个龙凤刺绣抱肚，作为凭证。而大臣们认为他这样做是纵欲过度，会劳神伤体，几次建议他将众多宫女遣放民间，宋仁宗也确实曾遣放宫女回归民间嫁人，如宝元二年（1039）就曾一次放宫女270人，嘉祐四年（1059）曾两次总计放出450名宫女。

皇祐二年（1050），开封城里出了个奇案。有个叫冷清的年轻人，自称自己是“皇子”，自说自话，到处张扬。市民们吃不准他的来头，街谈巷议，风言风语，传遍全城。

当时知开封府事的钱明逸听说了这件事，下令将冷清抓来。想不到冷

清进了大堂，并不下跪，反而对着钱明逸大喝一声："明逸怎可不站起身来!"这钱明逸一时疑惑，竟然不知不觉站了起来，像是迎接来宾的样子。过一会儿才感觉到自己失态，重新坐下，要冷清站立讲话。冷清拿出一副皇子的派头，说自己的母亲是宫中放出的宫女，当年曾得天子临幸，有龙凤抱肚为证。母亲在出宫后生育了他，所以自己是当今皇上的独子。钱明逸见这件事不好处理，只好先将冷清关押起来，再上奏仁宗皇帝。

宋仁宗对于这个案子采取的却是模糊处理的办法。他自己也搞不清究竟是否和冷清的母亲发生过关系。鉴于他自己也是宫女所生，万一这个冷清真的是自己的孩子，倒也是一件幸事。所以他没有明确指示如何处理，只是推给开封府详审决断。钱明逸也没有办法去查清楚，尤其是吃不准宋仁宗的态度。好在冷清被关押几天后，就显露出精神不太正常的样子，讲话颠三倒四，行为怪异。于是钱明逸判处此案为"疯人无状"，扰乱视听，将冷清发配到汝州（今河南临汝）编管。

可是案件到此非但没有结束，反而进一步发展成了政治风波。开封府的推官韩绎越级上奏朝廷，说钱明逸这样处置是让冷清继续造谣惑众。宋仁宗继续采取模糊政策，将案件交付朝议。朝议时，有大臣建议将冷清发配到远离京师的江南编管，减少影响。但是翰林学士赵槩坚决反对，认为一定要把案件搞清楚，"冷清所言不虚，就不应发配；如果确实是欺诈，就应该处死"。

宋仁宗只得下令要赵槩和包拯两人重新审理这个案件。包拯亲自审讯冷清，并且广泛开展调查，花了几个月时间，终于搞清了事实。冷清的母亲王氏确实是宫里放出的宫女，也确实被宋仁宗赐予过龙凤抱肚。不过出宫后嫁人，先生过了一个女儿，以后才生了冷清，因此完全可以排除冷清与皇室的任何血缘关系。冷清长大后不务正业，听说宋仁宗长期未能得子，就倚仗老妈的那个龙凤抱肚，开始在街巷里自称皇子。原来他只是在家乡行骗。有一年，他流浪到潭州（今湖南长沙），遇见一个叫高继安的道士。那个道士明知道他实际上不可能是皇子，但却觉得这也是奇货可居，便资助冷清置办行装，和他一起到京师来试试运气。当冷清被抓进开封府后，高继安又指使他装疯卖傻，逃脱罪责。

包拯向宋仁宗报告，请求立即将冷清和高继安斩首示众。宋仁宗犹豫了一段时间，没有做出决定。包拯再次上奏，陈说利害，尤其是提到此案不立即从重判处，唯恐天下"奸邪"之徒别起事端。皇祐二年四月，宋仁宗终于批准对这两个政治诈骗犯执行死刑。于是一件传得沸沸扬扬的奇案就此了结。

萧瑟瑟《咏史》讽谏辽天祚帝

辽天祚帝的雕像

辽天祚帝耶律延禧文妃萧瑟瑟，国舅大父房之女，聪慧娴雅，稳重寡言，自幼攻文墨，善作诗，而且目光远大。

萧瑟瑟在姐妹中排行第二。姐夫为贵族耶律挞葛里，妹妹则嫁给了副都统耶律余睹。寿昌七年（1101），延禧刚刚即位，一次他去挞葛里家游玩，恰好碰见了正在看望姐姐的萧瑟瑟，于是立即被她端庄的气质和动人的仪容所吸引，将其在宫中宠幸数月。皇太叔和鲁斡劝帝以礼选纳，1103年冬，萧瑟瑟被立为文妃。之后生蜀国公主、晋王敖卢斡，尤被宠幸。以柴册，加号承翼。

萧瑟瑟关心国事，她见女真强兵压境，国事日危，不忘以《咏史》来讽谏延禧。其词曰："勿嗟塞上兮暗红尘，勿伤多难兮畏夷人；不如塞奸邪之路兮，选取贤臣。直须卧薪尝胆兮，激壮士之捐身；可以朝清漠北兮，夕枕燕、云。"又歌曰："丞相来朝兮剑佩鸣，千官侧目兮寂无声。养成外患兮嗟何及！祸尽忠臣兮罚不明。亲戚并居兮藩屏位，私门潜畜兮爪牙兵。可怜往代兮秦天子，犹向宫中兮望太平。"这使得延禧大为愤怒，从此便与萧瑟瑟形同陌路。

萧瑟瑟备受冷落之后，那满怀的希望都寄托到了儿子敖卢斡身上。呕心沥血把她培养成一个英武仁明、堪当大用的人才。敖卢斡没有辜负母亲的苦心，长大后在国人中建有很高的威望。

1114年，九月，完颜阿骨打领导女真人发动声势浩大的反辽战争。仅仅四五年的时间，女真族便占领了大辽的半壁江山。延禧此时产生了退位保命的打算。

敖卢斡是天祚帝延禧的长子，又颇得人心，若延禧果真退位，继位者非他莫属。但此时北院枢密使萧奉先对文妃早已怀恨在心，更害怕敖卢斡会不利于自己的专制，便计划把自己的外甥秦王耶律定推上台，为此他蓄意要除掉敖卢斡母子。

1121年，正月，萧瑟瑟的姐姐到妹夫耶律余睹家与小妹相聚。萧奉先

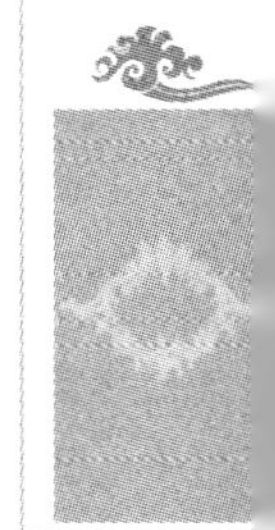

听到耳目密保后，认为时机已到，指示人诬告余睹造反，并把萧瑟瑟牵连其中。延禧于是信以为真，下令诛杀了敖卢斡、萧瑟瑟。

后来阿骨打率女真人兴起，数次打败了天祚帝的军队，几乎占领了他的全部国土，完全夺取了他的统治。

宋高宗厚封假公主

宋高宗像

北宋政和三年（1113）因蔡京建议，宋廷仿照周代的“王姬”称号，宣布一律称“公主”为“帝姬”。这一制度维持了十多年，直到南宋初才恢复旧制。

柔福帝姬，就是宋徽宗34个女儿中的一位，她在靖康二年（1112）与徽宗、钦宗及赵氏宗室一起，被掳归金朝，成为离乡背井的亡国奴。

南宋高宗建炎四年（1113），有一女子来到宫廷，自称是柔福帝姬，从北方逃归。高宗命老宫女察验，觉得这女子相貌确实很像柔福帝姬，用宫中旧事盘问她，也能够答出八九不离十，唯一值得怀疑的是这女子的一双大脚，如何想像金枝玉叶的公主会生就一双天足呢？面对一双双怀疑的眼睛，那女子毫不惊慌，不胜悲苦地解释说：“金人驱逐如牛羊，曾赤脚步行万里路，怎能保持原样？”

宋高宗觉得言之有理，尤其是听到这女子能够直呼其小字，便不再怀疑，下诏让她入宫，授予福国长公主的称号，又为她选择永州防御使高世荣为驸马，赐予嫁妆1.8万缗。此后，高宗对她宠爱有加，先后赏赐达47.9万缗。

绍兴十二年（1142），高宗生母显仁太后从北方归来，见到高宗，悲喜交加，拉着高宗衣袖垂泣不已。突然，她停止哭泣，急急告诉高宗说：“金人都在笑话你呢！说你错买了颜子，柔福早已死了。”（当年京师有颜家巷，制作的各类器物都以次充好、以假充真，极不坚实，因此时人称冒牌货为“颜子”。）

高宗闻言大惊，立即下令将柔福系狱审讯，才真相大白：原来这女子是个女巫（或说是女尼），曾经遇到一个宫女，那宫女说她容貌与柔福帝姬十分相像，又告诉她许多宫中琐事，于是她就冒名顶替，享受了十多年荣华富贵，使南宋王朝为人笑柄。

轰动一时的真假公主案，以柔福

被杀告终，最可怜的是那驸马高世荣，人们嘲笑他说："向来都尉，恰如弥勒降生时；此去人间，又到如来吃粥处。"

然而，柔福虽然被诛，民间却流言纷纷，为她抱屈者大有人在。《四朝闻见录》《随园随笔》等笔记，都记载了这样一种说法：柔福帝姬实为真公主，显仁太后在北方多年，有许多不愿为国人知道的隐事，见柔福逃归，怕她泄露，因而强指为伪，亟命诛杀。高宗因奉母命，也容不得柔福辩解，最终使她死于非命。这一说法虽然流传甚广，可惜没有真凭实据，又死无对证，于是柔福帝姬的真伪，成了真正的千古之谜。

金婚帝后——宋高宗与吴皇后

南宋高宗赵构与皇后吴氏可说是中国历史上唯一修成金婚的皇帝和皇后了，吴氏 14 岁被选入宫，侍奉高宗赵构。宋高宗即位之初，外受金兵追击，内部时常发生兵变，所以吴氏也常身穿戎装跟随高宗左右，英姿飒爽，也颇有胆略。

金兵南征时，高宗十分害怕，曾乘船入海，在从定海（浙江镇海）转赴昌国（浙江省普陀）途中，吴氏表现突出，便封吴氏为和义郡夫人，回

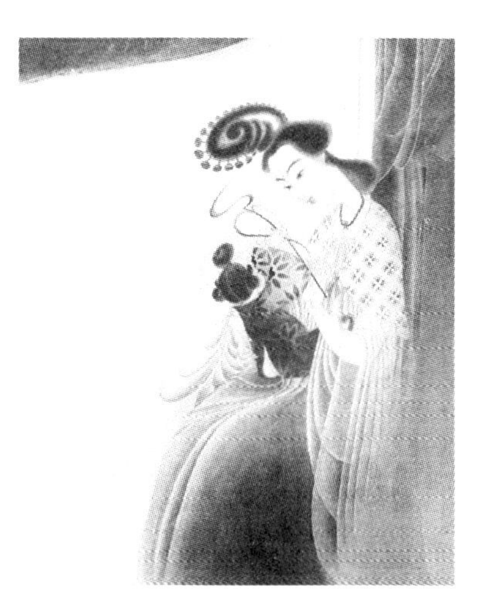

高宗赵构的皇后吴氏

到越州又进封才人。此后吴氏在舞刀的同时，开始博览群书，刻苦学习，不久就晋升为仅次于皇后的贵妃。

赵构之所以没有升吴氏为皇后，是因为他心中还一直念念不忘自己的元配邢氏。邢氏名邢秉懿，公元 1126 年，金军攻破汴京，大肆奸淫掠夺，北宋皇宫中皇帝、宗室、嫔妃、宫女等 3000 多人被金兵掳走，史称"靖康之难"，当时邢秉懿也被俘，这时她已经身怀有孕，可惜在押往北方的途中不慎坠马流产。然而祸不单行，金国侵略者真如禽兽，邢秉懿刚刚小产没几天，金国的盖天大王就要强占邢秉懿，绝望中的她差点自尽。

赵构作了南宋皇帝后，金国政府极尽羞辱赵构，又把他的生母韦贤妃、妻室邢秉懿以及其两个女儿赵佛佑、赵神佑等，统统送到官营妓院中任人践踏。这种惨无人道的羞辱直到绍兴五年（1135）才结束，邢秉懿等人被

送至五国城与宋徽宗等人一起安置。这段时间中，宋徽宗派遣大臣曹勋偷偷逃回南方去见赵构，并让其带上沾有自己眼泪的一方手帕。一旁的邢秉懿思夫心切，也脱下一只金耳环交给曹勋，请他转交给赵构。赵构见到耳环后，回想当初夫妻恩爱的情景，自然悲从心中来。于是他遥册邢秉懿为皇后。

可惜注定红颜薄命的邢秉懿没等到重逢的一天，就于绍兴九年（1139）去逝。而赵构直到绍兴十二年（1142）要迎回生母韦贤妃时，才得知邢秉懿已死，此时中宫已经虚位长达16年。为了祭奠这位发妻，他辍朝数天，此后时常思念，面对吴氏时也不加掩饰。好在吴氏贤惠，她不仅不吃醋，还对归来的韦太后（即前文的韦贤妃）孝顺有加，亲自伺候起居，恪尽一个儿媳的孝道。人心都是肉长的，何况吃了那么多年苦，韦太后突然见到这么一个乖巧的儿媳，心里自然欣慰不已。经过她的一番劝慰，赵构终于于公元1143年正式册立吴氏为皇后。

高宗唯一的儿子病死后，后宫再无生育。张贤妃收养宗室赵伯琮为养子，吴皇后为才人时，也收宗室赵璩为养子。张贤妃病逝，伯琮也由吴皇后一并收养，高宗分别封赵伯琮、赵璩为普安郡王、恩平郡王。伯琮恭俭勤敏，聪慧好学，可当大任，吴皇后劝高宗立伯琮为皇太子。于是高宗立为皇太子，改名为赵慎（此人系宋太祖赵匡胤七世孙，及赵慎即位，皇权便又转入宋太祖一系中）。

公元1162年，高宗禅位于赵慎，是为宋孝宗。尊吴皇后为寿圣太上皇后。1194年，孝宗死，宋光宗又尊吴太后为太皇太后。光宗因病退位，立皇子嘉王赵扩为宋宁宗。

吴太后一生，经历高、孝、光、宁四朝，在后位和太后位长达55年，是历史上在后位最长的皇后之一。公元1197年，在寡居10年之后，吴太后病死，终年83岁。谥号为“宪圣慈烈皇后”，葬永思陵。

宋度宗一夜“召幸”三十妃

宋度宗赵禥像

宋度宗赵禥原名赵孟启，1251 年赐名孜，1253 年立为皇子，赐名禥，登基后成为南宋第六位皇帝，在位十年。他是宋太祖赵匡胤的十一世孙，宋理宗赵昀弟嗣荣王赵与芮之子，也就是宋理宗的侄儿。

赵禥幼时读书用功，聪慧敏捷，时常一语中的，令宋理宗十分喜爱。宋理宗没有儿子，便立赵禥为皇太子。赵禥虽然幼时聪敏，但长大后却十分昏庸无能，荒淫无度。

赵禥 25 岁即位时，金朝已经灭亡多年，而北方元朝军队正大举南下，国难当头，他却将军国大权交给奸臣贾似道执掌，不思组织广大军民抵抗元军，使南宋偏安江南的锦绣江山处于奸臣掌控之中。当时朝廷政治十分腐败，百姓生活十分困苦，而赵禥自己却依旧非常奢侈，荒淫无道，长期沉湎于酒色之中。

赵禥还愚蠢地期盼自己长生不老，而且希望自己永远拥有强烈的性欲，以驾驭后宫嫔妃，追求声色犬马。他在服食所谓“不老药”仙丹的同时，还遍寻“壮阳药”，欲幸遍后宫美色。赵禥做皇太子时就以好色出名，当了皇帝之后还是如此。

根据宫中旧例，如果宫妃在夜里奉召陪皇帝睡觉，次日早晨要到阁门感谢皇帝的宠幸之恩，主管的太监会详细记录下受幸日期。

赵禥即位做皇帝时 25 岁，正是他一生中性欲最为强烈的年龄。既然皇帝有与任何女人发生性关系的特权，后宫遍是佳丽美色，刚获得这种权力的赵禥自然大喜过望，不会放过每一个春宵良辰。有一天到阁门前谢恩的宫妃竟有 30 余名。史学界就此段文字获知，赵禥性能力超强，一夜竟然召幸了 30 余名嫔妃。

但宋度宗只活了 35 岁，正壮年时就因酒色过度而身亡了。宋度宗死后葬于永绍陵，谥号为端文明武景孝皇帝。

西夏王妃给成吉思汗绝育

成吉思汗名叫铁木真，也有称帖木贞、忒没真，一生灭国无数，杀人如麻，到处奸淫，在给人类带来血光之灾时，他自己终也没有逃脱掉，有一种传说他是被西夏王妃古尔伯勒津郭斡哈屯咬掉生殖器而死的。

13 世纪，成吉思汗结束了蒙古草原上长期分裂的局面，蒙古迅速兴起并日渐强大，开始对外扩张和掳掠，由于蒙古族都是骑兵，来去无踪，更兼生性凶狠，所过之处鸡犬不留，攻下城池必将屠城，给生活在亚欧大陆的人们带来了极大的灾难，严重影响了人类社会的正常发展。

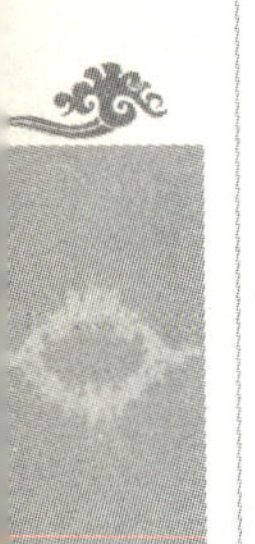

西夏王妃供养

并且成吉思汗率领的蒙古军队粗野异常，在几十年的南征西进中，成吉思汗和他的手下每到一地，必夺抢女人强行占有，以致成吉思汗的后代子孙无数，被史学界戏称为“播种机”。据说目前在世界上有1600万的男子与成吉思汗有血缘关系。

当时，蒙古族有抢人家女人的野蛮风俗，他们把女人看作是一种财物。成吉思汗的母亲就是其父亲也速该抢来的。有一次也速该在斡难河边放鹰，篾儿乞惕人也客赤列都带着美丽的妻子从旁边经过。也速该见少妇如此美貌，一下子动心了，立即拦下也客赤列都的马车抢人。见情况对自己很不利，本想拼命的也客赤列都丢下妻子逃走了。这个少妇就是成吉思汗的母亲、后来的宣懿太后诃额仑。

成吉思汗率领的蒙古军队因缺乏人性方面的约束，便十分的凶狠野蛮，其他国家的部队往往不是他们的对手，和当时的蒙古接壤的是金国和西夏，成吉思汗崛起后便欲灭之，他先灭了金国，对西夏也是数度打击。史载22年间蒙古先后六次伐夏，其中成吉思汗四次亲征。1227年，成吉思汗包围夏都兴庆府达半年，威震四方的成吉思汗虽战无不胜，但遇到西夏却遭西夏人拼死抵抗、陷入苦战之局，蒙古军队付出了极其惨重的代价，成吉思汗降旨“每饮则言，殄灭无遗？以死之、以灭之”。经过一番血雨腥风，蒙古大军集中兵力攻下了西夏都城兴庆府，四处抢掠、大肆屠杀，铁骑所到之处，白骨敝野。经历189年的西夏王朝灭亡了，中国历史上的党项族也从此消失。

1227年，在西夏灭亡前夕，为求议和，西夏曾将美丽的西夏王妃古尔伯勒津郭斡哈屯献给成吉思汗，成吉思汗一见便淫性大发，要她做他的妃子，王妃表面同意了，但集家仇国恨于一身的王妃怎甘受辱？在陪寝当天夜里，借成吉思汗行房时正在兴头之机，用尽力气将他的阴茎给咬掉了，成吉思汗顿时血流如注，难以医治，当年便死去了。

高丽太监朴不花祸害元朝

元代的高丽太监朴不花，高丽人，又名王不花，是元顺帝最为宠戴的一

名太监，而元朝的“短命”，可以说就是朴不花祸害的。

朴不花像

朴不花生于元文宗时代，7 岁时被送到元朝的宫廷内成为一名小太监。他自小生活在高丽京城（今韩国汉城）。其父早亡，母亲改嫁后，颇受歧视和虐待。奇洛尔是朴不花的邻居，对朴不花十分同情，二人常在一起玩耍。奇洛尔天生丽质，而且聪慧乖巧。

奇洛尔和朴不花在元文宗至顺三年一同被掳掠，并进贡到元都燕京。当时朴不花 9 岁、奇洛尔 7 岁。到元至正二年的时候，朴 19 岁，迁升为“小黄门”。奇洛尔因其美貌与聪颖升至“第二皇后”。不久，奇洛尔将朴不花调到她的宫内，二人感情可谓“如胶似漆”。凭着和皇后的“火热”关系，朴不花顺风顺水，很快升至荣禄大夫，兼职资政院，这是一个有油水的肥差，朴不花乘机大肆收敛钱物，积银无数。

至正十八年，国内出现史所罕见的大饥荒，皇后推荐朴不花给顺帝，让他到河南、河北、山东等地去赈灾。朴不花却趁机大肆渔利，将灾情视而不见。地方官员愤恨，于是上疏皇上奏明弹劾，然而，奏折到了京城就被奇洛尔给压下，皇帝根本看不到，而且在她的蛊惑下，参与弹劾的官员却被诏令免职。

奇洛尔被封皇后的次年就生下太子。至正十八年，元顺帝忽然对政务兴趣全无，奇洛尔和朴不花勾结，很快把军政大权全部揽于太子怀抱。并推举奸佞小人搠思监做宰相，朴不花、搠思监二人内外勾结，狼狈为奸，祸乱朝政。当时民间起义此起彼伏，二人却隐瞒不报，作威作福，一时间宫廷里乌烟瘴气，朝纲尽毁。

御史大夫也先帖木儿曾率先奏劾朴不花、搠思监二人，紧接着弹劾的奏折纷至沓来，然而元顺帝却大为恼火，一气之下将这些大臣统统废黜，正直之士见此情形，就来了个集体罢官。

太子深知这样做将带来的严重后果，便向顺帝陈述利害，为了平息众怒，命朴不花、搠思监辞官，然而朴不花、搠思监仍然大权在握。资深御史老的沙见此情形更为恼怒，在朝堂上严厉斥责太子，太子心里窝火，回去后把此事告诉了他的母后奇洛尔。奇洛尔于是在皇帝面前搬弄是非，于是老的沙很快被贬为雍王，并被命回

蒙古老家。

老的沙途经大同，留在索罗帖木儿营中，朴不花趁机陷害，说二人谋反。顺帝于是下诏免除索罗帖木儿的军权。索罗帖木儿是皇族后裔，世祖时其祖上屡建奇功，其父死后承袭爵位，总领河南等地的三军，而且索罗帖木儿本人骁勇善战。诏书来到后，他知道又是朴不花、搠思监二人搬弄，拒不奉召。而另一位重臣虞宗王也联表指斥朴不花、搠思监。这下事情闹大了，迫于内外压力，皇帝下诏免除二人职务并发配出京。

然而，事实上朴不花、搠思监并未出京城，次年，索罗帖木儿得知这一消息，大为震怒，于是发兵包围京师，并扬言不交出朴不花、搠思监决不退兵，顺帝看大事不妙，无奈将二人交给索罗帖木儿处置，朴不花、搠思监随即身首异处。

朴不花死后不久，在至正二十七年，元帝国即轰然溃塌。正是由于高丽太监朴不花祸乱朝纲，很大程度上加速了一个中国幅员最为辽阔的封建王朝的崩解。

明清时期

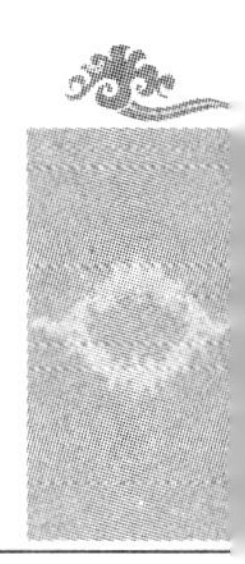

母仪天下的马皇后

朱元璋的皇后马秀英

明太祖朱元璋的皇后马秀英是郭子兴老友马三的小女儿，后被他收为义女。朱元璋投奔郭子兴之后，英勇善战，深受器重。郭子兴遂将义女许配给朱元璋。

这个善解人意、知书精女红的马秀英自从嫁给朱元璋为妻后，就同他患难与共。郭子兴一度受人挑拨，猜忌、贬斥朱元璋，马秀英就拿出自己的积蓄献给郭子兴的夫人，求其向郭子兴调停说情。

马秀英也是个很有能力的贤内助，民间多称其为“马大脚”，据说朱元璋行军作战的文书、军令和随手写下的札记、备忘录，都交给她保管，她整理得井井有条。她还常给朱元璋出谋划策，并告诫朱元璋：“定天下在得人心”，“用兵焉能不杀人，但不嗜人，则杀亦罕也”。朱元璋出征遇到灾荒缺粮，她常贮存一些干粮腌肉，让朱元璋随时充饥。

朱元璋登基称帝后，封马夫人为皇后，并把她比作唐太宗的长孙皇后，说：“家有良妻，犹国之良相”。她回答说：“陛下既不忘妾于贫贱，愿无忘群臣百姓于艰难。且妾安敢比长孙皇后？但愿陛下以尧舜为法耳！”

有一次，马秀英召集女史，问汉唐以来哪些皇后最贤，哪朝家法最正？女史们说赵宋王朝的皇后大多贤惠，家法最正。她就命女史集其家法贤行，念给自己听。

马皇后从不出面干预政事，但仍处处留心朱元璋治政的得失，采取“随事几谏”的方式，进行婉转的劝谏。

马皇后还常劝朱元璋要“亲贤务学”。朱元璋有一次至太学祭孔归来，她问太学生共有多少，朱元璋答说有几千名，又问是否都有家眷，答说大多数有。马皇后便说道：“善理天下者，以贤才为本。今人才众多，深足为喜。但生员廪食于太学，而妻子无所仰给，怎么能安心为国家出力呢？”

朱元璋于是下令设立红板仓，贮存粮食，“月赐粮给其家以为常”。明朝给陪读的太学生家眷发放月粮，就

是从这时候开始的。

马皇后还很关心民间老百姓的疾苦，遇到灾荒，就率宫人蔬食，遇到年成不好，则设麦饭野羹。

朱元璋为强化封建专制统治，用法庭、监狱、特务和酷刑震慑臣僚和儒士，诛除异己。马皇后对此很是不满，屡加劝谏。朱元璋在前殿因朝政发火震怒回宫后，马皇后经常加以规劝。马皇后不仅自己不直接干预朝政，而且不私亲族，不让娘家人做官，以免外戚干政。

马皇后在生活上也很俭朴，富贵之后，她仍然保持过去那种节俭的生活作风。朱元璋每御膳，她“皆躬自省视”。自己平时不喜欢奢华，衣裳破旧了，缝补洗净再穿。她还用裁剩下的零碎布帛、有疙瘩疵点的粗丝制成衣裳，赐给诸王、后妃，让她们懂得民间蚕桑的艰难。

洪武十五年八月，马皇后患了重病。朱元璋寝食不安，群臣“请祷祀山川，遍求名医”。当时她年仅51岁，身体原本不错，如能找到高明的医生，对症下药，或许能治好病。但她担心一旦服药无效，残忍的朱元璋会迁怒而诛杀医生，因此不肯就医而死。

朱元璋好色之心终不改

明代开国皇帝朱元璋虽然当年一贫如洗，父兄死后竟无葬身之地，不由大哭。但朱元璋发迹以后，在繁忙的征战之余，还忘不了寒夜宿妓。朱元璋究竟和多少妓女有过关系？这无从知晓。

朱元璋的雕像

有一次，朱元璋宿过美妓以后，由于心情兴奋，即兴题诗一首，由此却引出了一段的故事。

朱元璋留诗作纪念，想必也是山盟海誓，美妓不久便发觉怀孕了，但这是不是朱元璋的儿子？无从查考。

孩子降生以后，美妓听说朱元璋当了皇帝，就带着儿子进京叩见，并带上诗稿。朱元璋当然记得这件事，但自己做了皇帝，哪里能见一个落入红尘中的妓女？还承认和自己有过关系？朱元璋对当年的美妓避而不见，但朱元璋还是讲些温情的，他封这个儿子为王，命工部像对待他的其他儿子一样，建筑豪华的王府。

朱元璋避而不见当年的美妓，并不是说他得了天下以后放弃了嫖妓的

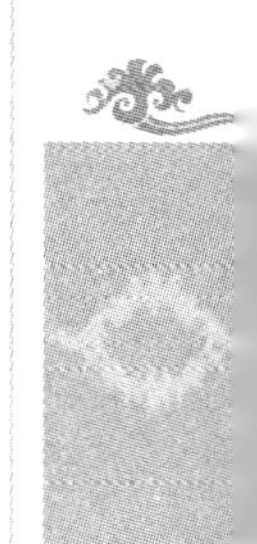

爱好，虽然后宫美人充栋，可以供他随意取乐，但他还是改不了从前的偷情嫖妓之好，偶尔也夜半出深宫找美女。当然，朱元璋这时所嫖的自然不是红尘妓女可比，应该是纯良而清白的良家女子，只不过是有宫里、宫外之别而已。

明成祖专宠朝鲜国权妃

权妃像

权妃是明朝朝鲜工曹典书权永钧的女儿，是朝鲜名门望族的闺秀，书香世家的千金，出落得容貌秀丽，风姿绰约，亭亭玉立，且兰心慧质，知书达理，少女时代便是远近闻名的大美人。

从元朝开始，朝鲜就向中国朝廷进献美女，明初仍是如此。明朝开国时，太祖朱元璋的后宫中就有不少朝鲜妃嫔，有传说明成祖朱棣便是朝鲜人硕妃所生的朱门之后。

公元1408年，明成祖派内使黄俨等人出使朝鲜，赏赐朝鲜国王白银一万两、丝五十匹、素线罗五十匹、熟绢一百匹，作为对朝鲜向朝廷献马的回报。同时要求朝鲜广选美女，晋献京城，以充后宫。

朝鲜得令后，尽选国内名门望族之美女，集中到一起，让黄俨等人亲自过目，黄俨等人从中挑选出五名最具姿容者，第一个便是权妃，之后这五名美女跟随权妃来到北京的宫廷之中。

权妃当时18岁，在明宫中的这五位朝鲜妃嫔中，权妃最为成祖朱棣宠爱。成祖第一次见到她的时候，便被她的清丽文雅所吸引，成祖问她有何特长，权妃拿出随身携带的玉箫吹奏起来，箫声悠扬动听，成祖不由如痴如醉，于是把权妃选拔在众妃之上。而因当时掌管后宫的徐妃已经去世，成祖便让权妃接管后宫之事。

权妃聪慧美丽、优雅迷人。每当成祖忙完朝政，拖着疲倦的身子走进权妃宫中，权妃美妙的箫声宛如一缕和煦的春风，将成祖的疲劳吹得无影无踪。自从权妃走进明朝的皇宫之后，果敢、刚毅、男子气十足的成祖就一直深爱着这位柔顺、温婉、妙不可言的朝鲜女子。

权妃不仅宠冠后宫，而且很少离开成祖身边，成祖即位后，继续实行分化打击和封贡恩威并重的策略，边患一度缓解。公元1410年，也就是永

乐八年十月，权妃随侍成祖北征蒙古。

明军获得第一场胜利后，权妃的美妙箫声一时传遍千里草原，这使一身征尘的成祖朱棣心旷神怡，精神倍增，接着成祖便乘胜追击，又一鼓作气地击破阿鲁台大军于兴安岭下，阿鲁台带着家人远遁到大兴安岭的深山老林。这次北征以明军的大获全胜告终，于是成祖率军班师回朝。

权妃随成祖返回京师，走到山东临城时，突然不幸身得重病，最后不治身亡，这一年权妃 22 岁。成祖顿失爱妃，一时不免伤痛，后来竟然伤痛成疾。成祖就地将她葬在山东峄县的土地上，并下诏当地官府出役看守坟茔。

权妃死后，成祖不仅对她的家人非常厚待，而且对她的音容笑貌刻骨铭心。有一次见到权妃的家人时，竟然悲痛得泪流满面，一时说不出话来。

权妃猝死，死因可疑，宫中谣传权妃是被毒死的，因此竟酿成后宫一起大冤案，被无辜杀害的妃嫔、宫女无数。成祖朱棣在处理这一案件时，手段残忍，令人发指，但从中也可以看出成祖对权妃的十分宠爱和无限思念之情。

明成祖整肃后宫杀人数千

明成祖朱棣是明朝第三位皇帝，明太祖朱元璋第四子，本受封为燕王。朱元璋晚年，太子朱标、秦王朱樉、晋王朱棡先后死去，朱棣不仅在军事实力上，而且在家族尊序上都成为诸王之首。朱元璋去世后，继位的建文帝朱允炆实行削藩之策，朱棣遂于建文元年（1399）七月发动靖难之役，四年六月攻入南京，夺取了皇位，霸占了建文帝的后宫。

明成祖朱棣

明成祖在治国上还是有一套的，当国家逐渐恢复强大的时候，明成祖朱棣便开始追求享乐，于是后宫的美女也渐渐多了起来。公元 1407 年，皇后徐氏病死，皇后一直没有再立，王贵妃和贤妃权氏是他最宠爱的妃子。

公元 1410 年，成祖率大军出征，特地带权贤妃作为随侍嫔妃宫女，随军出塞。没有料到，这位独得天宠的妃子，在大军凯旋回宫时，死于临城，葬在峄县，成祖伤心欲绝。

宫中两名姓吕的朝鲜宫人与宦官

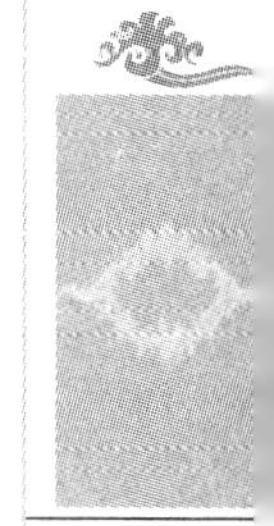

相好之事恰好此时发生。吕氏是朝鲜商贾的女儿，史载中称“贾吕”，见到本国先期入宫的宫人吕氏，因为都是朝鲜人，又是同姓，贾吕想与吕氏交往。谁料，吕氏对贾吕的为人很是不屑，拒绝与她结好。贾吕一直心存不满，不久，成祖贤妃权氏死于北征凯旋回师途中，吕氏曾随军侍候过贤妃，于是贾吕诬告贤妃是被吕氏在茶里下了毒药而死的。明成祖朱棣正是心情悲伤难过之时，闻后大怒，没有细查便诛杀吕氏及有关的数百宫女、宦官。

公元1420年，成祖准备立为皇后的王贵妃也死去，成祖再一次经历丧失宠妃的伤痛。贾吕与宫人鱼氏私下与小宦结好之事又在此时发生了。成祖甚为恼火，雷霆大发。贾吕和鱼氏惧祸，便上吊自杀。明成祖朱棣竟以此为由，亲自刑审贾吕侍婢，不料却查出这一班宫女要谋杀皇帝的口供。

明成祖朱棣极为恼怒，亲自下手对宫女们动用酷刑，其中受株连被诛杀的宫女近2800名。而且明成祖朱棣每次亲临施刑，有宫人临刑时当面斥骂明成祖朱棣：“你自己年老阳衰，宫人与小宦官相好，有什么罪过!”明成祖朱棣让画工画了一张贾吕与小宦官相抱的图，羞辱宫人，同时更加大肆杀戮。两次事件，被诛的宫女及宦官达3000人之多。

明宪宗与万贵妃的超级姐弟恋

万贞儿像

明宪宗朱见深的万贵妃又名万贞儿，于1428年出生于河北霸州。万贞儿的童年生活很艰难，家道破落，吃穿难以为继。一次偶然的机会，她被父亲的同乡带进京城，当时朝廷正在选侍女，4岁的万贞儿被选进宫里，稍大些后成为孙太后的宫女。

孙太后是明宣宗朱瞻基的皇后。万贞儿在孙太后面前表现得很好，她眼明、手快、嘴巧，又认识了一点字，10多年里，她也暗中明白了后宫后妃之间错综复杂的斗争关系。

宣宗死后，传位于英宗朱祁镇，英宗的儿子朱见深在两岁时被立为皇太子。朱见深为太子的时候，孙太后便委派自己的贴身宫女万贞儿前往东

宫侍奉太子。开始的时候，还不到20岁的万贞儿心里有些抱怨，觉得孙太后没有考虑她个人的婚事，却让她去服侍两岁的小太子。可她又转念一想，太子是未来的皇帝，这不正是孙太后对自己的特殊照顾嘛！于是万贞儿对小太子便像亲生母亲那样体贴入微，把自己的全部热情和希望都化作了母爱式的体贴倾注在了朱见深身上。

1449年，朱见深5岁那年，他的叔叔朱祁钰称帝，之后找借口废去了朱见深的太子之位。当时朱见深的父亲被囚于南宫，其母周氏又见不到，既没有父母的疼爱，又失去了童年的欢乐，孤独感油然而生，于是便对母亲似的万贞儿产生了特殊的依恋之情，这情感更近于母子之间的亲情。

朱见深11岁那年又被立为太子，这个时候万贞儿已经30岁了。但万贞儿很会保养自己，加上她机敏、媚人、善解人意，随着太子的渐渐长大，万贞儿真是越活越年轻了。由于她主动挑逗，巧于勾引，少年朱见深不由自主地投进了大他19岁的万贞儿温暖而又成熟丰腴的怀抱，开始了一段发生于宫廷之中的超级姐弟恋。

在万贞儿的心目中，朱见深是唯一可能会为她带来幸福的人了，凭着对他的敦厚、懦弱性格的了解，凭着自己机敏的天分，凭着多年间给予朱见深的情感输出，凭着依然未逝的娇好媚色，万贞儿施展出浑身解数，从感情上深深地魅惑并俘虏着可以做自己儿子的朱见深。

1464年，17岁的朱见深即位，史称明宪宗。朱见深即位不久，即册立与其同龄的吴氏为皇后，吴皇后是出身名门的大家闺秀，而颇有心计的万贞儿却很少让朱见深与她同处。对此，年轻貌美、地位高贵的吴皇后怎么也想不通，她实在气不过，于是凭自己的身份，有一天将万贞儿召来，让人狠狠地将其揍了一顿。

挨打后的万贞儿找到宪宗，哭诉吴氏的不是，宪宗顿时大怒，当即废吴氏于别宫。万贞儿高兴之余便开始觊觎后位，她要宪宗在周太后面前为她说情，而周太后嫌她年长，几可为母，加上出身微贱，就始终没有答应。万贞儿虽未为后，却比皇后更能得宠，而宪宗只要在她身边，心里总感到充实又踏实，已经形成了一种感情定势，超越了母性式的依赖感。而万贞儿不仅每晚陪着宪宗，甚至宪宗外出游乐时，也时刻厮守着她的小弟弟。

万贞儿如此得宠，她以自己的方式紧紧地抓住宪宗的心，其他的宫女也没有机会接近皇帝。1466年，万贞儿生下一个儿子，宪宗帝自然十分高兴，于是封万贞儿为贵妃。加封号时，宪宗特意在“贵妃”前冠一“皇”字，以示对万贞儿的宠爱。从此以后，万贞儿有了正式的“贵妃”名分。可不久后万贵妃的孩子突然夭折了。失去儿子的她心肠更加狠毒，对其他的妃嫔宫女更加妒恨，生怕她们接近

宪宗。

有一天，宪宗帝到了后宫，看到一位极其漂亮的宫女纪氏，就占有了她，几个月后，这位宫女生下了后为明孝宗的朱祐樘。其实，这位宫女在怀孕的时候，万贵妃就特别生气，曾让自己的心腹去逼着纪氏堕胎。朱祐樘出生后，头顶上一直不长头发，据说这是万贵妃迫其母服食堕胎药所致。偷偷生下来的朱祐樘是被吴氏在密室里暗暗地哺育了6年之后，才与其生父宪宗帝见到第一面。后来，宪宗册封朱祐樘的生母纪氏为淑妃。有一天宫里宴会饮酒，淑妃突然腹痛，于是万贵妃赶紧派太医医治，但没几天淑妃就死了，人多认为是万贞儿下的毒手。

但明宪宗并没有因这些事而责罚或怪罪万贞儿，他实在太爱他这位大姐姐了。1486年，58岁的万贵妃暴病身亡，宪宗将其安葬于皇陵天寿山（今昌平天寿山西南的苏山），并谥号为“恭肃端慎荣靖皇贵妃”。第二年时，不满40岁的宪宗也死了。

其实，对于万贞儿之专宠后宫，很多人不能理解，就连宪宗的母亲周太后也不止一次地问宪宗：“她哪点美呀？你为何这么宠爱她？”宪宗回答：“我不在乎相貌，有她在身边，我心里就踏实。”

明宪宗与万贞儿如此大年龄差别的姐弟恋在中国历史上罕见的，宪宗几十年间钟情于一个比自己大19岁的女人，这也许和万贞儿工于心计，以及对明宪宗别样的母爱魅力有很大的关系。观其事迹，真让人唏嘘。

明英宗与钱皇后患难见真情

明英宗朱祁镇

明英宗朱祁镇的的第一个皇后钱氏，人长得也很漂亮，在18岁时便被册立为皇后。

但后来明英宗在土木之变中被北方的瓦剌人俘虏。钱氏日夜在后宫祈祷，盼望丈夫早日平安归来。由于一连多日没有好好睡觉，加上饮食不进，精神恍惚，她从神坛上跌落下来，摔断了腿骨，从此成了跛足女子。

明英宗毫无音讯，其异母弟朱祈

钰继位为景帝。钱皇后的日子很不好过，经过太多打击，使得她日夜哭泣，结果又把一只眼睛给哭瞎了，年纪轻轻成为了瘸腿瞎眼的丑女。

后来虽然明英宗得释归来，可是景帝不肯退位，反将明英宗软禁于南宫。钱皇后没有埋怨丈夫一句，在困难的环境中给他最大的安慰和支持。

明英宗见妻子为了自己遭受如此多的挫折，也没有嫌弃她成了残疾的丑女，两个人在逆境中相互体贴，一直苦熬了七年。

后来明英宗靠太监帮助复辟成功，又当上了皇帝，此时，他身边的周贵妃因生有皇子，朝中有很多人都认为母以子贵，应该废掉钱皇后改立周贵妃为皇后。英宗听到了大怒，斥退了带头人，又将主要的人驱逐出宫。这才没有人敢再提出废立的事。

明英宗临死前，还专门下了诏书说：钱皇后千秋万岁后，与朕同葬。钱皇后虽葬裕陵，并没有与英宗合葬在一处，而是同隧异室，葬在离英宗玄宫数丈远的左配殿中。

刘美人调教明武宗

只要是美女，只要令明武宗心动，不管是少妇、幼女、孕妇、妓女，他都要临幸，以满足他的好奇心。武宗和妓女驰名历史的艳闻，大概要数太原妓女刘美人。刘美人是太原庶民刘良的女儿，是晋王府乐户杨腾名下的妓女。

明武宗的墓碑

正德十二年，武宗游幸大同，驻跸偏头关，大索太原女乐。刘美人在进献御前的乐伎群中，武宗一眼发现了她的惊人美色，召她出班演奏，结果刘美人技艺惊人，武宗便称她为“美人”，大加宠幸。

从此，这位色技双绝的妓女留在了武宗身边，日夜不离左右。武宗带着刘美人游山玩水。过榆林后，返回京城，同入豹房。武宗和刘美人日夜寻乐，畅快无比。后来武宗还辟西内腾禧殿，专供刘美人享用。腾禧殿覆盖黑琉璃瓦，俗称黑老婆殿。刘美人独宠专房，和武宗同饮食起居。

武宗宠幸刘美人的程度是异于她人的，据说对她言听计从。左右随从

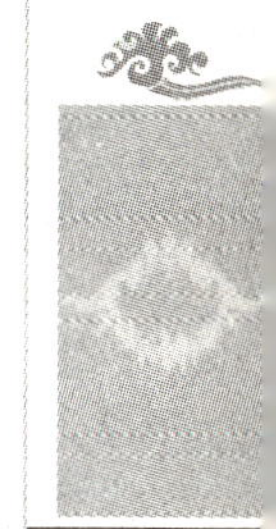

如果触怒了武宗，都要乞求刘美人救命，刘美人往往一笑而解之，众随从便视刘美人为救星，连武宗的近侍心腹江彬等，也俯首贴耳，见到刘美人马上触首叩见，以母事奉，并尊呼为刘娘娘。而武宗喜好纵猎游玩，一遇刘美人阻拦，必然不再去。

刘美人品行端正，知道如何侍奉夫君，便利用武宗专宠之机常进良言规劝他，调教他做个好皇帝，武宗也比较听她的话，但贪玩之心却始终不改。

正德十六年，武宗准备带兵南征，平复宁王反叛，吩咐刘美人随驾。武宗带领兵马先行，令刘美人乘舟由运河随后。两人一直如漆似胶，未曾离开半步，这时要暂时分开，心中自然不好受。刘美人脱下一簪，送给武宗，作为凭信，半娇半嗔地约定说："见簪后才去。"

武宗将簪藏在衣中，但好动使性的他哪有半刻安宁？过卢沟桥时，纵马驰奔，簪子不幸失落。武宗吩咐近侍随从四处寻找，几天几夜，毫无踪影。武宗驰奔到临清州，遣中使宣召刘美人南行。中使传旨，刘美人不见信簪，辞谢说："不见簪，不信，不敢赴。"

武宗见美人心切，没有办法，便独自乘舸昼夜兼行，亲自迎接美人。刘美人这才和武宗一同南行。

武宗一行到达扬州后，常游猎扬州城西，并宿于上方寺。刘美人见武宗天天如此，兴致极浓，怕突遭不测，便进谏武宗，武宗于是终止游猎，携刘美人返回京城。

而刘美人此时已在扬州名声大噪，官民都尊称她为刘夫人。

李凤姐野味情迷明武宗

明武宗朱厚照登基做皇帝时年仅15岁，国政大权实际上落到了皇太后和大太监刘谨等人手中，明武宗也懒得管事，只知道自己吃喝玩乐。

明武宗像

有一天，武宗在宫里待烦了，就领一帮小太监外出闲逛，不知不觉走出了宣府城，来到市郊一个叫梅龙镇的小镇上。这里街衢竟也有几分繁华，人来人往，叫卖声声，也别有一番奇趣。很少有机会逛小镇的武宗大起兴致，左顾右盼，走走停停。一会儿，信步来到一家酒肆门口，朝里望去，

只见酒客盈门，生意兴隆。

突然，武宗看见了面朝街面站在柜台后的沽酒女郎，长得十分娇俏，一双丹凤眼，脸上不施脂粉，却是白里透红，红嘟嘟的小嘴，让武宗十分喜爱。

稍作镇定，武宗也装成是一个酒客，踱入店中落坐。沽酒女郎见来了新客，连忙走柜台招呼，一转身的工夫就端上了一壶酒和几碟小菜。武宗痴痴地望着她麻利的手脚和灵活的身段，竟不由自主地伸手促住了女郎雪白粉嫩的小手，调侃道："人比花娇，岂可闲置塞上！"

女郎吃惊地挣脱他的手，嘟囔着小嘴道："男女授受不亲，客官岂可如此无理！"武宗猛地惊醒，连忙缩手坐正。小心翼翼地道歉："一时糊涂，姑娘见谅！"沽酒女郎也许是见惯了这种场合，见客人赔了礼，就马上口气缓了下来，并恢复了满脸的笑容。

后来趁着添酒加菜的机会，武宗装作随随便便的口气问了女郎的芳名和酒肆情况。原来女郎姓李名凤，客人惯称她李凤姐。此酒肆是她哥哥李龙所开，父母早亡，他们兄妹俩相依为命。她哥哥此时下乡收账去了，只留下她照料酒肆。

得知店中只有女郎一个主人，武宗有些兴奋起来，为了保险起见，他故意拖着慢慢喝酒，直到暮色四合，店中酒客陆续走尽。见机会已到，武宗抬起头，对着正为他斟酒的李凤姐说道："凤兮！凤兮！应配真龙，姑娘应为寡人所得！"

李凤姐反唇相讥："客官好大的口气，居然敢称寡道孤，莫不是喝多了些，小心犯下欺君大罪！"

武宗哈哈大笑道："兄名龙而妹名凤，难道就不是犯下欺君大罪了吗？"

李凤姐见他针锋相对，也懒得与他斗嘴，只当他喝醉了，且先不理睬他，自己转身向内室走去。谁料武宗也马上站起身，紧跟着她进了房，没等李凤姐来得及阻拦，他竟一把将凤姐揽入怀中，嘴便向凤姐的红唇凑过去。李凤姐吓得花容失色，拚命地进行挣扎，稍一定神，准备扯开嗓子喊叫。武宗却及时地伸手捂住她的樱桃小口，并凑近她的耳朵说："姑娘不必害怕，倘若从了我，保管你荣华富贵享用不尽！"

李凤姐不听他这般诱惑，拼命地扳开他的手，娇喘吁吁地责问："你是何方恶徒，胆敢如此放肆？"

武宗见她已稍稍安定，便松开手，尽量和颜悦色地提示道："当今世上，何人最为尊贵？"

凤姐不屑地答称："谁不晓得是皇帝老爷最为尊贵！"武宗退后一步，轻轻咳嗽一声，正言道："我就是最尊贵的皇帝老爷！"

李凤姐哪里肯相信他的一句空话，白了他一眼，愤然说道："何必骗我！"

武宗见已至此，索性解开罩衫襟扣，露出一角平金绣蟒的内袍，凤姐眨着眼睛将信将疑地怔在那里。武宗又从腰间摸出一方玉印，交到凤姐手上，要她仔细辨识，并说："这是御宝，上镌'受命于天既寿永昌'八个字，你可看个清楚！"

好在李凤姐粗通文墨，看了半天，认出了那八个篆刻的字迹。她这时又想起日前夜里曾梦见自己变成一颗明珠，被苍龙衔走，似乎有所预兆。更记起市人都传说当今武宗喜欢微服出游。这么说来，眼前这位年轻英俊的酒客，莫非真的就是当朝皇帝？于是她终于这样认定了。

一个乡野姑娘，突然面对皇帝天子，自然十分震惊，忙跪伏在地，瑟瑟地说："臣妾有眼无珠，望万岁恕罪！"

武宗连忙将凤姐搀起，顺势又将她搂在怀里。在堂堂皇帝面前，李凤姐失去了挣扎抵抗的念头和力量，象羊羔一般柔顺而颤栗，任他摆布……

第二天，武宗返回宣府后，马上派人用銮舆把凤姐接到镇国府第中，从此专宠她一人。李龙也被召到了宣府中，授以官职，并得御赐黄金千两。

时光悠悠，转眼已是年底，京城百官多次派特使送奏章到宣府，恳请武宗回朝主政。武宗正沉缅在凤姐的温柔乡中，哪有心情回京，只是一拖再拖。武宗多次想封凤姐为妃嫔，她总是婉言相辞："臣妾福薄命微，不配位居显贵，承蒙陛下垂青，为妾已是心满意足，不复有他求！"并且劝告武宗："还望陛下以万民为念，早回皇宫，这样臣妾才能安心，比封我名号还要高兴百倍呢！"

武宗深为凤姐的谦和知礼而感动。后宫中无数粉黛，哪个不是邀功讨赏，逢迎争宠，都让武宗腻味了。如今凤姐一个乡野民女，既衷情于自己，又不慕荣华，怎么不让他宠爱不已呢？

在凤姐不断的委婉劝言下，武亲终于决定第二年正月起驾回京。正德十三年上元佳节过后，春风解冻，梅绽柳舒，武宗皇帝带着李凤姐及一些护卫人员启程赶往京城。为了领略沿途的明媚春光，李凤姐舍车骑马，与武宗并驾齐驱，一路看山看水，谈笑风生。

这天，一行人马行到居庸关下，正是薄暮时分。守关将领为了给皇帝的车马照路，特命人在关下点燃了一大排火把，火光荧荧，把关边石凿的四大天王巨像映得半明半暗。李凤姐策马行来，无意间一抬头，猛地看到忽闪忽闪的四大天王像，个个气势压头，怒目而视，威仪逼人，一下子使凤姐受了惊吓，一走神，便觉眼前一黑，跌下马来，昏倒在地。

武宗见状大惊，连忙下马抱起不省人事的凤姐，众人相拥着走进了守将府宅。一番救治后，凤姐悠悠醒来，但仍然神思恍惚，呓语连连。到黎明时分，稍见清醒。凤姐伏在枕上，哭

着对武宗说："臣妾自知福薄，无命入侍宫中，只请陛下速回，臣妾死也瞑目了!"

武宗紧靠在她身旁，垂泪哽咽道："朕要等你病愈再一同回宫，朕情愿抛弃天下，不忍抛下爱卿!"

凤姐气息虚弱，呜咽劝道："陛下一身系天下安危，臣妾生死何足轻重，万望保重龙体，以社稷为重。"话刚说完，已经气喘不宁，不一会儿，两眼一合，便即死而去。

武宗大为悲震，祭奠之后，命人以厚礼将李凤姐葬在关山之上。并按皇家礼节，用黄土封墓顶。一夜之后，武宗上山道别，却发现封墓的黄土全变成了白色，不禁长叹不已，对左右说道："好一个贤德女子，至死还不肯受封。可惜朕无德无福，不能感动天地使她永年。"

明熹宗乳母为祸后宫至其绝后

明熹宗朱由校的乳母客氏，名客巴巴，又名客印月。她在18岁的时候被选入宫中，充当皇太孙朱由校的乳母。

朱由校因为在很小的时候便由乳母客氏乳养，所以两人建立了深厚的感情，一如母子。而朱由校长大后，对乳母客氏的感情也很深，据说他对客氏超越了母子的感情，还有人说乳母客氏当了诱惑少年天子的女人的角色，以美色俘获了青春少年的心，两人的关系非同寻常。

勾引天子的乳母客氏

客氏美貌妖艳，本是定兴县侯二的妻子，客氏大概过了两年，侯二患病去世，客氏便一直留在宫中。她在宫中本就不能安分，传说魏忠贤先前侍奉过的太监魏朝，就曾与客氏"对食"。

原来，宫中值班太监不能在宫内做饭，每到吃饭时间，只能吃自带的冷餐，而宫女则可以起火，于是太监们便托相熟的宫女代为温饭，久而久之，宫女与太监结为相好，称作"对食"，又作"菜户"，有的还住在一起，与外间夫妇无异。

明初，这种现象还是偷偷摸摸的。到了万历以后，则是公开的了。如果有宫女久而无伴，甚至还会遭到其他宫女们的嗤笑。客氏先后对食的"菜

户”，有魏朝、魏忠贤。魏朝与魏忠贤为了得到客氏，曾经起过争执，而最后由朱由校裁决将客氏配给了魏忠贤。

朱由校即位后不到十天，就封客氏为奉圣夫人。客氏此后与皇帝出入，形影不离。天启元年二月，皇帝大婚，娶了张皇后。张皇后是个才女，善吟诗歌赋，知书达理，端庄文静。这就引起了的客氏的极大嫉妒，害怕皇上疏远她。从大婚那天起，客氏在生活上就对其进行刁难，甚至“匕箸杯碗”等，日常用具也不供应。天启三年，张皇后怀孕，朱由校喜不自胜。客氏却妒火中烧，以治病为由派宫女给皇后按摩腰部，使其流产。

后来朱由校的裕妃又怀孕，客氏担心她因为怀孕而受到册封，赶紧借故将其囚于冷宫，不给饮食，使其饥渴而死。

时间不长，客氏又用同样的方法对付怀了龙种的李妃，也将其囚于冷宫。因李氏身边预先藏有食物，未饿死，后被贬为宫人。

客氏专门调查凡被朱由校御幸过的宫女妃子，尤其发现已怀孕者，均实施加害，“或断食、勒死，或乘其微疾而暗害之。”几乎导致所有怀孕的妃子流产。

朱由校只顾自己享乐，对后宫的事不闻不问，一由客氏掌管，所以当时的宫中是血雨腥风，恐怖异常。宫嫔冯贵人实在看不惯了，言辞有所表现，被客氏知道后便串通魏忠贤“矫诏”，说她犯了诽谤罪，迫其自杀身亡。朱由校父亲的选侍赵氏也看不惯了，客氏也让魏忠贤“矫诏”，赐其自杀。

客氏主管后宫的七年间，到底残害过多少宫中女人，已无法知道。可悲的是，朱由校皇帝却想象不到，他的女人们和女人肚子里怀的孩子们的死亡，都是他这个感恩不尽的乳母所为。至于朱由校的妃子后来好不容易曾生下的三男二女五个孩子，不是被惊吓而死，就是中煤气而死，竟没有一个活下来，终于导致了朱由校彻底绝后。史学家都认为这是客氏和魏忠贤干的。

客氏从年龄到身份都是朱由校的长辈，是乳养朱由校的乳母，用奶水将朱由校喂养成长。按照明代宫廷的规矩，皇帝长大断奶以后，就不再需要乳母朝夕相伴了，特别是日渐成熟以后的少年天子，更不需要乳母侍寝在侧。可客氏每天清晨进入皇帝朱由校的寝室乾清宫暖阁，伺候皇帝，到深夜以后才回到自己的住所咸安宫。

客氏在皇帝朱由校面前也很少有威严和慈祥的时候，更多的是展现一个女人的线条、姿色、风情和丰满。客氏直到40多岁时依旧面色宛如二八丽人，美艳娇嫩得令人眩目，而且穿衣打扮穷极新奇绮丽，俨然忘记了自己身份，其妖冶艳丽，令一个个年轻的嫔妃都瞠目结舌，说不出话来。

更为奇怪的是，客氏为保持自己迷人的姿色和秀发如云，每天都让少女用她们的唾液为她梳头，据说用这种方法能长年保持她的头发乌黑光润，鲜亮如少女。

客氏在朱由校做皇帝期间，作为一个乳母所受到的隆遇，的确是前所未有的。每逢生日，朱由校一定会亲自去祝贺。她每一次出行，其排场都不亚于皇帝。出宫入宫，必定是清尘除道，香烟缭绕，旁边的人大喊“老祖太太千岁”，喧闹声震耳欲聋。

客氏把持朝政十余年，加速了明朝的衰亡。直到崇祯帝即位后，客氏才被处死。

寿宁公主：想见驸马真的好难

寿宁公主是明神宗最宠爱的郑贵妃所生。寿宁公主嫁的是安徽的冉兴让。两个人的感情很好。公主不是一般的老婆，不是想见就见的，得她“宣召”了，才能进她的屋。

可是公主的管家婆梁盈女是个可怕的中年妇人，整天拉着长脸。驸马每次上门都通行不畅，内心不痛快。起初，驸马仗着是蜜月中人，对管家婆嘻笑一气，再行点贿赂，便可以得到放行去见公主。蜜月一过，梁盈女的脸就一日黑过一日，好像驸马每见一次自己公主，就是欠了她的一笔债。

一天，公主很想驸马，就宣他来。冉兴让蹑手蹑脚地进门，发现梁盈女竟然不在！旁边一间房里传来热闹的猜拳声，还有碎银子在桌上滚动的声音。冉兴让偷偷一看，这梁盈女和宦官赵进朝等人正在酣饮赌钱。机会不错，驸马觉得不打扰他们的好兴致，于人于己都是方便，就没有跟梁盈女请示，直接到公主房里了。

公主跟驸马正在缠绵，忽然，梁盈女直闯进来，仿佛捉奸能手似的，硬是把冉兴让拎起来，让他收拾整齐了滚出去！又叫公主将衣裳弄弄整齐，不要失了金枝玉叶的形象。

这梁盈女本来凶悍，又喝了酒，又仗着自己得了管教公主的圣旨，又看不惯年轻人亲亲爱爱，再加上驸马偷偷溜进来没给小费，几处火气一齐冒出，嘴里不干不净地骂着。污言秽语，把公主羞辱得哭着奔回屋内要去上吊。众人赶忙把驸马拉回来，让他好生地陪伴安慰公主。

第二天一大早，公主和驸马就进宫去了。他们定要维护自己的合法权益和正常生活。公主去找亲娘郑贵妃，说梁盈女的不是；驸马连夜写了奏章，上朝见皇帝告赵进朝等宦官。

可梁盈女比公主早行一步，赶到郑贵妃处。梁盈女本来就钢牙铁嘴，又添油加醋，绘声绘色：“哎呀，真是没想到，公主一嫁人，就完全变了哇！都是驸马不好，把公主也带得轻

薄不庄重……叫那些宫女丫鬟看见，还不知怎样呢！我是为了公主好，为了皇家的名声，才不得不回宫告诉……”

郑贵妃勃然大怒，一时恨不得不认这个女儿了。公主连去了三次，都被郑贵妃拒之门外。

驸马拿着奏折，刚刚走进内廷，还没等见到皇上。忽见围上几十个宦官，全都手持棍棒，为首的就是赵进朝，他早知道冉驸马要进宫告状，就纠结了一些同伙，拦截殴打。冉兴让被打得血肉狼藉，衣服帽子都被扯烂，只能逃命，跑出长安门。

这件事后，经过冉兴让的多次上诉，他终于得了个夺官反省的结果。而梁盈女被调到别处当差，宦官们没有受到任何处罚。

三年后，大臣杨鹤给皇上讲学，批评宦官当政，连正当的上诉渠道都没有，举了冉兴让的例子。这样冉兴让才恢复了官爵。

寿宁公主活到明朝末年，去世时50岁左右。那时李自成的农民军已经势如破竹，攻陷了洛阳。冉兴让受命带着三万两抚恤金去抚恤皇室亲属，主要是公主的哥哥福王的亲属。回到京城不久，京城就被李自成攻陷。农民军本着“明朝官员全是贪官”的理念，再加上要弄军饷，就将明朝的大量官员捉起来拷打，叫作“追赃助饷”。冉兴让曾携银抚恤，也被认为私藏了大量赃款。在夹棍等严刑中，他到底交不出赃款来，终于被拷打至死。

嘉靖为妹择婿挑个秃子

嘉靖帝像

永淳公主是明孝宗的一个女儿，也是很受她宠爱的一个。公元1527年，即嘉靖六年，此时明孝宗已死，他的儿子明世宗嘉靖皇帝传命礼部，为妹妹永淳公主择婿。这个时候，永淳公主刚刚十五六岁。

最终确定的人选名单被送到嘉靖皇帝的御案前，他认真选择之后，认为陈钊才貌俱佳，堪为公主之配，于是圈定了陈钊的名字。

然而，有个叫余德敏的官员，向来与陈家不和，于是奏报说，陈家的男丁多数早死，有祖传的顽疾。而且

陈钊虽然才华仪表出众，却有先天的不足：他的生母，不过是父亲的一名小妾，而且嫁入陈家时已是二婚，不是贞节女人。

嘉靖听信了谗言，便不顾礼部官员的劝谏，退送了陈钊，下令再选驸马。第二次选驸马，仍旧是照惯例，礼部报上了三个人选，供皇帝选择。这一次，为了谨慎从事，嘉靖皇帝让太后、皇后、妃嫔及后宫的太监女官首领一起来品评入围的三人，以从中遴选最优秀的一个，做妹妹的夫婿。

三位候选人中，所有人的目光都集中在另两人身上——他们都是河南人，一个名叫谢诏，一个名叫高中元。谢诏较为年长，相貌不错，而且显得最为稳重。而高中元年纪最小，这时不过16岁，跟永淳公主同年，还显得有些稚气。但是虽然如此，高中元却生得唇红齿白，俊秀得很，一副温存体贴的模样，从相貌来说，谢诏是远远不及的。皇后妃嫔以及太监女官们，都认为高中元应该做驸马，连嘉靖皇帝都对这个俊俏小生颇有好感。

眼看高中元就要成为驸马，蒋皇太后却有不同的意见，她认为三位中的谢诏当驸马比较合适。于是，谢诏最终成为了永淳公主的丈夫。

令永淳公主没有想到的是，入了洞房之后才发现自己的驸马竟然是个秃子：头发相当稀疏，几乎扎不成髻。永淳公主不禁目瞪口呆。

于是，京城里传开了一支“十好笑”的歌谣，其中就有一句“十好笑，驸马换个现世报。”意思是讥笑皇家千挑万选，费尽周折，最后居然为永淳公主选了个秃头驸马。这支歌儿不久就传进了永淳公主的耳朵里，更是把她气得眼泪汪汪。此后，不论谢诏如何体贴，永淳公主总是没有好脸色回报。

高中元当初满心以为自己要入选驸马，得配花容月貌的公主了，谁知居然最终落选，被乡人嘲笑不已。于是更是引以为耻，因而发愤攻读，一心要出人头地，洗雪耻辱。几年之后，他被选入翰林院，以才华横溢闻名于世。

永淳公主听说了高中元的事情，更是又悔又恨。她不能向母亲哥哥发作，便常常向丈夫大发脾气，数落不已。谢诏明白公主的心事。于是，他以中秋节家宴的名义，广邀同乡好友赴宴，特别还邀请了高中元来家中，并有意将这个消息告诉给公主。永淳公主心中好生欢喜，想要趁机一偿宿愿，看看自己仰慕多年的俊俏才子，究竟是何模样。于是永淳公主隔着窗棂，向宴席中偷看。

此时高中元虽年龄不大，却已开始发福，不但胖得离谱，而且还长出了一脸胡子，连面貌都变得十分怪异起来。永淳公主一看之下，对遐想多年的意中人不禁大失所望，转而对自己的驸马另眼相看，终于解开心结，与驸马相亲相敬。

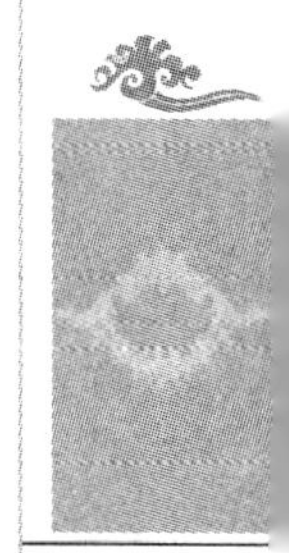

建宁公主为国家舍夫君

康熙十二年，吴三桂扯起叛旗，他的儿子吴应熊在京师与许多奸人勾结在一起，为吴三桂通风报讯。康熙帝听了大学士王熙的建议，把吴应熊囚在狱中。

过了几年，吴三桂的叛军占据了长江以南的许多地方，气势十分嚣张。吴三桂给康熙来了一封信，提出要划江为国，二帝分治，从此相安，条件是换回狱中的儿子。

康熙阅后大怒，骂吴三桂反复无常，让他裂土称帝，更会助长他的凶焰，至使江山破碎，黎民涂炭，得把他的气势打下去。于是康熙马上召集王公大臣，宣布处死吴应熊，让吴三桂断了这念头，并把京师的禁卫军也调去征伐叛军。

众臣叩首称是，连那些观望，动摇的大臣也挺起胸来。散朝后京城到处都贴出告示，明日午后当众处斩吴应熊，以示国威，老百姓拍手称快。

消息传到了吴应熊的额附府，吴应熊的夫人和硕建宁长公主又恨又急，恨的是吴应熊和他父亲串通一气，谋夺大清江山；急的是吴应熊和自己夫妻多年，有儿有女，以后孩子没有父亲怎么办呢，无论如何得救他一命。

于是，建宁公主换上黑衣素服，直奔畅春园的慈宁宫，见到额娘孝庄太皇太后便哭拜在地。太皇太后本是个申明大义的人，见女儿这样悲恸，也揪心断肠般哭了，她双手扶起女儿，答应去跟孙儿玄烨为吴应熊说说情。

不料康熙也来到慈宁宫，在门外已听知一切，这时，他快步进屋，给太皇太后叩拜道："皇祖母，您平日教诲的得国得众之道，孙儿时刻不敢忘记，别的事孙儿可依您千件万件，这件事，……只能恕孙儿不孝。"一番话说得太皇太后无言答对，只能怔怔地看着康熙。

康熙看着那泪痕满面的和硕建宁长公主，单腿下跪，说道："姑姑，您的苦处侄儿知道，可是，您知道我爱新觉罗一族，为大清江山，有多少人死于非命。如果不杀吴应熊，吴三桂一定以为朝廷软弱可欺，更加嚣张，又不知多少百姓妻离子散。姑姑，恕侄儿不能孝义两全，您的孩子，就是我的兄弟，我一定好好照顾他们……"

建宁公主听了康熙一番话，觉得自己应该为国家大局为重，没等康熙说完，便扶起康熙，说："姑姑我不怪你。"说罢掩面而去。

第二天午时三刻，吴应熊人头落地，大长了清军的士气，灭了叛贼的威风，没几年，吴三桂便军败身亡，为祸八年的"三藩"之乱被彻底荡平。朝廷内外，对不徇私情的康熙帝更加敬重了。

后来，康熙不仅亲自过问和硕建

宁长公主的生活，还把吴应熊的儿子接到宫里来养育。

康熙帝禁止女人缠足

少年康熙像

康熙 11 岁那年，值皇太后寿辰之日，宫中大摆寿筵，宫娥舞女翩翩献技，为赴宴的满朝文武助兴。

有个名叫彩霞的小舞女，年方 16 岁，生得身材袅娜，体态轻盈。她身患“肝郁气滞”之症。只因太后寿辰，自己不得不扶病献舞。

彩霞正在单人独舞新演习的“遥拜”时，忽然感到郁气上升，心慌意乱，舞姿也紊乱起来。她的变态，惹得人们纷纷议论。彩霞心里越发慌乱，忽然“咕咚”一声倒在地上。康熙大吃一惊，慌忙站起身来，就听太后厉声喝道：“贱婢，竟敢乱我宫仪，那里容得，重杖四十，赶出宫去!”

康熙刚想代彩霞求情，太后气呼呼地说：“谁若敢袒护求情，定责不饶!”说罢，虎着脸起身还宫了，小康熙急得直跺脚，眼睁睁看着行刑的宫人把彩霞拖走了。

康熙一夜也没有睡好觉。他翻来覆去地想，“常言说：‘管天管地，管不着拉屎放屁!’宫女也是人，凭啥为了这点事就要又打又骂地给赶出宫去呢?”第二天一早，康熙就叫一个心腹小太监领着自己，也打扮成小太监模样，一块偷偷溜出宫去，看望彩霞。

小太监早打听明白了彩霞的住处，不一会儿就把康熙领到了一个破烂烂的小草房边。康熙进屋一看，屋里什么家具也没有，只有一个破木头床，上面唾着悲泣哼叫的小舞女彩霞。一个拄着拐杖的独腿女人，蓬头垢面地坐在床边照料她。

康熙走到床前，轻声问：“彩霞，你的脚怎么样了？可好些了吗?”彩霞正捂着脸哭呢，听见有人叫她，挪开手，微微睁开两眼，一见是小皇上来了，“哎哟!”一声，连声说道：“圣上驾到，奴婢该死!”就要挣扎着起来。

康熙一把按住彩霞说；“你有病

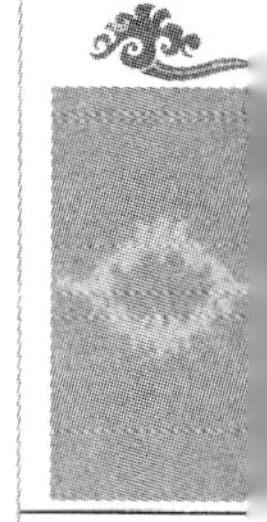

在身，免礼!”独腿女人一听是皇上来了，也慌忙支着木拐站起来，要给康熙磕头。康熙抓住她的木拐说:“算了算了，你只有一条腿，跪下可怎么起来呢?免了吧，免了吧!我是偷偷跑来看你们的，你快坐下来说话!”

说着话儿，小皇上伸手就去掀彩霞脚下的被子，羞得彩霞连忙伸手阻拦，晚了，小皇上一眼就看见了她那双好象春笋般的三寸金莲。她的脚脖子肿得足有碗口粗细，康熙惊叫道:“我的妈呀，脚肿成这样，很疼吧!这可怎么办哪!”

彩霞从打进宫，也没受到过谁的温存体贴，听了小皇上这句同情的话，竟感动得大哭起来。她抽抽搭搭地说:“万岁，我的脚迟早是保不住了，早晚也得象春媚姐那样，被大夫给截去呀!”

康熙忙问那个独脚女人，才知道她原来也是宫中的舞女，在跳舞时象小彩霞一样扭伤了脚，总也不好，越肿越厉害，终于被大夫截掉了一条腿，又被赶出宫来。

康熙听了，长叹一口气说，“哎，你们汉族女人，要能象我们满族女人一样，全是天足，恐怕就不会这样倒霉了!”

春媚悲苦地说;“汉族女人也不是生来就是小脚，是从小缠的。只让留下一个大脚趾，其余四个都得用布给缠断了，脚就再也长不大了!女人不缠脚，就找不到婆家，会被人耻笑，所以就是再疼，父母也要逼着女儿缠小脚啊!”康熙听了，默默地点了点头。他让小太监回宫去取回50两银子送来，给彩霞请医看病。

回到宫里，康熙立即派人找来南士林老师，他想知道，是何年何人，为何事定下了缠脚这么个野蛮的规矩。

南老师告诉他，汉族家女人缠脚，起于五代时侯。南老师说罢，见小皇上满面怒容，低着头在纸上不住地写着什么，俯首看去，原来是“千古恨”三个字，一时不解其意。

三天后，康熙在早朝临散时，忽然大声宣告说:“文武百官，听真，朕今旨谕，察南唐国主李煜，不顾民生疾苦，违背天然，摧人肢体，强令女子缠足，流弊延续至今，实为千古恨事也!为此，朕严禁女子缠足，违者重办!”

圣旨一下，谁敢不从;虽然也有人认为康熙是破坏汉家风俗，要满化汉人，可这道禁令还是深深受到广大汉家女子的拥护。就这样，几千年的残酷古制，终于让一位11岁的小皇上打破了。

道光帝禁鸦片难禁其母

道光帝的“母亲”孝和睿皇太后仅比道光帝大六岁，他们不是血缘上

的母子，而是宗法等级上的母子关系。在道光皇帝的宫闱生活中，孝和睿皇太后扮演着极其重要的角色。

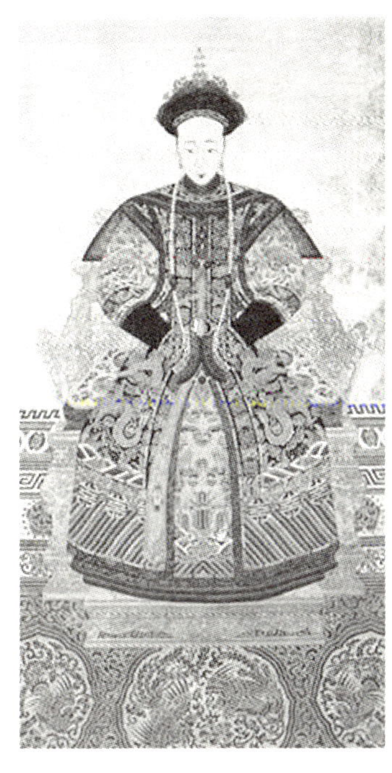

孝和睿皇太后像

孝和睿原来是嘉庆帝的贵妃，嘉庆六年成为皇后，在嘉庆帝逝世后升为皇太后。她虽不是道光帝的生母，但备享尊荣，道光帝几十年如一日地对其谨守孝道，言听计从。从下面的事情上就可以看出其孝心。

1820年，嘉庆帝猝死在承德。这时旻宁也在承德，虽然其为皇太子已是公开的秘密，但由于找不到嘉庆帝的立储密旨，群臣也不敢贸然拥立。在一筹莫展之际，孝和睿皇后自北京传懿旨命旻宁即位。孝和睿皇后能主持局面，拥护旻宁，对保证其顺利登上皇帝宝座实现政权的平稳过渡起到了至关重要的作用。

当时，孝和睿皇后有两个已经成年的亲生儿子，分别是嘉庆帝的三子与四子，但她主持公道，母仪天下，这份胸襟、气度和情分实在很少见。太后并没有利用自己的特殊身份干预国家政务。她是一位识大体、守祖训的女人，不但不干预政治，就是对宫闱之事也从不过问，宫中日常事务都由皇后主持。道光帝的嫔妃都爱围着她转，斗纸牌、掷骰子，每天都哄得太后很开心。但是，表面上脾气随和的她在宫中还是居于关键性的地位，比如皇后的册立、嫔妃的晋升，道光帝也要请示她。

但道光帝一生也谨守规矩，提倡孝道，身体力行，他能几十年如一日地侍奉太后，也是值得肯定的。道光帝对皇太后尊崇备至，每日必问安，对皇太后的生活起居也是了如指掌。虽然自己崇尚节俭，皇后嫔妃也一同过紧日子，但他对太后的供应还是尽量满足。皇太后久居深宫，有的时候也是很无聊，于是，受太监的引诱她开始吸食鸦片，后来都成瘾了，每天吞云吐雾，沉湎于此。

1840年，道光帝开始严禁鸦片，第一次鸦片战争轰轰烈烈地开始了。道光帝禁鸦片的范围就连宫中吸烟者也必须严惩不贷，但对皇太后吸食鸦片却不过问。为防止禁烟胜利后鸦片断绝，他甚至密令北京地方官为太后准备一个秘密的鸦片来源，同时告诫

宫中等人向太后隐瞒外面禁烟的事情。这充分体现出道光帝的孝心。

慈安太后死因之谜

慈安皇太后像

清代咸丰皇帝的妻子慈安太后，钮祜禄氏，即东太后，她原是广西右江道穆扬阿的女儿，咸丰在未做皇帝前就与她结成夫妻。她为人幽闲静淑，口木讷而不善言辞，但举止端庄得体。

咸丰二年（1852），慈安被封为贞嫔，又进为贞贵妃，不久立为皇后。在众妃嫔中，她从不争宠，很得咸丰皇帝的尊重。1861 年 11 月咸丰死后，她进封为慈安太后，因为她是正宫皇后，地位在慈禧太后之上。后来相继继位的同治帝和光绪帝称她和慈禧的一般称呼是：慈安称母后皇太后，慈禧称圣母皇太后。

慈禧太后，叶赫那拉氏，满洲正黄旗人，安徽宁池广太道惠征之女，为人极工心计，且心狠手辣，毫无人性，且权力欲极强。1860 年 8 月，咸丰皇帝在热河病死，年仅 6 岁的儿子载淳继位，即同治帝，慈安和慈禧两太后垂帘听政。咸丰皇帝早就觉察到慈禧是一个野心勃勃的女人，因此，他在临终之前，特别密授手谕，嘱咐慈安太后，如果慈禧胡作非为，就让慈安拿出密谕，按祖宗之法治罪于她。

咸丰死后，慈安曾把密谕拿给慈禧看，以示警醒。密谕的存在，使慈禧感到惊惧不安，办事谨小慎微，不敢胡作非为。她对慈安言听计从，关怀备至。时间长了，慈安看到慈禧安分守己，就对她放松了警惕。

有一次慈安患病，吃了太医所开的各种药，都见效甚微，一气之下，慈安拒绝吃药，后来慈禧命人进献一药，慈安服用，其味甚佳，没想到几天之后，她的病居然奇迹般的痊愈了。大病初愈，慈安兴高采烈地到颐和园散步，却见慈禧左臂缠着白纱。

慈安十分惊异，就上前问慈禧原因。慈禧满不在乎地回答道：“前几天，我见你病卧床榻，面色苍白，心里很难过，因此就从我左臂膀上割下一片肉，让人煮汤为你滋养身子，以表我的一片诚意。”其实慈禧说的是完全的谎话，她故意让太医不给对症

的药治病，然后自己进药时用对症的药，而且当时的人认为用人肉熬药，药效奇佳，于是慈禧用驴肉给慈安熬了汤，然后自己在胳膊上轻轻划了个小口子再缠以纱布，以蒙骗慈安。

慈安听了这一席话，大为感动，感谢万分地说："想不到你竟然是这样一位好心人，先皇不应该对你有什么不放心的地方。"说罢，便回宫中，取出咸丰皇帝的临终密谕，当着慈禧的面，烧为灰烬。

没有密谕，慈禧心上悬着的一块石头落了地，她感到轻松多了，因为再也没什么值得她担惊受怕的了。她一改常态，开始放肆起来，对慈安出言不逊，不再像以前那样对她毕恭毕敬了。朝中政事，无论大小，她都一人独揽，根本不把慈安放在眼里。慈安知道自己上了大当，叫苦不迭，但后悔已晚。

后来，慈禧为了搬掉慈安这块她专权道路上的绊脚石，便开始下手除去她了。有一天，慈安正在荷塘边看金鱼，突然，慈禧身边的太监李莲英送来一盒点心。并说："这种点心，西佛爷觉得好吃，不肯独用，送一点给东佛爷尝尝。"

慈安听了很高兴，当即尝了一块。谁知这天夜里慈安便暴病身亡了。

时值光绪七年（1881）三月初十日戌时，年仅45岁的慈安皇太后猝然崩逝于钟粹宫。这天白天，慈安还曾接见军机大臣，身体状况良好，才不过几个钟头的时间便身亡，得病说难以自圆。

更为奇怪的是慈安太后死后，并没有按照制度，先召军机大臣前来，再叫御医开方拿药。并由军机大臣检查方药。也没让慈安的家人进宫验视。而是暴毙之后接着就收殓入棺了。所以人们推测是慈禧在点心中下毒，毒死了慈安太后。怕别人知晓，才会这么做。

随着这位比慈禧还小两岁的仁爱忠厚皇太后突然暴毙宫中，清廷的垂帘听政由两宫并列骤然变成慈禧一人独裁。从此，慈禧这个阴险毒辣的女人就登上了清朝最高统治者的宝座，实现了她梦寐以求的愿望。

慈禧太后痴迷《红楼梦》自比贾母

《红楼梦》成书于清朝，但问世后不久就被定性为离经叛道的禁书，而至晚清时期，掌清廷大权的慈禧太后却十分喜欢读《红楼梦》，几乎到了痴迷的程度。

1884年，为庆祝慈禧太后50大寿，清廷对长春宫进行了大规模的修缮，在廊庑的四面墙壁上绘制了近20幅以《红楼梦》为题材的苏式彩绘壁画，其中有神游太虚、宝钗扑蝶、晴雯撕扇、湘云醉卧、贾母逛大观园等

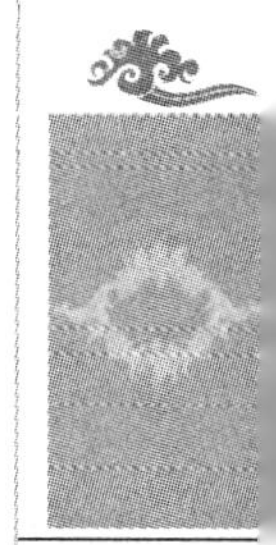

场景，所绘制的人物栩栩如生。慈禧太后十分喜欢和开心。据传她的寝室和起居之处，有的地方也是按照《红楼梦》中的描写进行布置的。

慈禧像

据说这是大太监李莲英受慈禧的旨意，让宫廷画师们精心绘制的。《红楼梦》在当时被一些人骂为“淫书”，如果没有慈禧太后的同意或默许，无论是宫廷画师还是参加修建工程的工匠们，谁也不敢把《红楼梦》的内容画到她的寝宫里。

另外，据清末民初徐珂编撰的《清稗类钞》的记载，1900 年八国联军入侵北京之后，在民间出现了一个极为特殊的《红楼梦》抄本，十分精致和考究，是由陆润庠（1874 年的状元，官至都察院左都御史，其书法清华朗润）等十几个人所抄录的，该书每页之上均有细字批语，其批注者为“孝钦后（慈禧太后）”。

事情可能是这样的，1900 年八国联军入侵京城，慈禧太后携光绪帝西逃，陆润庠也随其西行，并兼“代言草制”之职。而此前他曾奉慈禧的旨意，带领十几位翰林院的官员为慈禧专门抄写了一部《红楼梦》，“每页十三行，三十字。钞之者各注姓名于中缝。”

从情理上推断，慈禧太后朱批《红楼梦》是很有可能的。那个年代的人看到喜爱的作品，便情不自禁地在书眉上批上几笔。慈禧太后和其他读者一样，读到高兴处也许就随便批上两笔，完全在情理之中。

在欣赏戏曲时，慈禧太后也特别爱点《红楼梦》中的剧目观看。体元殿是紫禁城里一座华美的建筑，可做戏台，当年慈禧太后常叫宫廷内外的戏班在这里演戏。《红楼梦传奇》就是她常点的剧目之一。每次演戏，慈禧太后都端坐台下正中间的位置，除了让太监、宫女在身边伺候外，有时也让光绪皇帝和皇后及嫔妃们相伴左右。慈禧太后十分喜欢把自己比作贾母，特别是看戏的时候，总是在众人面前摆出一副很慈祥的样子，忸怩作态。

据一位清末京剧名家的后人回忆，他的曾祖父就曾到宫里为慈禧演过“红楼戏”，而每次演完“红楼戏”之后，慈禧总是对戏子们进行一番奖赏，而且出手大方。特别是扮演贾母和凤姐的戏子，得到的赏赐最多。由此可见，慈禧对《红楼梦》中的这两个人

物是非常喜爱的。

慈禧太后权欲熏天，掌政期间做了无数坏事，她打击维新变法，迫光绪帝退位等举动，都是为一己之私而致天下公理于不顾，终使中国错过图强的大好机会，致整个中华民族陷于落后于世界和被动挨打的局面，严重影响了中国社会和政治的进步，慈禧太后也可说是中国历史上影响最大的社会进步阻碍者，而因她痴迷于《红楼梦》，所以对《红楼梦》成为大众读物也产生了一定的影响，这可算是她一生中少有的一件有积极意义的事情了。

慈禧太后的洗澡讲究

慈禧太后向来很爱打扮，尤其对洗澡特别讲究。每当慈禧太后要洗澡时，先由太监把澡盆、水、毛巾、香皂、香水等物品准备好，送到太后的寝宫门口，再由宫女把这些东西送进寝宫。倒好水后，才请太后宽衣入浴。这个时候，除非伺候慈禧洗澡的人，别的人是根本没办法进入的。

侍候慈禧太后洗澡的是四个经过严格选拔和专门训练的宫女。司沐的四个宫女全部一样的穿着，一样的打扮，连辫根、辫穗全一样。由掌事儿领着向上请跪安，这叫“告进”。算是当差开始。在老太后屋里当差，不管干多脏的活，头上脚下都要打扮得很利落，所以这四个宫女，也是新鞋新袜。

爱打扮的慈禧太后

洗澡的时候，由这四名宫女分别站在太后的四周，然后由其中一名领头的宫女拿起25条毛巾放入水中，浸透以后，先捞出四条，双手拧干同时分给其他三人，当即一齐打开，平铺在手掌上，然后轻轻地给太后擦拭着胸背、两腋及双臂。

如此擦洗六七次之后，再打上香皂，这种香皂是宫里自制的玫瑰皂。四名宫女必须一齐动手，把香皂涂在毛巾上面，帮太后擦身子（毛巾在一次擦完后随即扔掉）。

然后，重新把25条新毛巾浸泡在水里。毛巾浸透捞出后拧得不很干，用这种湿软的毛巾，轻轻替太后擦去身上的肥皂，必须一遍又一遍直到擦得干干净净，身上没有一点肥皂沫为止。

最后就是给太后涂香水，夏天多用耐冬花露水，秋冬则用玫瑰花露水，用量很大，用法也特别，使用时是将洁白的纯丝绵撕成约巴掌大的块，撒上香水，轻轻用绵片拍打身上，把香水拍均匀。

擦完香水后，四名宫女再用干毛巾把太后上身的各个部位轻拂一遍，然后给太后穿上偏衫和睡衣。上身洗好了再洗下身。太后认为上身是天，下身是地，地永远不能盖过天，所以洗下身时要重新换一套用具，洗法和洗上身差不多。

洗脚时，老太后往椅子上一歪，嘴里不停地与底下人说闲话，享受着洗脚人的搓揉，这是她老人家最松散舒适的时候，宫女常常在这个时间里得到意想不到的赏赐。

脚洗完后，如果需要剪脚指甲，两个洗脚的宫女中一个点起手提式羊角灯来，单腿跪下，手持着灯，另一个也单腿跪下，把老太后的脚抱在怀里细心地剪。这之前还要有个“请剪子”的过程。

在老太后的屋子里有严格的规定，不许摸刀子、剪子。如果需要用，必须要事先请示。伺候洗脚的宫女向内寝的人轻轻说句“请剪子”。侍寝的转禀老太后，老太后说：用吧，还在原地方。这时侍寝的才敢拿出剪子来交给洗脚的宫女。完毕后，洗脚的宫女请跪安退出。差不多天天如此。

慈禧太后每次洗澡的时间并不固定，但大都选在晚饭过后一个小时左右。夏天是每天洗一次，冬天则是二天到三天洗一次。

慈禧太后每洗一次澡要用去100条毛巾，因为毛巾从水里捞出来后，她就不允许再放回到水里，故用一次就要扔掉。以至她每洗完一次澡后，澡盆里的水都是干干净净的，看不见半点污垢。

由于要上早朝，慈禧太后每天凌晨四时到五时就要起床，起床后要做的第一件事就是泡手。这时，宫女用银盆盛满热水，先把毛巾用热水浸透，捞出后由宫女将太后的双手包起来，再将太后被包的双手放到热水里浸泡，水冷了时再换热的，大约要换两三盆水方可。接着是洗脸，或者说是热敷，用热毛巾长时间地在两颊和额头上热敷，据说这样可以把抬头纹熨开来，并能减少两颊的皱纹。

此后她便坐到梳妆台前，由侍寝的宫女帮她在两鬓之间敷上点粉，在两颊抹胭脂，接着便传专人给太后梳头。

另外，慈禧太后还有留指甲的习惯，满手均留有约二寸长，每天晚上必须进行泡洗修剪。修剪之前要用圆圆的比茶盏大一点的玉碗盛上热水，把指甲泡软，把弯指甲校正理直，对不端正的地方除了要用小锉锉平整，用小刷子把指甲里里外外刷一遍外，还要用翎子管吸上指甲油，对其均匀地涂抹，最后再给指甲戴上用黄绫子

做的指甲套。

对此，太后备有一个专门放置修指甲工具的盒子，而所有修指甲工具都是从国外进口的。太后对每次修指甲时剪下来的指甲，都很细心地保存在一个专门的盒子里，心情特别好的时候，会端出来打开欣赏，显得分外珍惜。可是好景不长，在八国联军进攻北京时，太后带着光绪皇帝出逃西安的前夕，将满手的指甲全部剪掉了。

慈禧太后吓死人的日用耗费

慈禧的葬礼现场

慈禧太后生活腐化，什么东西都讲究，且不计浪费，其日用耗费据说达到了4万两白银。

慈禧太后姓叶赫那拉氏，其父惠征，曾任安徽徽宁池广太道道员，自小娇惯其女，授于心机。关于叶赫那拉姓氏的起源有这样一个故事：在元末明初时，已在叶赫河建立了叶赫城的叶赫那拉氏家族与爱新觉罗家氏族发生了一场战争。当时，爱新觉罗家族的头领为了使叶赫那拉氏臣服，就指着大地说道：我们是大地上最尊贵的金子！而叶赫那拉的首领听了哈哈大笑地指着天上的太阳说道，金子算什么，我们姓它！意思就是说，叶赫那拉氏比金子还要珍贵。

然而，到了慈禧太后这一辈的时候，她已经失去了高贵的血统，更没有显赫的门第，姿色也一般。但她极有心机，巧于打点，被选入了爱新觉罗皇家的后宫，做了一名咸丰皇帝后妃中品级低微的贵人，人称兰贵人。直到咸丰皇帝死后，同治皇帝即位，作为天子的生母，慈禧太后一步登天，被尊为圣母皇太后，尊号为慈禧太后。于是，叶赫那拉氏真正成为比金子还要珍贵无比的姓氏。

慈禧太后此时姓氏比金子珍贵，因而，她视金子如同粪土，任意挥霍金银如同流水，其生活奢华程度，让人叹为观止。

夏季时，慈禧太后要避暑乘凉。当时在紫禁城之外还有数不尽楼台亭阁的“三海”，即中海、南海、北海。主持海军衙门的李鸿章为了购买快速巡洋舰，向海军大臣醇亲王奕譞签请拨款。醇亲王不但未拨款，反而批复说，太后无处乘凉，还要请李中堂自海军购舰项下，稍助微款，以表对圣母皇太后之忠尊。而李鸿章为保官位，自然不敢得罪慈禧太后，为表忠心就拨了30万两，“助修三海”。

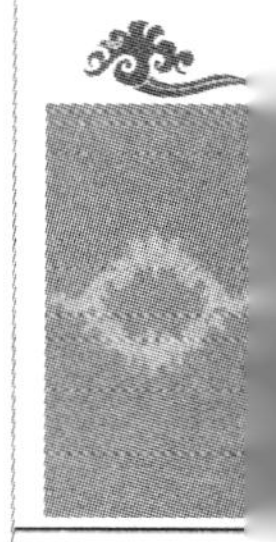

当时在“三海”之外，还有纵深百里的东西皇陵各一座，地处北京城郊。甲午海战前后，慈禧在“东陵”建造她自己的陵墓“普陀塔”，据说其“享堂”的梁柱和天篷，竟然动用了数千两黄金涂饰而成。此外还有她的“避暑山庄”和“外八庙”，更是奢靡耗费。仅是外八庙中一处屋顶的金饰，便用掉了黄金 1.5 万两！至于“奉天”之陵寝，江南之行宫，就更不用多说了。

当然，这些都是慈禧太后用在生前身后起居方面的耗费，还不是他平日的生活用度上的花费，那么，慈禧太后一天的生活究竟要耗费多少银两呢？

康熙皇帝曾说过，他宫廷一年的用度，还抵不上明朝皇宫一日之费。其实他所说的只是他自己的生活用度。至于他的五世孙媳叶赫那拉氏的生活用度的耗费，据满清王朝最后一任总管太监小德张的回忆：慈禧皇太后当年一天的生活费，大致要耗费纹银 4 万两！

这个数字意味着什么呢？有人试把它折成实物计算，那就是慈禧太后半月之费，就可买当时先进的吉野级巡洋舰一艘。两月之费，可购一超级主力舰。一年之费，至少可以装备一支高踞全球前六七位的海军舰队。

这意思就是说，为维持慈禧太后的后宫奢靡生活，半个月大清朝就要卖掉一条巡洋舰；两个月就要卖掉一超级主力舰。一年就要卖掉大清的全部水师，如何不让人吃惊？

其实，慈禧太后这每天 4 万两银子的生活费虽然都是围绕她一个人花的，但手下人得了不少好处费。据清末著名文人康有为的调查，清宫中一切的用费都是三七开。那就是报销十成之中，三成是实际用费；七成是层层经手人的好处费，这是例规，也就是潜规则。据说，慈禧太后在颐和园赏赐王公大臣看戏。怕露天淋雨，便要搭个“凉棚”。这凉棚一搭就花掉了纹银 30 万两。实际上，这个凉棚才花费 9 万两纹银。即便 9 万两银子的一个凉棚，这其中恐怕还有多少别人难以知晓的秘密。清朝政治和后宫管理之混乱，由此可见一斑。

李莲英为邀宠称慈禧“老佛爷”

太监李莲英像

慈禧手下有个太监李莲英，这人不仅聪明过人，而且惯会看风使舵之术。自从慈禧垂帘听政掌握了朝廷大权，他就认定慈禧是中国的第二个武则天，要想出人头地光宗耀祖，就必须有慈禧这样的人做靠山，否则就没有出头之日。

这天，李莲英坐在自己的房间里忧心忡忡，苦于不知如何取悦于慈禧太后，一个小太监匆匆跑来，说慈禧太后传他即刻进慈宁宫给她说笑话解闷。李莲英说：“天天儿这么说，我哪有那么多笑话说！这可怎么办呀!”小太监说：“平时您的脑子就好使，我们慢点走，等走到了慈宁宫太后那，您不就把笑话编好了吗。”小太监的一句话惊醒梦中人，李莲英的脑袋突然灵光一闪有了主意。

李莲英一路无言，来到慈宁宫进门就给慈禧太后道喜：“皇太后洪福齐天，大喜临门!”慈禧被李莲英弄得一头雾水，忙问李莲英：“喜从何来，不要耍贫嘴，快说个笑话听听。”

李莲英马上说：“奴才该死，奴才不是耍贫嘴，皇太后真是喜从天降。”慈禧太后见李莲英跪在地上不肯说出缘由，佯装生气，说：“好啦，你不说就算啦，哀家今个儿也不难为你，起来吧！快说说你这一路上碰见了什么新鲜事?”

李莲英跪在地上说：昨天晚上他喝了皇太后恩赐的好茶，兴奋得半宿不曾入眠。到了后半夜，刚有一点朦胧之意，只见房内突然红光一闪，满堂通明，以为房内失火，吓得自己猛然坐了起来，奇怪的是西天如来佛祖降临在他的床榻前。他见如来佛祖大驾光临，慌忙跪倒即拜，向如来佛祖行了三拜九叩的大礼，问佛祖为何事驾到。如来满面笑容，声如宏钟，说：“大清国天降福星，光恩普照，万物苍生将沐浴于浩浩恩惠之中。”

李莲英又说自己不解其意，请佛祖明示，如来笑道：“福星者，叶赫那拉氏也，此乃南海观世音菩萨转世，大清国唯叶赫那拉氏可安邦定国。”他闻听此言，感激涕零，再次向佛祖叩谢，并问如来，为什么不直接告诉皇太后？今后百姓将如何尊称皇太后?如来佛祖笑笑说：“天机不可泄露，就称皇太后老佛爷吧。”

慈宁宫里的宫女们一听这话，“呼啦”一声跪倒在地，三呼“老佛爷千岁，千岁，千千岁”!

慈禧太后见此情景，满面春风地说：“天意难违，也罢，传令下去，从今个儿起，就叫哀家‘老佛爷’吧，每年三月初三南海观世音菩萨的寿辰之日，就是哀家的大斋之日，哀家要在这一天沐浴更衣，吃斋念经。”

于是，李莲英因为虚构了如来降临的故事，一步登天做了太监总管。

慈禧太后得了“老佛爷“的名号

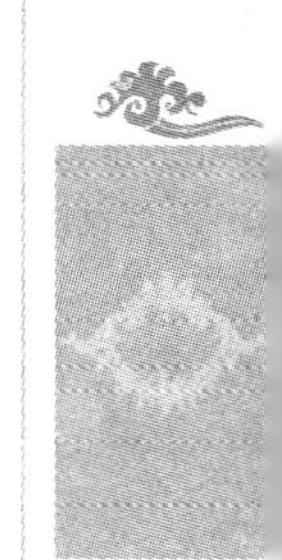

之后，除了平时有吃斋念佛之日，每逢农历三月初三这天，她还要沐浴更衣，大张旗鼓地斋戒一天。慈禧太后由于整天山珍海味，冷不丁吃吃素食，倒也感到很新鲜，可是时间一长就吃腻了，无论御膳房的御厨怎么给她调济，都无法让慈禧太后满意，所以，慈禧太后的斋戒日自然成了御厨们的劫难日。在慈禧太后吃斋念经不到两年的时间里，因为素菜不合她的口味，就有三位御厨被砍了头。

珍妃不为慈禧所喜被投井中

赫那拉氏珍妃像

珍妃，本名赫那拉氏。1889 年，珍妃两姊妹被入选宫中，13 岁的她被封为珍嫔，15 岁的姐姐封为瑾嫔，嫔为九等宫女序列中的第六等，直至光绪二十年甲午春（1894 年），因慈禧太后七旬万寿加恩得晋嫔为妃。貌美、聪慧、喜书画，颇得光绪钟爱。

光绪很喜欢珍妃，据说因大婚之后隆裕皇后失宠于光绪，而瑾妃性情忠厚，不会巴结人，她与皇后走得很近，似乎同病相怜，反而与光绪相处淡漠。唯珍妃因年幼而最活泼，最有心计。

光绪其时也不过十七八岁，每日凌晨寅时上朝，午时退朝还宫，工作时间长达七八小时，很是辛苦。珍妃日侍左右，想着法子顺应光绪的喜爱，如扮出男装宛如少年美差官，加之她本来就工翰墨会下棋，与光绪共食饮共玩共乐，对于男女之事毫不在意，是以博得光绪专宠。

珍妃还很大方，对宫中太监时有赏赐，太监们得些小恩小惠，也都竭力奉承这位“小主儿”。时间一长，这位“小主儿”也被捧得有点不知所以，渐渐失去自我节制。

后来珍妃曾因触犯隆裕，在慈禧太后的支持下遭到拷打，降为贵人，后又复妃位。光绪二十四年戊戌变法，光绪皇帝被慈禧幽禁在宫内东北三所。二年后，光绪二十六年，八国联军进北京，慈禧太后挟持光绪帝慌忙出逃，珍妃便被慈禧派人投入井里。

珍妃遇害后的第二年，慈禧和光绪帝由西安返京，光绪帝想到珍妃的

冤死，非常感伤，命人将珍妃尸体从井中打捞出来，追封其为珍贵妃，初葬恩济庄。

珍妃的尸体打捞的时候大约是春末，当时还有个仪式，宫中人将贞顺门里到乐寿堂，划为一个禁区。先焚香做佛事，彻夜念经；由萨满跳神，引魂到景仁宫。珍妃娘家的人罗拜在地，瑾妃致祭，因亡人为大，瑾妃行叩拜礼。在贞顺门里偏东的北墙上，有露天的一木龛钉在墙上，正面对井口，是祭奠珍妃的；两边有黄布帘挂在木龛内，木龛外的两边像挽联似的挂着两竖幅黄布，龛中间上边挂着横幅黄布，像横批一样，也贴在墙上。奇怪的是都没有字。据说龛里头也没有字。

打捞开始后，先打捞上来的是一领破竹席子，据说是当初裹珍妃用的。据打捞的人讲，尸体面目浮肿，已经辨认不出五官了。因为井口很小，容不下两个人下去，所以是把井口拆开打捞的。

打捞珍妃时光绪并没露面。后来光绪要来了珍妃挂过的一顶旧帐子，常常对这顶帐子出神。从此他再也没接近过任何女人，直到驾崩，可以说对珍妃是情至义尽的了。

在中国第一历史档案馆所存的清宫档案中有下述记载：“光绪二十七年七月初四，贞妃（即珍妃）安葬在恩济庄，过过营地一座”。在追封珍妃为珍贵妃的谕旨中，曾有“上年京师之变，仓猝之中，珍妃扈从不及，即于宫中殉难，洵属书烈可嘉，恩著追赠贵妃位号，以是褒恤”。将“珍”写成“贞”，大概有以示崇敬之意。

珍妃入宫时，照片技术已传入中国。但相机在当时被认为是污朽之物，会取人魂魄，致使人损寿。而珍妃却能接受照相术，成为清宫后妃中，照相最早者。但从故宫博物院，中国第一历史档案馆珍藏的大量照片和底片来看，数量最多的是慈禧太后，其次是光绪帝后隆裕，光绪帝妃瑾妃，再就是溥仪幼年及逊位后留居后三宫时期的照片，这当中独不见光绪和珍妃的照片。

古代宫廷杂谈趣话

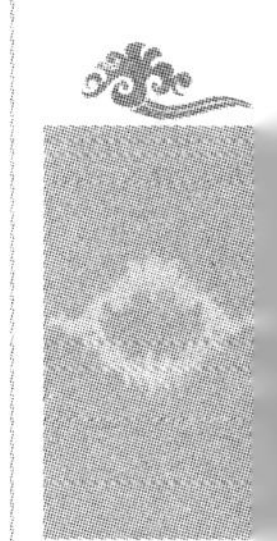

古代历朝后宫的选妃标准

汉武帝的宠妃李夫人像

中国古代对美女的界定标准，受历代帝王个人喜好的影响很大。“楚王好细腰，齐王好紫衣”，汉唐的“燕瘦环肥”，李煜的“三寸金莲”等，都是典型的例证。文人的经典作品，如宋玉的《登徒子好色赋》、曹植的《洛神赋》等，也在很大程度上左右着历代帝王乃至整个民间的审美情趣。

古籍记载表明：自先秦至明清的历朝历代，由于君王的审美情趣不尽相同，便形成不同的选美标准。所谓的“汉瘦小娇，唐白胖妖，元高大骚”，可以很形象地反映出帝王们的审美差异。

1. 先秦时期：“天生丽质”型的女子比较受宠

先秦时期的帝王大抵崇尚自然之美。所谓“清水出芙蓉，天然去雕饰”，大致反映出先秦帝王选择嫔妃的标准，即讲究“天生丽质”“国色天香”。春秋时被各国王侯争相抢夺的夏姬、息妫都是天生丽质，前者生得“杏脸桃腮，蛾眉凤眼，体若春柳，步出莲花”，后者则是“面若桃花”号“桃花夫人”。

先秦时期自然朴素美的典型代表还有越王勾践妃毛嫱，吴王夫差妃西施。“西施衣褐而天下称美”，说的是西施因家贫常穿粗布衣服，但仍掩不住她的天然朴素之美。战国末期的楚王以“小腰秀颈”为美，“小蛮腰”一时成为宫女们追逐的最大时尚。

2. 秦汉时期：能歌善舞的纤柔女子比较吃香

秦汉时期的帝王崇尚庄柔之美。“端庄颀硕”，本是汉代宫廷选美的正统妇容标准，即“姿色端丽，合法相者”。如汉惠帝的皇后张嫣就是“姿相丰端，体格颀硕，庄重而弥觉其丽”。但汉代的风流帝王们却喜好能歌善舞、仪态万千的纤柔女性，崇尚纤柔之美。

高祖刘邦最宠爱的戚夫人就是能歌善舞的美妇，楚霸王的虞姬也是舞女，汉武帝刘彻的宠爱的卫子夫、李

夫人，都是纤柔俏丽善舞。汉成帝的皇后赵飞燕、昭仪赵合德更是以纤细娇艳著称，尤其是赵飞燕体态纤美，轻盈如燕，相传其能在掌中起舞，故称“汉宫飞燕”。她们几个，都算得上是古代的舞蹈艺术家。秦始皇的生母赵姬也是体态婀娜、舞姿美妙的绝色女子。

3. 魏晋南北朝时期：多才多艺、飘逸风雅的女子最流行

魏晋南北朝的帝王们崇尚逸雅之美。魏晋时期伴随玄学与佛教的流行，出现多才善辩、飘逸风雅的女性之美。之后，在“竹林七贤”的“林下风气”影响下，飘逸风雅之美成为魏晋时期的主流审美情趣。

曹丕称帝后封为皇后的甄氏，不仅姿貌绝伦、气质非凡，而且才智过人，是魏晋时期女性飘逸风雅之美的典型代表。陈后主贵妃张丽华则是“发长七尺，端丽闲雅，飘逸若仙”，号称“人间嫦娥”，是飘逸富丽之美的典范。晋武帝的选美标准是：入选美女必须是出身显贵的未婚女子，而且“美貌、高个、肤白”。

4. 隋唐五代时期：最喜有丰腴之美的女性

隋唐五代时期的帝王崇尚丰腴之美。宫廷选美标准仍以“美貌、高个、肤白”为主导，如隋炀帝采选民间童女的标准是“姿质端丽者”。但在盛唐时期，人们的审美情趣产生微妙变化，开始崇尚丰腴肥硕的女性形象，这可从唐代仕女图与雕塑中的妇女形象得以印证。

武则天便生得“方额广颐”，宽宽的额头，丰满圆润的面颊，是一位丰满健硕的美女。唐玄宗的杨贵妃则是古代最著名的胖美人，是古代美女中丰腴肥硕、雍容华贵之美的象征。唐肃宗的张皇后也是一位丰腴的女性。唐末、五代时期，其审美观逐渐转为纤弱或病态之美。

5. 宋元时期：温柔庄重的女子受欢迎

宋代的帝王崇尚温柔庄重之美，而元代帝王则喜欢粗犷豪放，两者的反差很大。宋代皇帝选妃子出现重德轻色倾向，大多选自高官显贵之家，后妃们恪守礼教，温柔恭顺，庄重寡言。宋代后妃中，以美貌出众得宠而被封为后妃的为数极少。

6. 明清时期：德容兼具的女子选中率高

明代宫廷选美讲求“德容兼具”，且所选后妃多出身于民间贫寒之家，以此助帝王厉行节俭。明代虽重妇德，但美貌（含小脚）仍是选择后、妃的最重要标准。

明熹宗的皇后张嫣，是天启元年从全国初选的5000名美女中，连过“八关”选出的第一美女，史载张嫣“颀秀丰整，面如观音，眼似秋波，口若朱樱，鼻如悬胆，皓牙细洁”。清朝实行“满汉不通婚”，其宫廷选秀限于满、蒙、汉“八旗”官员家中

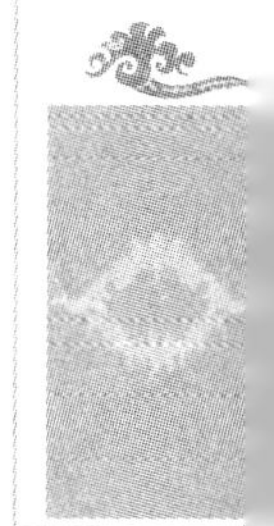

女子。

历代宫女生活真相揭秘

清朝的宫女生活一角

宫女是指被选入宫中供帝王声色享用和生活服务的女子。大致上由三部分人组成：一是礼法允许，历代沿制的嫔妃类。历代封建帝王一人占有成千上万的女子，根据其好恶程度，将宫中女子分成若干等级。二是宫中数不清的女官和宫娥等等，这部分女子可随时召来，封以头衔，博取帝王一时之欢心。三是宫中庞大的女乐倡优，她们色艺出众，专供帝王享乐和应酬之需。

中国古代的宫女生活到底是怎样的呢？下面试分析之：

1. 先秦时代

早在先秦时代，随着奴隶制的产生，专供天子诸侯取乐的宫中美女，倡优和女乐就产生了。夏桀拥有女乐三万，足可见其荒淫无度。古人把夏桀灭亡的原因归罪于君王沉迷女色而荒废政事。

殷商时代的商纣王，在赏玩女乐倡优等宫女时，更是有一种变态心理。他不满足于自己宫中的女色，还随意发动战争，劫掠诸侯的女乐，大施淫威。甚至设酒池肉林，命宫中男女裸体追逐于其间，他一边饮酒一边观赏，通宵达旦。并广征赋税，营造极其壮丽的苑台、苑圃。

至春秋战国的动乱年代，君王广罗女乐倡优，嗜玩声色歌舞已成风气。

2. 秦汉时期

秦汉时代是礼教得以发展与完善的时期。一方面，刘向的《列女传》、班昭的《女诫》以及《礼心》等书对妇女的贞操德行加以苛严的约束，与此同时，统治者大力提倡贞节，表彰节妇。但是另一方面，统治者自己却占有大量女乐、倡优等宫女，供他们享乐。

秦始皇把从六国掠来的上万名宫女据为已有，并大修宫室供女乐居住表演。秦始皇在位36年，有的宫女幽闭于宫中，终身未能见到皇帝。

西汉自高祖以来，历代皇帝不论荒淫风流与否，其后宫蓄藏的美女，数量之众相当可观。汉武帝好大喜功

又风流放荡，他在宫中收纳数千名宫娥、女乐，一方面恣意享乐，一方面以此显示天子的特权与威严。

据记载，西汉各帝继政期间，因为宫女过多，时有放出宫女之事，但大批宫女放出宫门，并未减弱帝王荒淫纵欲，宫廷仍是美女如云，淫乱成风。

3. 魏晋南北朝时期

魏晋南北朝是一个持续了三百多年的战乱时代，长期的分裂与动乱使人们产生了一种岁月蹉跎、及时行乐的心理。同时，婚姻重视门阀等级和实行彻底的早婚以及方士和道教徒所倡导的房中术广为流传。

所谓“采阴补阳”，延年益寿；多多御女，“多多益善”，“一夜御十女”等等。这些都进一步助长了统治者的荒淫和纵欲，除了容置大量宫女外，还仗势夺取别人妻子入宫。

在晋代，除了继承以爵位安置宫女的方法外，还设了更多的三夫人、九嫔、美女等女官职，这些都是皇帝宠幸的美女。

晋武帝生性优柔，好女色。他于公元273年下诏令，选公卿以下家庭的年轻女子来充实六宫，有将女子隐藏者，以不敬的罪名予以治罪。在采选宫女期间，禁止天下的男婚女嫁。他采选宫女5000余人，都是良家女子和小将吏之女。被采选入宫的女子哭号之声，一直传到宫外。

西晋灭亡后，社会又进入战乱和分裂状态。无论是东晋十六国，还是南朝的宋、齐、梁、陈，或是北朝的北魏、东魏、北齐、西魏、北周，在这260多年历史中，历代君王多是后宫充塞，纵情于声色。

北朝的北魏宣武帝拥有大量宫女尚不满足，就连臣下将狎玩过的妓女献给他，他也乐意接纳。

北齐神武帝高欢在灭东魏后，将庄帝皇后、建明帝皇后以及魏广平王妃、任城王妃、城阳王妃等魏室诸妃都纳入自己的宫中，所以北齐宫闱的淫逸，历史上颇为出名。

4. 隋唐时期

按照地位的不同，唐代宫女大致可以分为两类，一类是有品级的宫中女官；另一类则是没有品级的普通宫女，后者占据了宫女的绝大多数。

唐代后宫的女官又称“宫官”，她们是后宫中除了皇后和嫔妃之外的管理阶层，在后宫成千上万的宫女中属于地位较高的等级。西安枣园唐墓中拥有墓志的四位宫女，就属于这一类。

庞大的后宫拥有数以万计的宫女，为了维持其正常运作，统治者们制定出了一套森严的管理体系。西北大学的唐史专家贾志刚教授说：“唐代‘后廷’是模仿‘前廷’来建设的。‘前廷’的官员有九个品级，‘后廷’的女官也是如此。”前廷即指朝廷；后廷则指后宫。后宫等级森严，一品到五品基本都是皇帝的嫔妃，有一些

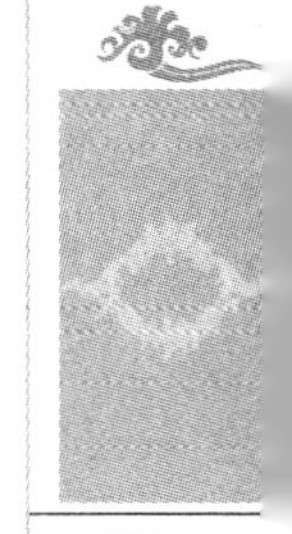

威望较高、资历较深的宫中女官，也能获得五品的级别；六品到九品，则是普通宫中女官的品阶。终唐一代，后宫的等级制度虽几经变更，但其基本的内容大致如此。贾志刚教授说：“宫女们在后宫都有具体的事务，分工很细，比如有专门掌管蜡烛、钥匙、被褥等事务的宫女。”

有品级的女官毕竟人数较少，多数宫女都是没有品级的低级宫婢，她们从事低下的体力劳动，很少有机会接触等级较高的妃嫔，更无缘和皇帝见面，真是“不识君王到死时”。这类宫女死后没有墓志，所以她们的生活就更不为人所知。枣园唐墓群中没有墓志者很有可能就是这一类没有品级的宫女墓葬。

说到宫女的等级，就不能不提及唐代宫女的来源，因为宫女们的入宫方式往往决定了她们在宫中的地位。大部分宫女都是从民间海选采聘而来，她们出身于良家，品德素质较高，常有晋升为宫中女官的可能；还有一部分宫女是因为自己或家人犯罪而被没入宫中的，她们在后宫的地位最低，承担着后宫的下等劳动，也有些凭借自己的手艺在宫中从事缝纫、刺绣之类的工作；此外，还有少数宫女是由附属国、地方官，或者公主进献入宫的，她们往往具备特殊的才华，容易受到皇帝的注意而晋升为妃嫔，但是她们也常是进献者安插在皇帝身边的奸细，太平公主就曾经通过进献宫女来监视唐玄宗，并试图谋害玄宗，然而最终并未得逞。

宫女的职责就是为皇帝和后妃们服务。为了满足主子们安逸奢侈的生活需要，宫女们承担着后宫繁杂的劳动，她们的工作范围包括宫中衣、食、住、行等各个方面，此外还有专门从事歌舞杂耍等表演项目的宫女。不论日常劳动抑或歌舞表演，都是十分辛苦的。

从唐诗中，我们得以形象地了解到宫女生活的辛劳。诗人王建《宫词一百首》云：舞来汗湿罗衣彻，楼上人扶下玉梯，刚跳完舞的宫女浑身是汗，湿透了云裳，而楼上那些观看表演的人还需要别人搀扶着走下玉梯。诗中又有“每夜停灯熨御衣”一句，可见每天晚上宫中熄灯之后，那些负责皇帝服装的宫女还要熨烫御衣，其辛苦程度可见一斑。

除了日常劳作，宫女们还要接受各种教育，她们学习的内容包括文化知识、音乐艺术，以及各种技能。

唐代的皇帝十分重视宫女教育，有专门教授宫娥们读书的后宫学校，还有教授乐舞杂技的“内教坊”，所以，唐代宫女们的素质普遍较高。其中最为著名的要属上官婉儿，她是高宗朝名臣上官仪的孙女，上官仪被杀之后，年幼的她随母亲郑氏配入后宫，自小便在宫中接受教育，由于婉儿才华出众、机警过人，备受女皇武则天的喜爱和信任，在武则天主政时期及

中宗朝都曾显赫一时。

然而，上官婉儿这样的佼佼者毕竟凤毛麟角，多数宫女都在琐碎枯燥的劳动和压抑孤独的环境中度过一生。“衣食无忧、精神空虚”，贾志刚教授如此评价宫女的生活。不过，宫女们的生活也并不全是灰暗的一面，在宫中，她们也可以通过各种各样的娱乐活动来调节枯燥的生活。

唐代宫女有专门的“马球队”和“蹴鞠队”。马球可谓是唐代最为激烈的运动，马球场上，宫女们各个着男装、跨烈马、扬鞭疾驰、挥舞球棍、击球入门，这是怎样一幅场景！蹴鞠类似于现代的足球运动，在战国时期的齐国就已经成为一项流行的民间运动。不知唐代的宫女们在蹴鞠场上是怎样一种风姿，如若让她们和当今的国家女足踢一场比赛，胜负又将如何呢？

宫女们还有一种娱乐项目叫“参军戏”，形式类似于现在的相声，一人主讲，另一人在旁打岔，说一些娱乐性的逗笑的东西，还有诸如荡秋千、斗百花、抛球等游戏，大凡民间流行的娱乐项目，宫女们也能在宫墙内玩耍，解解闷儿。

5. 宋元时期

无论北宋还是南宋时期，除了承继先制，后宫纳置成千上万宫女之外，帝王都十分偏爱宫女的伎艺，在选妃子时，皇家就特别注意女子的伎艺。《石林燕语》记述，兹圣太后在娘家时，经常在寒食节玩掷钱游戏。她掷出的铜钱可盘旋好久，侧立不倒，可为一绝。此事传进宫中，不久，她便被选入宫了。《贵耳集》中，记叙一次宋真宗和近臣宴会，席间谈及庄子，真宗忽命呈诵《秋水》，立即走上一位翠环绿衣装束的小女子，她神色自若，当众朗朗背诵《秋水》，举座竦竦恭听，这大概是在文化方面有特长的宫女。

同样，在武艺方面，也有不少出类拔萃的宫女。政和五年四月，宋徽宗在崇政殿，曾进行一次别开生面的检阅，他先让500余子弟，表演操练，骑马射箭，拉硬弓等等。然后，徽宗让一队宫女表演，她们跃马飞射，用阔于常镞的矢镞射断随风飘摆的细柳枝，又射被疾奔的马拖曳着飞快滚动的绣球，宫女们同样能将长三尺二寸、弦长二尺五寸的“神臂弓”拉开如满月。不过，宫中最繁盛的，当然数歌舞宫女，数量可观，往往一个节目，同场演出的就多达150多人。太宗、仁宗等帝王还亲自制曲，赐宫内歌舞教坊。除此以外，专供帝王享乐的宫女也与历代一样众多，宋仁宗时，仅仅前后外放的宫女就有500人。哲宗刚成年，太皇太后就挑选世家女百余人入宫。宋徽宗更是风流，仅仅他即位后外放的宫女就达2476人。除宫中大量美女外，他还微服私狎市妓李师师等，历史上颇有名气。

元代统治者一方面极力宣传贞节

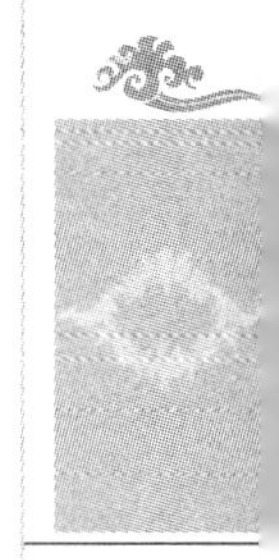

观念，而另一方面，宫廷淫风大盛。仅皇后，元代加设了自古以来从未有过的三后制，但事实上称皇后的远不止 3 个人，有时 7 人，有时 10 人等。如太祖时，称皇后的有 23 人；宪宗时有 5 人，忽必烈时 8 个人。元天顺帝时，奢侈荒淫，每举行一次宴会，就要宰马 30 匹。他先后娶宗室女子 48 人，其后房充斥，连自己也记不清楚，甚至闹出笑话：有一天，天顺帝在平章事的宫邸大摆宴席，席上，有一位年轻美貌的女子作陪，他不认识，等问了姓名之后，才记起原来是自己的一个小妾。

元顺帝惠宗继位后，在臣下秃帖木儿的奉承下，召擅长房中术的法僧伽真进宫，元顺帝在宫女中喜而习之。元顺帝还搜罗民间才貌双全、能歌善舞的女子进宫，“长歌大舞，自暮达旦”。他还十分欣赏以三圣奴、妙乐奴、文殊奴等 16 个美艳绝伦的宫女表演的《十六天魔舞》，她们装扮成菩萨模样，头上梳数根发辫，戴着象牙佛冠，身披珠子串成的璎珞，按照河西礼佛的曲子翩翩起舞。她们手势万千，双臂左右开合，塑造神、佛的各种姿态，充满佛教的神秘色彩，却又体态婀娜，舞姿媚人，是一种“诱惑舞”。每次演出，又有十几个宫女组成乐队，按舞奏乐，观者心摇神荡，元顺帝则如醉如痴。

元代也实行汉晋以后相沿的选女制。相传顺帝时，因一时讹传朝廷选女，引起民间惊恐，童男童女纷纷迅速婚嫁的事。据万石的《退宫人引》记述：“少年十五、二十岁，中宫教得步步齐。春罗夜剪绣花帖，阶前夜舞高夔丽……舞困楼阑过三十，内家别选娥眉人。”也就是说，元代宫女少时进宫，年过三十美色衰褪后，就被遣放出宫，另选美女入宫。

明太祖登位之初，三宫六院，妃妾成群，女乐宫娥等仍然存在。明太祖时，光是六局二十四司的女官就有 300。到第九代宪宗皇帝时，内宫淫逸、腐败，方士妖僧出入宫中，怂恿宪宗施行淫邪之术。十一代皇帝武宗也是一个放纵声色的帝王，他听信宠臣江彬的谗言，到美女多的地方广搜美女，宫女的数量成千上万，据说，由于宫女太多，时有因吃不上饭而饿死的事发生。

清初，虽然革除了纳置女乐倡优的教坊宫妓，但是，作为皇权尊严的体现与象征的三宫六院以及数以千计为帝王提供声色服务的宫女却依然存在，清朝皇宫代代相袭。

6. 明清时期

明清时期的宫女入宫后，在宫里常会碰到三大困难：睡觉、吃饭和出虚恭。据有关史料，按宫里的规矩，宫女睡觉是不允许仰面朝天的，必须侧着身子。因为宫廷里的人信神，传说各殿都有殿神，一到夜里全出来察看，保护着太后、皇上。所以，宫女睡觉得有个样子，以免冲撞了殿神。

宫廷最全国最富有的地方，入宫当宫女按理说，不会如在一般人家家里当侍女那般，偶尔还有吃不饱穿不暖的时候，紫禁城的宫女应该在吃饭方面不存在吃不饱的现象，而清朝的宫女也不如明朝时那样，明亡时，“宫女至九千人，内监至十万人”，人愈众用柴愈多，故“宫中用马口柴、红螺炭，以数千万斤计”（《清朝文献通考》卷39《国用一》）。康熙、乾隆的时候，清朝的宫女约为3000多人。有一个说法，叫作“够不够三千六”，说的是大体上3000多个宫女。到光绪时，约为1900多人。这些宫女在伺候皇后、贵妃等都有严格地规定，有配额。皇太后宫，宫女12人，皇后宫，宫女10人，皇贵妃，宫女10人，妃嫔，宫女8人，依次递降。偌大一个清朝廷，养这几千宫女已经是不成问题的。可事实上，这些宫女确实长年都只能吃个八分饱。原因又何在呢？据《宫女谈往录》记载：“我们多少年没吃过鱼，怕身上带腥气味。如果在上头当差，身上突然冒出脏味儿来，那叫‘大不敬’，丢了差事是一定的，可能姑姑和掌事儿的也得受连累。唯一的办法是严格控制饮食，每顿饭只许吃八成饱，姑姑用眼角一瞟，马上就得把饭碗放下。轮到夜间上夜，虽然夜里有顿点心（宫里叫加餐），可谁也不敢吃，由晚上直饿到天亮。”

“姑姑”就是宫里的那些老宫女，专门管一些十几岁的小宫女们的。如果宫女们吃得太饱的话，不小心在皇帝面前打个嗝，弄不好还会被杀头，所以宫女们也不敢吃鱼虾、蒜韭，怕粘上杂味。

虽然有不少规矩，但宫女的饮食还是不错的，据一些宫女的回忆录可知，宫女在宫里吃饭是有严格的季节性的。比如大年初一，一定给宫女吃春盘，也就是春饼、盒子菜。这些春盘有圆有方，数目不等，有12、16、18个不等的珐琅盒子，盒子里放有细丝酱菜、薰菜，如青酱肉、五香小肚、薰肚、薰鸡丝等等，甚是丰富。到了五月初一，还有各种馅的粽子吃，中秋也吃月饼，重阳节吃花糕，更让人感到吃惊的是，由夏至到处暑，宫女每人每天还可以赏一个西瓜，但宫女忌生冷，谁也不敢多吃。

“从十月十五起每顿饭添锅子，有什锦锅、涮羊肉，东北的习惯爱将酸菜、血肠、白肉、白片鸡、切肚混在一起，我们吃这种锅子的时候多。也有时吃山鸡锅子，反正一年里我们有三个整月吃锅子。正月十六日撤锅子换砂锅。到了清明节，就有豌豆黄、芸豆糕、艾窝窝等；到立夏，就有绿豆粥、小豆粥；到夏至，就要吃水晶肉、水晶鸡、水晶肚之类的。暑天，也给凉碗子吃，像甜瓜果藕、莲子洋粉攥丝、杏仁豆腐等，经常吃的是荷叶粥，都是冰镇的。瓜果梨桃按季节按月有份例。清廷吃东西讲究分寸，不当令不吃。”

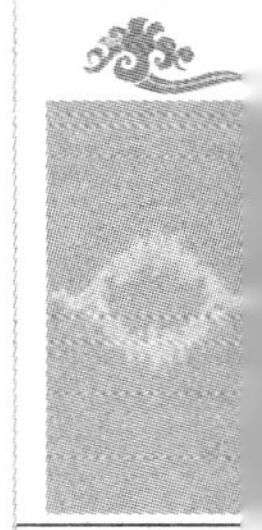

更有意思的是，各个宫女值班当差的时间不等，所以吃饭也不能统一时间一同吃饭，但她们每个人都有一个砂锅，可以吃到热饭菜。看来明清时宫女的生活相比小户人家的侍女还是要强很多的，毕竟是富有的宫廷里，管理方面还是很有规矩的。

古代皇宫内的生活管理

宫内的生活管理相当严格

皇宫是有严格的管理程序的，因为需要维护皇帝的权威和后宫的秩序，一般情况下，皇宫有职下几种管理者。

1. 太监

虽然从表面上看，皇帝的生活决定于皇帝的意志，但是在嫔妃名牌放置、准备工作、运送妃子、掌握时间、档案记录等具体环节上都可以钻空子，做手脚，妃子们如果得罪了敬事房太监就可能倒大霉，所以她们对敬事房太监都很巴结，常给太监们一些好处。

2. 女官

在内廷和宦官并列的是女官，她们的声势从表面上看虽然不如宦官，但是即使是身兼重职的宦官如果不和女官合作，也无法充分发挥其影响力，有许多坏事，都是女官和宦官勾结而形成的。明朝的公主下嫁后，就迁居宫内的十王府。

这时，皇帝就会派给她一个贴身服侍的老女官，这个老女官被称为“管家婆”，对许多事有相当大的管理权。驸马如蒙公主召见，从皇城宅第前往宫中去叙夫妻之情时，面临的最大难关就是这个“管家婆”，必须重金贿赂。因为如果没有“管家婆”的传达，驸马就无法见到公主。

这样，就出现了不少不幸事件。明神宗胞妹的丈夫就是因为对女官贿赂得不够，所以无法会见公主，最后患神经衰弱症去世，公主也只好守寡一辈子。还有一次，神宗最宠爱的一位公主召驸马入宫，当时老女官正和她相爱的宦官饮酒作乐，驸马未经她的传达，就擅自入宫。老女官知此事后，非常生气，便趁着醉意把驸马赶出宫外，又把公主狠狠地责骂了一顿。公主气愤难平，打算第二天去禀告母后，但想不到老女官已“恶人先告状”，公主反被母后痛斥。被赶出宫的驸马想入朝替自己申辩时，那个和老女官相好的宦官和他的一伙人已守候在门外，把驸马打得浑身是血。这件事闹大了，最后，驸马被冠以无礼

之名，送入太学进修，并且罚他三个月内不准进入宫廷；老女官则转任他职；那个宦官却没有受到丝毫责备。从这件事也可以看到宦官与女官们跋扈到了何种地步。

3. 医婆

医婆就是卖药治病的女子。到了明代，由于贞操观念的影响，妇女有病不愿请男医治，如必要时，也只能隔帐搭脉，观察病情，在这种情况下，医婆就应运而生。卖药治病本来无可非议，但在民间的医婆走家串巷，播弄是非；有时卖假药，卖春药，替一些妇女打胎；有的还以揭露阴私相要挟而敲诈勒索。

医婆被选入宫中的，一般素质较高，工作谨严，但以医术帮助有的嫔妃宫女治疗不可告人的隐疾，帮助她们压抑性欲、激发性欲以致打胎的也有。从历史上还没有发现医婆有什么参预政治、酿成大乱的事情。

4. 奶婆

关于选养奶婆，明朝时北京东安门外稍北有礼仪房，是选养奶婆以候内廷宣召之所，俗称“奶子府”，有提督司礼监太监管其事。每季选奶婆40名，蓄养于内，称为“坐季奶婆”；另选80名，仅注其籍，仍令其住在自己家中，称为“点卯奶婆”。

“点卯奶婆”是候补人员，如果“坐季奶婆”不够用了，即以“点卯奶婆”补充。选奶婆时，北京附近的宛平、大兴二县及各衙门广求军民家有夫之妇，年15以上、20以下，夫男俱全，形容端正，第三胎生男女仅3月者，作为候选人。

奶婆对宫廷事务当然都有一定的作用，有作用就可能有一定的权势与影响。而且奶婆的作用则是较长期的，她一旦哺皇子皇孙乳，皇子皇孙就会记她一辈子，所以奶婆一旦入宫，无有出理。如果奶婆所哺的皇子皇孙登基即位，那么这个奶婆更是身价百倍，还会受爵册封。例如，东汉安帝封奶妈王圣为“野王君”；顺帝封奶妈宋氏为“山阳君”；灵帝封奶妈赵娆为“平氏君”；唐中宗封奶妈于氏为“平恩郡夫人”，封奶妈高氏为“修国夫人”；睿宗封其子（玄宗）的奶妈蒋氏为“吴国夫人”，封莫氏为“燕国夫人”；元朝时，世祖封皇子燕王的奶妈赵氏为“豳国夫人”，封奶妈的丈夫巩性禄为“性育公”；成宗封奶妈的丈夫为“寿国公”；仁宗封奶妈的丈夫杨性荣为“云国公”；英宗封奶妈忽秃台为“定襄郡夫人”，封她的丈夫阿来为“定襄郡王”；明朝时，成祖封奶妈冯氏为“保重贤顺夫人”；等等。

皇帝所以待奶婆好，不仅由于从小吃她的乳汁而有感情，而且是为了符合封建礼教的规范需要，因为吃过奶婆的奶，所以也要有一点孝敬之心。奶婆年纪轻轻就别夫别子而入宫，甚至终身不能再出，这实在是非常残忍的事；她们年纪轻（15岁至20岁），

已有过性经验但入宫后只能永远孤眠独宿，杜绝性生活，这也是十分残忍的事。但是，有的奶婆又会因所哺之皇子皇孙登基而权势倾人，能对皇帝施加种种影响，所以在中国历史上奶婆在宫廷中与人私通、结党作乱的也非个别。例如汉安帝时，其乳母王圣母女和宦官江京、李闰等勾结在一起，诽谤太后，打击太后的家族，煽动内外，任性而为，曾逼得宰相杨震服毒自杀，最后把太子也废了。

4. 稳婆

稳婆就是收生婆，平时也常叫“老娘”，按照蒋一葵《长安客话》卷二的说法，宫廷所需的稳婆都要在民间收生婆里预选，然后把预选出来的稳婆的名字登记在册，以备需要时选用。被选进内廷的稳婆除了接生以及选奶婆（乳娘）时看“乳汁厚薄，隐疾有无”之外，还在宫廷选美时起着重要作用，不仅要参预辨别妍媸，而且要对女性作裸体检查，如皮肤、乳房、阴部等，在贞节观十分盛行的明代，还要检查选入宫内的女子是否处女。

《汉杂事秘辛》中所讲的梁女莹选后以前被吴姁裸体检查的事，则是一个比较著名的例子。稳婆也对政局和后宫权力产生一定的影响，但是其作用主要在选女入宫时和接生时，这些时机都比较短暂，事情过去了，一切就过去了。

当时除宫廷外，官府也少不了稳婆，如办案时验女尸，常由稳婆出场以检验私处；而若有女子遭人强奸，也总由稳婆进行隐私部位的检查。

古代嫔妃侍寝全过程

嫔妃侍寝一角

古代皇宫内管理嫔妃侍寝的叫敬事房，隶属内务府，其最重要的职责乃是管理帝后嫔妃的房事，所谓“专司皇帝交媾之事者也”。

嫔妃们的侍寝房事都归敬事房太监管理、记录。嫔妃们的每一次侍寝，敬事房总管太监都得记下年月日时，以备日后怀孕时核对验证。

古代嫔妃侍寝程序较为复杂。每日晚餐完毕，总管太监就奉上一个大银盘，里面盛了几十块绿牌子，每块牌子上都写着一个妃子的姓名。

这天，皇帝若没有性欲，便说声

"去"；有点意思，则拈出一块牌子，翻过来，背面朝上，再放进盘里。总管记住这个牌子，出来后将牌子交给手下，一名专负责背妃子进寝宫并一直送到龙床上的太监。

届时，皇帝睡觉了，则先上床，将被子盖到踝关节处，脚露在外面；那太监先已在妃子房中将其脱个精光，随即裹上大披风，一直背到寝宫，再扯去披风，将妃子放在床上。妃子则从暴露在外的"龙爪"这头匍匐钻进大被，然后"与帝交焉"。

此时，太监退出房外，和总管守候窗外，敬候事毕。为防止皇帝中马上风而死，时间稍长，总管就得在外高唱："是时候了。"若皇帝兴致高，装聋作哑，则再喊一次。"如是者三"，皇帝就不能再拖延，而得"止乎礼"。

招呼太监进房。太监进去后，妃子必须面对皇帝，倒着爬出被子。君臣朝堂相见，臣子退下，是不能转背而行、拿脊梁骨对着皇帝的，得面朝皇帝，往后挪步，这叫"却行"。"臣妾"更不能拿光脊梁对着皇帝，所以只能这样倒爬下床。太监再次用披风裹着她，背到门外。

总管随后进来，问："留不留?"皇帝说留，就拿出小本本，记上某年某月某日某时皇帝幸某妃；若说不留，总管就出来，找准妃子腰股之间某处穴位，微微揉之，"则龙精尽流出矣"，实施人工避孕。避孕倘不成功，就得补做人流手术，因为本子上没有记录的房事，做了也是白做。

这个不太合乎"人道"的存档制度，是顺治皇帝从明朝学来，用以限制"子孙淫豫之行"的。皇帝们肯定都不满意这个"祖制"，但又不能随意更动，于是设法规避。圆明园等行宫的嫔妃侍寝则不必奉行存档制度，因此，一年中大部分时间，年轻的咸丰都住在圆明园，尽情享受园内嫔妃宫女们的千般旖旎，万种风情。

皇帝们的"生理课"

现代的中学课堂上都有生理知识课，其实中国古代各朝的皇太子或小皇帝进入青春期后，皇室都要派专人教以生理和人伦常识。只有这样他们才能胜任"上以事宗庙，下以续后世"的重担。这种性启蒙教育既严肃认真，又生动活泼；既传授理论知识，又通过"春宫图"和人体模型展示操作方法。

春宫画大概是中国古人进行性教育的一个创举，并为历代皇家采用。所谓春宫画，就是描绘男女各种性交姿态、反映性生活场景的图画。而据说，春画的起源就在王室。

据考证，春宫画在西汉时就出现了，发明者是因盗墓闻名的广川王刘去的儿子刘海阳。刘海阳与其父亲刘

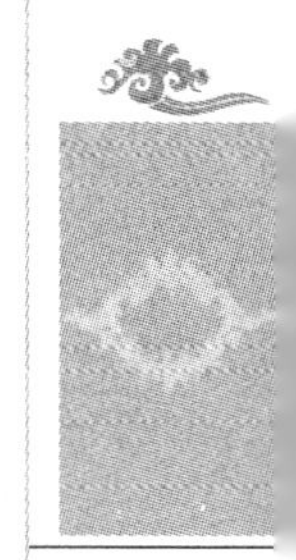

去一样，是位好色之徒，整天淫乐，他令画师在房间四壁、天花板上将这些他所能看得到的地方画上各种性交图，供其作乐时“欣赏”。此即沈德符在《万历野获编·玩具》“春画”条所记，“春画之起，当始于汉广川王，画男女交接状于屋，召诸父姊妹饮，令仰视画。”

此后，春宫画由宫廷传至民间，“为民所用”，而历代皇家亦都重视春宫画，视之为必不可缺的特殊性教育工具，玩弄春宫画比较出名的皇帝有不少，如南朝齐东昏侯萧宝卷、隋炀帝杨广、唐高宗李治和皇后、大周皇后武则天等。

这几位皇帝“看春意”显然不是启蒙性质了，而是滥淫。萧宝卷有位贵妃叫潘玉儿，因貌美受宠。萧宝卷也效法刘海阳，在新造的后宫墙壁上，画上各种春画，以备他与潘玉儿“参考学习”。杨广则又发扬光大，让画师将他与宫女做爱淫乐时的现场画出来，再现真实供其回味，这就是“乌铜屏故事”，宋太宗也这样做过。

当然，最出名的还是李治与武则天。李治专门建造了一座供其幸御嫔妃的镜殿，把自己和妃子交欢时的场景画到墙上，以增强视觉效果，校对动作是否到位。结果臣子刘仁轨偶然一次进殿，被吓了一跳，以为有几个皇帝在现场示范。李治死后，武则天则把此殿当成自己与面首寻欢的地方。元文人杨铁崖就此大发一通感慨：

镜殿青春秘戏多，玉肌相照影相摹。六郎酣战武曌笑，队队鸳鸯浴锦波。

2. 使用性玩偶教具

除春宫画外，皇室还有一种特殊的性教育手法，就是使用性玩偶教具，让皇子“一看就懂”。据说明清两代皇帝在大婚之前，会有专门师傅带他去看“欢喜佛”，这也是习练做爱技巧的一个环节。在明朝，紫禁城中设有供奉欢喜佛的密室，密室中的欢喜佛是男女合一的佛像，表像时呈互相搂抱状。

佛身上设有机关，按动机关，佛就开始做爱，变化出各种动作。初入佛殿，还要举行一个“仪式”，要给欢喜佛烧香、叩拜。之后，新婚皇帝才可以摸抓佛身的隐私处，习练动作。这之后才行“合卺礼”。

据《万历野获编》记述，明代紫禁城中供奉的欢喜佛，就是对皇太子或小皇帝进行性启蒙教育的教具之一，有的说是外国进献，有的说是元朝遗留下来的。欢喜佛为男女合一佛像，成互相搂抱状。初入佛殿，必须举行一个仪式，老师带着学生烧香，上供，叩拜。然后，老师讲解，演示。得到老师允许，学生才可以触摸佛身，甚至操作、演练。“上课”时，师生都必须“端庄”，“严肃”；嘻嘻哈哈，打打闹闹，以“儿戏”对待，那是绝对不行的。

清代皇家的性启蒙教育，据说比明代更规范，更系统。结婚前，小皇

帝上过“理论知识课”之后，有关方面选出八名俏丽而年龄稍长的宫女，作小皇帝的“司门”“司帐”、“司寝”等，掌管小皇帝的“床第事务”，为他充当夫妻生活的参谋、顾问，陪他“实习”，积累实践经验。

历朝皇帝洞房趣事

皇帝结婚之夜的礼仪

明清两朝皇帝结婚一般在坤宁宫举行。坤宁宫是皇宫中后三宫的第三宫。在明朝是皇后的寝宫，清朝时将东面两间设为皇帝大婚时的洞房，西面五间则改为祭祀萨满教的神堂。清朝皇帝大婚娶老婆相当隆重，也极为讲究。新娘子要从大清门抬进来，经天安门、午门，直至后宫。而妃嫔进宫，只能走紫禁城后门神武门。

皇帝结婚也要进“洞房”。与民间新房就是洞房的习俗不一样，皇帝结婚的洞房并不在自己的寝室内，并没有固定的洞房，一般会在举行仪式的地方先找个房间临时用用。

皇帝的洞房比老百姓家的要高档豪华多了，但也不能免贴红双喜、喜庆对联的习俗。洞房的主题也是大红色，形成红光映辉，喜气盈盈的气氛。床前会挂“百子帐”，铺上会放“百子被”，就是绣了100个神态各异小孩子的帐子和被子；床头悬挂大红缎绣龙凤双喜的床幔，帝王之家也“多子多福”。隋唐时，皇帝的洞房铺设地毯，设置多重屏障，龙凤大喜床的四周有布幔，洞房的私密性很好。

在清朝，洞房一般设在坤宁宫的东暖阁，墙壁都是用红漆及银殊桐油装饰的。洞房门前吊着一盏双喜字大宫灯，鎏金色的大红门上有粘金沥粉的双喜字，门的上方为一草书的大“寿”字，门旁墙上一长幅对联直落地面。

从坤宁宫正门进入东暖阁的门口，以及洞房外东侧过道里各竖立一座大红镶金色木影壁，乃取帝后合卺和“开门见喜”之意。

洞房内金玉珍宝，富丽堂皇。东暖阁为敞两间，东面靠北墙为皇帝宝座，右手边有象征“吉祥如意”的玉如意一柄。前檐通连大炕一座，炕两边为紫檀雕龙凤，炕几上有瓷瓶、宝器等陈设，炕前左边长几上陈设一对

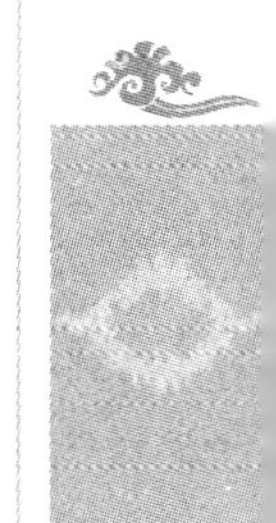

双喜桌灯。东暖阁内西北角安放龙凤喜床，喜床上铺着厚厚实实的红缎龙凤双喜字大炕褥，床上用品有明黄缎和朱红彩缎的喜被、喜枕，其图案优美，绣工精细，富贵无比。床里墙上挂有一幅喜庆对联，正中是一幅牡丹花卉图，靠墙放着一对百宝如意柜。

皇帝的洞房自然是不能闹的，但礼节少不了。那皇帝入洞房后，首先要做什么？在民间，新郎新娘一入洞房可能就急不可耐地上床。皇帝可不行，得把全套的活动进行完毕才能共度良宵。

据《新唐书》中有“皇帝纳皇后”条的记载，唐代帝后的大婚相当复杂，入洞房后先要祭拜神灵，向天、地、祖宗表达敬意。实际上，这种祭拜活动在进洞房前就开始祭了，要入同牢席，婚后数天也都要进行不同性质的祭拜活动。在新房东房间的西窗下设有餐桌，桌前列有像征夫妻同席宴餐的豆、笾、簋、篮、俎，这意思与民间“以后吃一锅饭”是一个意思。进入洞房后的行祭拜活动在行合卺礼前进行。这每祭一次，新人便要一起吃一次饭，这样真的到了上床前肚子也饱了，不至于饿着肚子了。因为饮了点酒，还可以把双方的情趣调节到位，也算是上床前的一种调情手段。

所谓的“合卺礼”，就是民间所谓的“喝交杯酒”。“同牢”，就是夫妻两人一起食用弄熟的牲畜，如一头小猪；“合卺”，本意是把破开的瓠合为一体，古时多用之盛酒。把帝、后各自瓠内的酒掺和到一起，共饮，即是“合卺”。这种交杯酒可不是现代婚礼上互饮对方的酒杯，而是各自喝掺到一起的酒，现在的喝交杯酒形式应该是闹新房的产物。

喝了交杯酒后，接下来的事情就是该上床了。但是皇帝当新郎官，那床可不能随随便便就上的，要分先后的。唐朝皇帝纳皇后入洞房是这样上床的——尚仪北面跪，奏称：“礼毕，兴。”帝、后俱兴。尚宫引皇帝入东房，释冕服，御常服；尚宫引皇后入幄，脱服。尚宫引皇帝入。尚食彻馔，设于东房，如初。皇后从者馂皇帝之馔，皇帝侍者馂皇后之馔。

喝了交杯酒后，皇帝被侍寝的宫人带到房间，脱下冕服，换上便衣；皇后先被宫人引入帐内，宫人先将她的礼服脱了，这才把着便衣的皇帝引入内，与皇后睡到一张床上，共度花烛良宵。

在清朝，皇帝大婚入洞房上床前讲究更多。清皇是满族，信奉萨满教，但祭拜神灵也是少不了的，如还要跨火盆什么的。上床前要到洞房西旁的神堂祭拜神灵。祭祀仪式，由一名萨满老婆子主持。

皇后入洞房不久，皇帝亦身穿龙袍吉服，由近支亲王从乾清宫伴送至坤宁宫。揭去皇后头上盖巾后，皇帝与皇后同坐龙凤喜床上，内务府女官

在床上放置铜盆，以圆盒盛“子孙饽饽”恭献。这“子孙饽饽”是一种面食，就是一种特制的小水饺。

又设坐褥和宴桌，公主、女官恭请帝、后相对而坐，由福晋四人恭侍合卺宴。合卺宴上，帝、后对饮交杯酒。这时殿外窗前，有结发侍卫夫妇用满语唱《交祝歌》。合卺礼成，然后坐帐。晚上，内务府女官、福晋等侍候帝、后吃长寿面。吃完面之后，也就该享受夫妻生活了。

不过，需要说明的是，不少皇帝都是结过婚才当皇帝的，便办不了大婚。如清皇共有10人，但只有顺治、康熙、同治、光绪四位皇帝在位时举办过大婚。对皇帝而言，大婚往往是一种政治婚姻，有时很痛苦，也很无奈，只能以冷落皇后排解苦闷，难以体会到洞房花烛夜的愉乐。皇帝皇后日常并不住在一起，但清宫有规定，大婚后皇帝皇后应在坤宁宫东暖阁住满一个月，俩人才能回各自己的寝宫。

但清皇中真正住满一月的只有康熙一人。同治住两天、光绪住六天。末帝宣统溥义退位后才举行的，但也是在宫里举办的，与皇帝大婚无异。但他当晚便移居养心殿的体顺堂，说洞房不习惯。

清皇中，在洞房最难过的当是光绪皇帝，他在洞房内心事重重，根本不想与皇后（也是她的表姐）隆裕上床。据说最后他趴在隆裕的怀里号啕大哭，表示只能永远敬重她，大婚以后好长时间，光绪不跟隆裕皇后同床。原来光绪最爱的是珍妃，但慈禧逼着他娶了表姐。

古代皇帝们的“试婚”

中国皇室男子的结婚年龄一般不超过18岁，大多数是在13岁至17岁之间。几乎所有的皇帝、小皇帝、太子在正式结婚之前都已临幸过女人，有着熟练的性经验，有的甚至已经生儿育女。

皇帝在婚前和哪些女人发生性关系？这在中国的历代宫廷中并没有规定，也无法规定，完全看皇帝个人的兴致。对于青春年少的小皇帝来说，性的问题是令他紧张的，还处于被开导而无禁忌的状态。这种状态下很容易被挑逗或产生冲动，也就很容易和身边的女子发生性关系。

等着继任皇帝的太子一般住在东宫。太子行冠礼以后，便被视为成年，没有皇帝的诏命，太子从此不许随意出入后宫，以防和后宫嫔妃发生瓜葛。太子在东宫中则没有顾忌，可以随心所欲，可以任意猥亵任何一个侍女，也可以和她们任何一个发生性关系。

从可能性上说，谁是小皇帝或太子的第一个性体验的女人，这个女人是不是会成为皇后或嫔妃这实在难以确切地回答，谁都可能成为皇帝的第

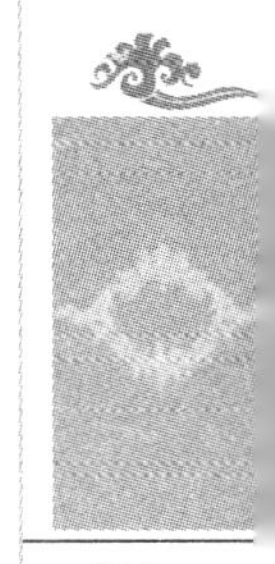

一个女人，被临幸以后也一般都有相应的名号。

但总体上说，最可能成为小皇帝或太子的第一个女人的是他们身边的宫女，有些时候则是他们的乳母。宫女和乳母在宫中都是女仆，是没有名分的一类。宫女如果被临幸和得宠，则会取得名分，从而改变其卑贱低下的地位。乳母能自由出入宫禁，即便被临幸，但其乳母的名分永远不会改变，也无法改变。人们无法接受当年乳养皇帝长大的乳母能成为皇帝的嫔妃，更不能接受成为母仪天下的皇后。

从心理上说，唯我独尊的皇帝对于他的第一个女人感情浅淡，不会持久，也不眷恋。这个女人令皇帝羞涩，会使皇帝想起初次性生活的紧张和怯弱。皇帝在她面前永远不会轻松。皇帝自然而然地会避开她，转而扑向其他的美女。

清代宫中明文规定：皇帝在大婚之前，先由宫中精选八名年龄稍长、品貌端正的宫女供皇帝临御。这八名宫女都有名分，从此成为宫中有身分的女子，每月拿俸禄，不再像其他的一般宫女从事劳役。

因此，这份差使也一直为宫女们所企盼，希望藉此脱离苦海，一步登天。这八名宫女的名分一般是冠以四个宫中女官的职称，即司仪、司门、司寝、司帐。清代宫中的这种规定，目的是使皇帝在婚前对于男女房事取得一些经验，以便在和皇后一起生活中不致窘迫慌乱，能够从容不迫。

古代宫女如何过“情人节”

宫女在过情人节

因为有牛郎织女的传说，七月七日可说是中国传统的“情人节”，也称“七夕”“乞巧节”或“女儿节”。这天的主题往往是渴望男女相会和乞求得巧。

后宫的女子在七夕之夜的无奈和孤寂，看着牛郎织女欢聚，自己却形单影只，得不到皇帝的眷顾。这在杜牧的《秋夕》中很好地体现出来了：

红烛秋光冷画屏，
轻罗小扇扑流萤。
天阶夜色凉如水，
坐看牵牛织女星。

汉代就有关于宫女“七夕”之夜

穿针乞巧的习俗，《西京杂记》这样记载："汉彩女常以七月七日穿七孔针于开襟楼，俱以习之。"王建《宫词一百首》之九十三：

画作天河刻作牛，玉梭金镊采桥头。

每年宫里穿针夜，敕赐诸亲乞巧楼。

王仁裕的《开元天宝遗事》卷下有"乞巧楼"一条："宫中以锦结成楼殿，高百尺，上可以胜数十人，陈以瓜果酒炙，设坐具，以祀牛女二星。嫔妃各以九孔针、五色线向月穿之，过者为得巧之候。动清商之曲，宴乐达旦，士民之家皆效之。"

唐朝的时候，在这天特意给宫女放假一天。白居易的《长恨歌》很好地表现出了唐朝宫女七夕"情人节"的浪漫。

七月七日长生殿，夜半无人私语时。

在天愿作比翼鸟，在地愿为连理枝。

唐玄宗时，在宫里造了一座用彩锦编织而成的乞巧楼，有百尺高。楼上可以容纳数十人，摆放着瓜果酒肉，祭祀牛郎织女二星。嫔妃们一手拿着五色线，一手拿着九孔针，在晶莹皎洁的月光下穿针引线，穿过去了，表示得到上天的赐巧。演奏典雅的清商之乐，通宵欢饮娱乐，民间讲究一些的人家都效仿宫中的做法。看来这个习俗是由后宫传到民间的。

据说这天皇帝还特地允许宫嫔家中女眷入宫探望女儿，在乞巧楼聚诉衷肠。牛郎织女相会的日子，宫中女性还是见不到男人。

据王仁裕《开元天宝遗事》记载，唐玄宗与杨贵妃"每至七月七日夜，在华清宫游宴，时宫女辈陈瓜花酒馔列于庭中，求恩于牵牛织女星也。又各捉蜘蛛，闭于小合（盒）中，至晓开视蛛网稀密，以为得巧之候。密者言巧多，稀者言巧少，民间亦效之。"

这种占卜方法是在七月七日乞巧节那天晚上，宫女们把捉到的蜘蛛关在小盒子里，早起打开看，以蜘蛛结网稀密预兆得巧的程度，如果蜘蛛结的网比较密实，那就是得巧多，如果蜘蛛结的网比较稀疏，那就是得巧少。得巧多的宫女肯定高兴，得巧少的就比较郁闷。

由于都是后宫的女子，在七夕除了渴望爱侣相会而不得，她们是有望见见女性家属的，除穿针引线或者养蜘蛛乞求赐巧之外，宫中还有曝衣的习俗，就是把衣服都拿出来曝晒。

皇帝临幸妃子的几种方式

历代的皇帝都有很多妻妾，外加宫女、才人、美人、昭仪等等，有的时代都是数不胜数。那么帝王如何临幸这些名义上都属于他的女人呢？虽然历代后宫都有这方面的制度，但皇

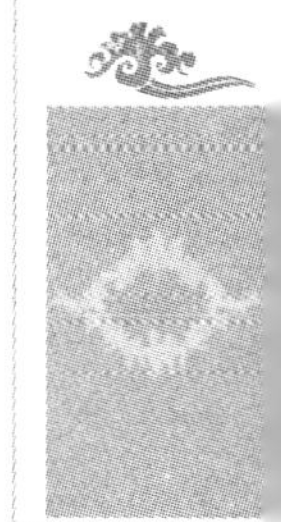

帝打算跟哪个后妃、宫人睡觉是完全不受“礼制”约束的，而且拥有绝对的自主权。

投羊所好的潘淑妃

而皇宫中的嫔妃们要想获得帝王的宠幸，那就是侍寝。正因为嫔妃太多，帝王为了决定侍寝人选，嫔妃为了邀宠争幸，就发生了许多令令人匪夷所思的事情，也为后世留下了许多难以想象的传说。

大多数嫔妃对于侍寝只能抱以听天由命、无可奈何的态度。然而，亦有不少宫中女子对侍寝采取积极主动的态度，以种种方式争取侍寝，以图获得帝王的宠爱。

其实，不管是争宠也好，夺爱也罢，都不过是宫中女子争取生存的手段和技巧，无不饱含着宫中女子多少辛酸的泪水。她们原是被养在宫中以备一人泄欲的玩偶或传种的工具。但是连这种被玩弄的“义务”，在她们也是难以期冀的机会。这充分暴露了封建制度的残忍性和宫嫔制度的非人道性。下面简单介绍一下在后宫中实行的临幸制度和实际情况。

1. 招幸

招幸就是皇帝把后宫里的女子叫来陪自己睡觉，这是最普遍的方式。

据《西京杂记》卷二：“元帝后宫既多，不得常见，乃使画工图其形，案图召幸之。”王昭君就是被画师毛延寿在画像时丑化，结果皇帝天天看宫人画像物色美女，居然没有看上她，后来她主动承担了和亲的任务，等皇帝见了她本人，很是后悔。看来画像是很不可靠的，不如真人站在皇帝面前过目进行筛选。皇帝这样做，大概并非为了节省时间，而是看画像选美女侍寝有些趣味性和神秘感。

唐代杨师道有诗《阙题》：“不为披图来侍寝，非因主第奉身迎。”“披图侍寝”指的就是招幸制度。

唐玄宗的时候，后宫的人达到四万，要想招幸哪个女子的确很困难，于是就发明了“随蝶所幸”的办法。他让宫嫔在鬓髻上插鲜艳的花朵，自己捉了蝴蝶放出去，蝴蝶飞来飞去，落在谁的头上，他就把那个女子招来过夜。这种临幸方式也称“蝶幸”。

还有投骰子的方式，谁投中谁侍寝，在唐开元年间，骰子被称为“剉角媒人”。原来唐玄宗不耐烦为择妃侍寝而费神，就让嫔妃们掷骰子来定

待寝者。

唐朝的唐敬宗还发明了一种风流箭，用竹皮做弓，纸中藏香做成箭。敬宗让美人站在一处，他亲自弯弓射箭，射中者染上一身浓香，夜中侍寝。当时宫中有俗语："风流箭中的——人人愿。"

另外还有令嫔妃掷金钱以赌嫔妃的"投钱赌寝"法，还使嫔妃们竞相扑捉流萤，以先得萤虫者受幸的"萤幸"法，有向嫔妃发射香囊，以中者得幸的"香幸"法，还有用抛橘子的方式决定是否侍寝，无疑也带有很大的偶然性。

有时，帝王的糊涂加上宠妃的任性，会闹出所谓的误召之事。汉景帝时，有一夜欲召幸程姬，偏巧程姬有月事，不愿侍寝，就把自己的侍者唐儿打扮一番去见景帝。景帝喝得酩酊大醉，真假莫辩，以为唐儿就是程姬，一番云雨之后便使唐儿怀孕了。

2. 专宠

专宠的做法其实是对后宫临幸制度的破坏，但又不能不说这实际上也是一种非常规的制度。到明清时候，皇室对天子的夫妻生活有了非常明确的规定，清代的后宫还设有敬事房这一机构，专门记录皇帝的性生活史。条文制度毕竟仅是形式，拥有至高无上权利的皇帝还是可以随心所欲地临幸宫中除了太后和公主的任何女性。

隋文帝的皇后独孤氏很厉害，主张一夫一妻制，隋文帝为了社稷考虑，不得不勉强委屈自己，专宠皇后一个人。

皇帝在感情上也有相对专一的时候，比如唐玄宗宠爱杨贵妃，不仅停止了"蝶幸"，而且基本上不再让其他宫嫔侍寝，"三千宠爱在一身"。

有时，嫔妃之间也会相互引荐。宋代的乔贵妃和韦妃入宫后共同侍候郑皇后，两人情同手足，结为姐妹，她们曾经约定："先贵无相忘"。也就是说谁先得帝王的宠幸，可别忘了提挈姐妹一把。后来乔贵妃先得幸于徽宗，便向徽宗推荐韦妃。韦妃由此而得幸。

3. 行幸

行幸就是皇帝到妃嫔的住处去过夜。晋武帝司马炎后宫的妃嫔、宫人近万人，他没有情有独钟的女子，自己也不知道应该跟谁睡觉，于是他独出心裁，让人套了一辆羊车，任凭羊车拉着他在后宫游走，羊车停在哪里，他就在停留的宫嫔居所过夜。许多后宫女子为了让皇帝在自己的住处留宿，煞费苦心，投羊所好，"取竹叶插户，以盐汁洒地，而引帝车。"

南朝宋文帝与晋武帝有同样的爱好，都喜欢乘羊车在后宫闲逛。南朝宋文帝时的潘淑妃因貌美而被选入宫中。潘淑妃是个很有心计的女子，她在悄悄地等待机会，当她得知宋文帝以"羊车望幸"法择妃侍寝之后，便有了主意。原来，宋文帝喜欢驾着羊车在后宫别苑任意行走，羊车停在哪

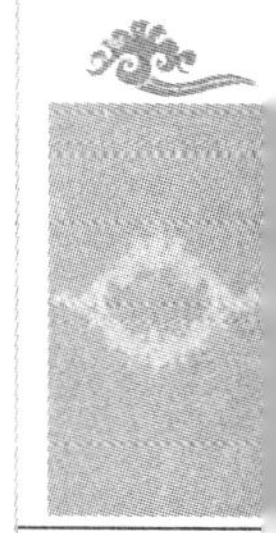

个嫔妃的住所前，文帝就在此留宿。

潘淑妃就来个投羊所好，在门外的屋檐上插以青竹枝，地上洒以盐汁。羊很喜爱这两样东西，它远远地望见潘淑妃门前的青竹枝，嗅到盐味，便直奔而来，舐地衔枝，逗留不去。宋文帝慨叹道，羊都因为你而徘徊，何况人呢？于是，就常到潘淑妃房中过夜，潘淑妃早就精心打扮好了等候着，一见文帝进来，自然殷勤侍候，百般献媚，从此爱倾后宫。

有的嫔妃得到行幸的侍寝机会似乎是歪打正着。程一宁是元顺帝时的七贵妃之一，是“位在皇后之下，而权则重于禁宫”的宠妃。传说，她是以歌哀怨宫词得幸的。程一宁在得宠之前，怨愤颇多，时常在夜深人静之际，登楼倚栏，唱出词意哀怨的宫词，唱得音语咽塞，情极悲怆。有几次，恰好被元顺帝听见。顺帝深受感动，对人说：“闻之使人不能不凄怆，深宫中有人愁恨如此，谁得而知，盖不遇者亦众也。”于是，就驾车往程一宁的住所去找她了。

4. 艳遇

皇帝的艳遇严格讲不应该算作后宫的临幸制度，但是在制度之外皇帝往往做一些出格的事情，皇帝在宫外艳遇的女子有不少被迎入后宫，正式成为后妃。

如汉武帝即位初年，卫子夫原来是平阳公主家的歌女，汉武帝到公主家里去见到卫子夫，便带回了宫里，后来还让卫子夫当上了皇后。

也有聪明的嫔妃会很巧妙地向皇帝自荐。宋代的李宸妃原本是侍候章献太后的小宫女。有一次，宋真宗偶尔经过时想要洗手，李宸妃赶紧抓住这个机会，巴结地端起盥洗器具前去服侍。皇上见她肤色润美，就与她聊了起来。她趁机对宋真宗说，昨晚忽然梦见了一个羽衣之士，光着脚从天而降，对我说：给你生个儿子。真宗正没有儿子犯愁，听了李宸妃的话之后，挺高兴地说，我来成全你吧！李宸妃因此而得幸，隔年就生了皇子。

历代后宫的等级分制

君主的后妃有不同的等级序位。后宫里这些有名号的女性，相应也有主位和使用宫女的权力。皇后是皇帝的正妻，拥有主位的妃嫔们则是皇帝的有名分的妾，是宫中地位较高的少部分人。

1. 周朝

据《礼记》所言，周朝后妃的序位是：天子有后、有夫人、有世妇、有嫔、有妻、有妾。天子内廷后妃的等级建置与天子外廷的官僚机构是相对应的。天子立六百、三公、九卿、二十七大夫、八十一元士，以听天子之外治，以明章天下之男教，达到外和而国治的目的。天子后也立六宫、

三夫人、九嫔、二十七世妇、八十一御妻，以听天下之内治，以明章妇顺，使天下内和而家理。以此而言，在家国一统的传统社会，天子后作为天子的配偶，“正位宫闱，同体天王”，在君主政治中有一席之地。她们的职务是听天下之内治，以与天子的外治相配合。

尽管先秦典籍及注释中有关周朝后妃的名号和序位不无设想的成分，但它对后世的影响却很大。王莽新政以恢复周礼相标榜，故他的后宫之制完全采纳了《礼记》和《周礼》的说法。其他各朝也是以此为基础而各有增减。

2. 秦朝

秦朝灭亡六国，那些亡了国的妃嫔、公主们“辞楼下殿，辇来于秦，朝歌夜弦，为秦宫人”。故秦朝后宫，宫备七国，爵列八品。秦始皇每攻破诸侯，便在咸阳北阪上仿造其宫殿，将俘获的诸侯美人以及钟鼓声乐充实其中，所以杜牧的《阿房宫赋》说，秦皇后宫后妃美女洗胭脂的水将渭水都染成红色，可见其后宫妇女之多。秦皇嫡妻称皇后，妃称夫人，夫人之下，还有美人、良人、八子、七子、长使、少使等。可惜秦朝后宫虽人数众多，却除了秦始皇的母亲赵太后外，余无一人青史留名。

3. 西汉

西汉踵秦之后，除嫡妻皇后为女主外，掖庭嫔妃增至十四等。昭仪一，婕妤二，娙娥三，容华四，美人五，八子六，充依七，七子八，良人九，长使十，少使十一，五官十二，顺常十三，无涓、共和、娱灵、保林、良使、夜者等十四。这些人或者有爵、有位，或者有品有秩。但她们除非事迹特别昭著，一般史籍不作记载。

4. 东汉

东汉认为前朝妇制莫理，故尽行旧制，后宫称号唯皇后、贵人。另外又置美人、宫人、采女三等，但无爵秩。光武帝刘秀先妻阴丽华，后出于政治需要又与郭圣通联姻，二人俱为贵人。在立谁为皇后的问题上，由于阴丽华的推辞，郭圣通便当了皇后。汉明帝的马皇后、汉和帝的邓皇后是东汉一代名后，她们也都是由贵人升任皇后的。

5. 魏晋南北朝

魏晋南北朝的后宫名号序位屡有增减，既有“以朴素自居，后宫备位，其数多阙”的陈霸先，也有“外行其志，内逞其欲，溪堑难满，采择无厌”，以至后宫名号序位不能详录的北周宣帝刘密。隋文帝取代北周，思革前弊，因而后宫唯皇后当室，旁无私宠。不设三纪，防其上逼，自嫔以下，置六十人。至独孤皇后死后，始置三贵人、九摈、二十七世妇、八十一御女。隋炀帝即位后，“后妃嫔御无綮妇职，唯端容丽饰，陪从宴游而已。”而且，炀帝参详典故，另出

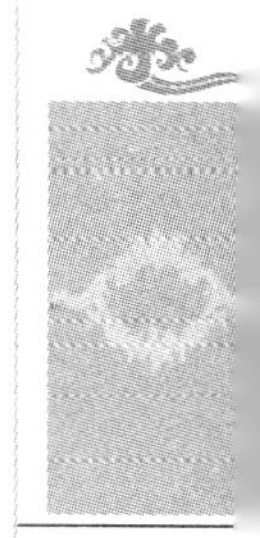

心裁，给贵妃、九嫔、世妇、御女各取名号，各有品秩。贵妃有贵妃、淑妃、德妃，是为三夫人，第一品；九摈有顺仪、顺容、顺华、修仪、修容、修华、充仪、充容、充华，第二品；世妇有婕妤十二人，第三品；美人、才人十五人，第四品；此外御女有宝林、御女、采女等。

6. 唐朝

唐承隋制而略有改动。至唐开元时，皇后之下设惠、丽、华三妃，六仪、美人、才人等。武则天便是由才人而昭仪，渐次升迁。当她害死女儿，嫁祸于王皇后时，高宗便欲提升她的号位为“宸妃”，遭侍中韩援等人的反对，说“妃嫔有固定的数目，现在别立号位，是不可以的”。武则天没有做成妃，进一步诬陷皇后，于是高宗干脆废掉王皇后，改立武则天，跨越了妃这一等级。

7. 宋明

宋朝建立后，后妃名位序号始因五代之制，后渐于隋唐相同，明朝也大致相同与宋朝，除皇后外，还有皇贵妃、贵妃、嫔、贵人、才人、选侍、淑女等级别。

8. 元清

元清二朝各以周边民族入主中原，故在一定程度上保留了原来的习俗。清自康熙以后，逐步建立了等级分明的后妃序位，除皇贵妃、贵妃、嫔、贵人外，还有常在和答应。

后妃“体香”由何来

带有体香的美女西施

关于女人体香的来源，历来说法不一，目前较普遍的有“性香说”，有“丁酸酯香说”，还有“饮食习惯说”。“性香说”认为，女人的体香来源于她们体内蕴藏和释放出的“性香”。这种性香是女性体内雌二醇等与某些饮食中化学成分作用的结果，通常随着年龄增长而发生变化，到了青春发育阶段则更为浓郁诱人，异性感受最为明显。

而“丁酸酯香说”认为，人体分泌的汗液中有一种成份叫丁酸酯，丁酸酯存在于人体分泌的汗液中。汗液中存在这种物质多了会发出臭味，惟有其浓度适中，才是女性别具魅力的体香。

还有后妃用名贵的麝香弄成丸或泥粉，塞于肚脐等处，使皇帝闻之性起，欲罢不能。

关于后妃的“体香”史上多有记载，香气也是因人而异，最著名的当属我国历史上四大美人的西施和杨贵妃。

西施因容貌秀丽，玉体溢香，被越王勾践选中送给吴王夫差。吴王特意为西施修了香水溪、采香径等，每天在芬芳馥郁的气氛中与西施寻欢作乐。

关于杨贵妃，文献也有记载：唐代开元二十八年，唐玄宗李隆基行幸温泉宫，遇一美姬，香气袭人，玄宗为之倾倒，后几经曲折方占为己有，封为贵妃，此女就是杨玉环。杨贵妃有多汗症，出的汗可湿透香帕，玄宗感到她的汗香袭人，还为她修了一座沉香亭。李白曾被召写清平乐诗，诗中“一枝红艳露凝香”，“沉香亭北倚栏杆”，都突出了一个“香”字。

除去这两大美人外，清代的香妃也是记载比较多的著名香女。传说她体有幽香，不施香料而自发香气。香妃是新疆喀什人，因体有奇香迷住了清朝的乾隆皇帝，被封为香妃，恩宠不衰，在宫中度过了28个春秋。一个异族美女的体香，竟迷住了一个盛世明君，可见香气魅力有多大。

为了能使玉体溢香，早在唐宋时期，无论是皇帝的后妃还是入宫备选的秀女都非常盛行食杏仁、饮杏露、宫室薰香、品饮香茶。

历代皇妃视幽幽的体香为贵体，杨贵妃不仅常沐“香汤浴”，还不定期酷爱吃“香榧子”和“荔枝”。

武则天爱饮用狄仁杰进献的“龙香汤”，她的女儿太平公主每日用桃花香露调乌鸡血煎饮，“令面脂白如雪、身光洁蕴香”。

慈禧太后则喜饮“驻香露”，从而“面肤去黑素，媚好溢香气”。

《红楼梦》里的曾经入宫备选秀女的薛宝钗多服用“冷香丸、玫瑰香露、木樨露”等，成为了人羡人爱的“香美人”。可见，不论是皇宫的后妃，还是准备入宫待选的秀女无不把身有体香作为自己后宫争宠的秘诀。

有体香的妃子中最有名的应该是乾隆皇帝的“香妃”，在乾隆帝的四十多个后妃中，有一位维吾尔族女子，她就是闻名遐迩的香妃。传说她“玉容未近，芳香袭人，既不是花香也不是粉香，别有一种奇芳异馥，沁人心脾”。

宫女如何为皇帝守陵

皇帝死后，不但后宫中的女性为皇帝守陵，就是有名有份的后妃也逃不掉为皇帝守陵的苦命。把守陵作为制度始于西汉，不仅皇帝死后要命令那么多宫女去陪着他，有时候皇后、

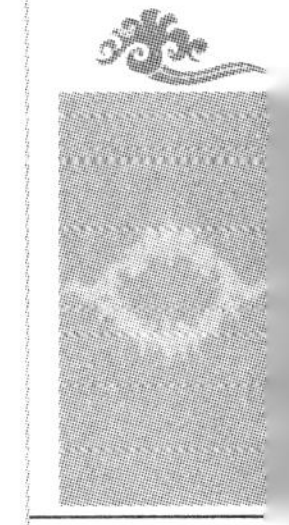

太后单独下葬，也会安排一定数量的守陵宫女。

秦始皇死后，除了有不少美女被迫殉葬之外，他的陵寝还安排若干宫女去陪守。

西汉初年，吕后妒恨刘邦的宠妃，在高祖驾崩之后，吕后便把那些没有生育子嗣的嫔妃打发到陵园去居住。汉武帝时后宫人数膨胀，他死后，守陵的嫔妃宫女人数更多。

西汉成帝的班婕妤，为了避免遭受赵飞燕姐妹的加害，主动到长信宫侍奉太后以求避祸。在成帝死后，班婕妤就到陵园守陵至死，死后葬入陵园。

西汉的皇后获罪被废，也被送到陵园。汉成帝的皇后赵飞燕在成帝暴亡之后过了几年被废，遣往延陵守陵，她不堪受辱，于是自杀。

东汉皇帝驾崩，“诸园贵人”即随“大行皇帝”灵柩迁徙陵园，即所谓的“诸园贵人”，《汉书·安帝纪》注云：“谓宫人无子，守陵园者也。”因为没有子嗣被安排去守陵的宫女就叫“诸园贵人”。而所谓“无子”者，可能根本就没有被皇帝临幸过，可能临幸过但是没有怀孕，也可能曾经生育但孩子不幸夭折。另外，一些女子在后宫争宠斗争中失败，得罪，于是也被派去守陵。

据《东汉会要》载，和帝葬后，宫人入园守陵，在妃嫔中地位颇高的贵人也在其列，如冯、周两位贵人。

曹操在建安十五年（210）于邺城（今河北临漳）修筑铜雀台，台上有屋120间，铸大铜雀于楼顶，为其晚年宴乐之所。曹操立下遗嘱，命令在他死后他的小老婆和宫中的歌舞伎定期要对着他的坟墓歌舞。

在唐代，这种被安排守陵的宫廷妇女也有很多，而且守陵的宫人要在山陵伺候死后皇帝的日常起居，把死人当作活人伺候。

历史上有很多诗歌说到这种守陵制的无耐，诗人们对守陵后宫女性的不幸命运寄予普遍而深切的同情，对如此残酷的制度也进行了一定程度的抨击。唐诗中有近百首反映守陵宫女生活的作品，描写宫廷守陵制度的代表作是白居易的《陵园妾》，其中写到：

陵园妾，颜色如花命如叶。
命如叶薄将奈何，一奉寝宫年月多。
年月多，时光换，春愁秋思知何限。
青丝发落丛鬓疏，红玉肤销系裙慢。
忆昔宫中被妒猜，因谗得罪配陵来。
老母啼呼趁车别，中官监送锁门回。
山宫一闭无开日，未死此身不令出。
松门到晓月徘回，柏城尽日风萧瑟。
松门柏城幽闭深，闻蝉听燕感光阴。
眼看菊蕊重阳泪，手把梨花寒食心。
把花掩泪无人见，绿芜墙绕青苔院。
四季徒支妆粉钱，三朝不识君王面。
遥想六宫奉至尊，宣徽雪夜浴堂春。
雨露之恩不及者，犹闻不啻三千人。
三千人，我尔君恩何厚薄。

愿令轮转直陵园，三岁一来均苦乐。”

这些守陵的宫人也曾拥有青春美丽的容颜，但是命途多舛，薄命如叶，在后宫得不到皇帝的恩宠，只能长年奉守陵园中的宫室，在无尽的愁思中虚度年华，任凭红颜老去。被遣派守陵的原因是在宫中的争宠斗争中失败，或姿色差，或被猜忌、被迫害，最后被宫中太监押送到陵园来。

皇帝的陵寝一般前面植松为门，四周植柏筑墙，环境清冷寂寥，甚至阴森恐怖。这些失宠的宫人轮流来这里守陵，共同分担这份凄苦无助。

食“壮阳药”丧命的六位皇帝

在中国的历史中，有这么几位皇帝，他们喜欢壮阳药几乎到了痴迷的程度。下面我们来分别认识一下。

1. 汉成帝刘骜

汉成帝刘骜，西汉第12位皇帝，公元前33年—公元前7年在位，死后谥号“孝成皇帝”，葬于延陵，庙号统宗。在中国古代昏君的排行榜上，汉成帝是“赫赫有名”的。历史上对他的定评是“耽于酒色”。他自甘堕落，迷恋酒色，荒淫无道，不理朝政，最后竟死在“温柔乡”中。

汉成帝刘骜的后宫中有两位在中国古代以性感出了大名的大美人赵飞燕、赵合德姐妹俩。自从得了赵氏姐妹，刘骜整日抱着这对姐妹花淫乐，乐此不疲，甚至以弄死自己刚几岁的亲生儿子以迎合赵氏姐妹不能生育而妒嫉他人的心理。

刘骜由于纵欲过度，弄得腰都直不起来，性能力大不如前，没有了“性趣”。身为皇后的赵飞燕急在心里，她找到记载房中术的《彭祖分脉》一书，从书中她找到了配制春药的秘技。她研制出的壮阳药名叫“慎卹膏”，可一度数幸而不倒，这使几近丧失性功能的刘骜雄风再起，对赵氏姐妹也更加宠爱了，但后来因服用过多，在赵合德的床上累死了。

2. 南朝齐明帝萧鸾

齐明帝萧鸾，为南朝齐的第五任皇帝，字景栖，小名玄度，今江苏常州人，庙号高宗。萧鸾晚年时相当尊重道教与“厌胜”之术，将所有的服装都改为红色；萧鸾长期服用春药，外人起初并不知晓，后来下诏向官府征求银鱼以为药剂，外界才知道萧鸾患病。

《资治通鉴·齐纪七》记载，“上性猜多虑，简于出入，竟不郊天。又深信巫觋，每出先占利害。东出云西，南出云北。初有疾，甚秘之，听览不辍。久之，敕台省文簿中求白鱼以为

药，外始知之。”这里的“上”即刘鸾，白鱼即蠹鱼，又叫壁鱼，实为木中虫，体银灰色。其晒干后气味咸、温、无毒。以白鱼入药方名为“白鱼散”，主治小便不通。有衣鱼、浓石乱发，等分为散。方上要求每服半匙，水送下，一天服三次。萧鸾因服食壮阳中毒导致无法尿尿，是为暗疾，这才找白鱼入药想通尿，但后来萧鸾还是不治而亡。

3. 唐高宗李治

唐高宗李治，字为善。唐代第三位皇帝，汉族。庙号高宗，谥号天皇大圣大弘孝皇帝。

《资治通鉴·唐纪十九》（卷203）记载，“十一月，丙戌，诏罢来年封嵩山，上疾甚故也。上苦头重，不能视，召侍医秦鸣鹤诊之，鸣鹤请刺头出血，可愈。”这里的“头重”、“不能视”，即头昏眼花，性医学专家认为，此为典型的纵欲过度症状，其疾与长期服用壮阳药有直接关系。值得注意的是，武则天在当了皇帝后，对春药的瘾也颇大，不然，那么大年纪了，都做祖母了，哪有那么浓的“性”趣，据传其面首薛怀义、张易之对饮春药诱之。

4. 唐宣宗李忱

唐宣宗李忱，唐朝第十八位皇帝，初名李怡，前身是光王，在位十三年。综观他50年的人生，他曾经为祖宗基业做过不懈的努力，这无疑延缓了唐帝国走向衰败的大势，但是他又无法彻底扭转这一趋势。宣宗性明察沉断，用法无私，从谏如流，重惜官赏，恭谨节俭，惠爱民物，故大中之政，讫于唐亡，人思咏之，谓之小太宗。

最让人遗憾的是，这个明君晚年竟然也去求长生不老，服用金丹过量而送了命。除了死于服食增寿丹药中毒的说法外，还有观点，是死于壮阳药中毒。

《资治通鉴·唐纪六十五》记载，“上饵医官李玄伯、道士虞紫芝、山人王乐药，疽发于背。”根据其病征，有学者认为其背上生了恶疮，应该是壮阳药补过头的恶果。

李忱死时已50岁，这个年龄只有服食壮阳药，才能享受得了后宫中如云美女。当然，也可能是壮阳药与增寿丹药的毒力并发所致。

5. 明武宗朱厚照

纵观明代十六帝，只有武宗一人是真正以嫡长子的身份登临皇位的。明武宗想打破加在他身上的某些禁锢，想按照自己的真实想法办事，即使这违背了历朝祖训、社会习惯，也在所不惜。很难想象，武宗一点也不留恋象征权力和地位的金碧辉煌的紫禁城，而喜欢自己营建的两个小天地——豹房和在宣府的镇国府。

他是中国古代帝王中玩弄女色最有花样的皇帝之一，在后宫专门建设

了具有独具娱乐功能的“豹房”。一方面在里面养了不少生性威猛的虎豹，另一方面又选调天下绝色女子充进来。宫中女人玩够了，与宦官太监搞同性恋游戏，这还不过瘾，又去妓院嫖；再不够尽兴，则去偷民妇臣妻，连寡妇都不放过。

而朱厚照这么能干并非他性能力厉害，全依仗的是壮阳药。据说外巡时有两样东西不能少，一是大批的后宫嫔妃，二是壮阳药。女人不离轿，性药不离身，走哪带哪。

6. 明世宗朱厚熜

明世宗朱厚熜，年号嘉靖，即世称的“嘉靖”皇帝。明世宗是个极其聪明并且自信的皇帝，能与之打交道的，也只有严嵩这类的官场老手。

死于壮阳药的明世宗朱厚熜

朱厚熜迷信丹药方术，他派人到处采集灵芝，并经常吞服道士们炼制的丹药。为满足自己修道和淫乐，嘉靖帝数次遴选民女入宫，每次数百名。嘉靖帝二十一年（1542），朱厚熜命宫女们清晨采集甘露兑服参汁以期延年，致使上百名宫女病倒。宫女们忍无可忍，以杨金英为首的宫女差点将嘉靖帝勒死，这就是历史上罕见的宫女弑君的“壬寅宫变”，宫变后，嘉靖认为大难不死是神灵庇佑，故比以前更痴迷于丹药方术。

其壮阳药是在自己的后宫中由专人配制，重要配方之一就是女孩初潮时的经血。由血焙制的“红铅”，除有长生不老之功效，还可用于壮阳药。此秘方是当时南阳一名叫梁高辅的80多岁老方士所献，梁高辅胡须都花白了，却精力旺盛过人，经道士陶仲文引荐进宫专门给朱厚熜炼性药，制成丸粒供朱厚熜服用。

据传此性药服食后，一夜可与十名宫女性交而不费劲，且越战越威猛。被其从全国各地挑选来的数千宫女大多不过十来岁，个个如花似玉，采过经血后朱厚熜自然不会放过身边美色。时已50多岁的朱厚熜服食她们经血做的壮阳药后，淫兴大发，又在这些宫女身上来检验药效。有一次，朱厚熜服食了壮阳药后药性大作，浑身燥热难忍，立即拉过在醮坛边为他诵经的一位13岁尚姓女孩“练习”，这女孩生理尚没有发育成熟，便跪在床上哭叫求饶。朱厚熜不能尽兴，又让发育

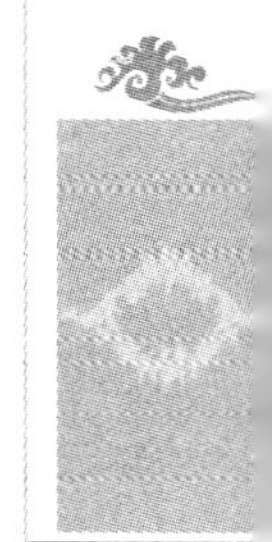

成熟的庄妃前来陪他才罢休。

中国历史上的三位处女皇后

汉代年龄最小的皇后上官氏

在中国的历史上，即使被封为皇后，也不一定会得到皇上的临幸，有些是由于特殊原因或时局所迫，下面将历史上的处女皇后盘点一下。

1. 惠帝刘盈皇后张嫣

汉惠帝的皇后是吕后的外孙女，名张嫣，字淑君。她的婚姻是宫廷权力争斗的产物，从她九岁嫁给了舅舅的那天起，她就开始了高贵而凄苦的生活。

惠帝自从“人彘”事件以后，内心痛苦无比，舅甥之间的婚姻关系更让他别扭，他整日与宫女和男宠私混饮酒，不愿亵渎他的小外甥女儿。婚后三年，便抑郁而终。12 岁的张嫣就当上了有名无实的皇太后，在吕后的专权下，她没有任何权力，只是孤独地活着。

吕姓之祸平息后，文帝即位，封薄姬为皇太后，张嫣失去了皇太后之位，更加凄苦。公元前 163 年死去，年仅 36 岁。她没有葬礼，没有墓志碑文，连封号也没有，只是被习惯性地成为孝惠皇后，就连她的坟墓也是简陋而粗鄙的。

2. 昭帝刘弗陵皇后上官氏

上官氏六岁就和刘弗陵结婚，自然没有生育能力，她是汉代年龄最小的皇后，上官氏的祖父是左将军上官桀，父亲上官安，外祖父是大司马大将军霍光。

上官氏享尽荣华富贵，她夹在祖父与外祖父争权夺利的斗争中，然而却自始至终稳坐皇后宝座。昭帝死后，豆蔻年华的她便成了寡妇，年仅 15 岁的她就成了太皇太后，成为中国历史上最年轻的太皇太后。从此，上官太后太后不问政事，在长乐宫中颐养天年。建昭二年（前 37），上官太皇太后寿终正寝，时年 52 岁，后与昭帝合葬于平陵。

3. 光绪皇后隆裕

光绪的皇后叶赫那拉氏，是慈禧亲弟都统桂祥的女儿，就是隆裕皇后。隆裕皇后长得不漂亮，既瘦弱，又驼背。这门亲事是慈禧皇太后懿旨给定的，光绪虽不满意，却也无奈。

皇后叶赫那拉氏与光绪皇帝的婚

姻，完全是政治婚姻。慈禧将自己侄女嫁给皇帝，目的就是在宫闱椒房，探悉皇帝的内情，控制和操纵皇帝，为慈禧太后垂帘听政做铺垫。

光绪皇帝同皇后叶赫那拉氏大婚后，两人情不投意不合，可说始终是一门不美满的婚姻，隆裕至死还是为处女皇后。光绪死后，宣统继位，上光绪皇后徽号为“隆裕”，是为隆裕皇太后。隆裕皇太后在 1913 年死于太极殿。

中国古代外籍太监一览

太监无疑是中国历史上的一个特殊群体，对中国古代政治有着一定程度的影响。不过，这些深居宫廷的太监却并非全都是中国人。在历史上，中国的皇宫内出现外籍太监并不奇怪。外籍太监多出于政治需要，在本国阉割后，被送到中国。

最早记载的来自中国的外籍太监是高丽人朴不花。据《中国历史未解之谜全记录》一书中记载，朴不花在 7 岁时被净身送进了元朝的皇城内，从事皇宫内的杂务工作。在朝中的几十年时间，他从一个普通小太监步步攀升，最终权倾朝野，参与国政。

中国古代和朝鲜的来往一直非常密切。从东晋开始，朝鲜就是中国的藩属国，朝鲜国王都要受中国的册封；根据当时的形势，中国处于政治需要会向番邦提出一些要求，其中也包括索要阉人。因此，像朴不花这样的人，在本国接受阉割以后，被送到了中国。

这些进入中国皇宫的外籍太监都是在很小的时候就入宫了。因此，他们无论从语言还是生活习惯上都能很快地融入到中国人中，以至于一些历史书籍在记录他们的时候，甚至忽视了他们的外籍身份。

太监制度的产生和中国古代的刑法制度有关，比如割鼻子、脸上刺字、剃头发、阉割等等。被实施这些刑罚的人，基本上都是当时的官吏。而这些人在被行刑以后，还是会留在宫里工作。于是，当时宫里出现了一些阉人。后来，王室出于要保持纯净血统的考虑要求宫内的男性必须都是阉人。

因此，可以说太监制度是保持王室血统纯洁与我国刑法制度相结合而产生的。

中国的太监在明代最多，当时宫内的太监竟然达到 8 万人。清朝有几千太监，当时宫内有一个专门管理太监的地方叫十三衙门。太监们在宫中主要从事打扫，服侍皇妃起居等工作。而那些武士和护卫只有在贵族出宫的时候才能用上。

宫内的太监基本上都是家境非常贫穷的孩子，大多数在十几岁就进了宫。这些孩子就在进宫前被送到了专门阉割太监的地方，在北京这样的地方有两个。南北长街会计司一个叫

“毕五”的人和在鼓楼前方砖胡同一个姓刘的人（人称“小刀刘”），他们都是祖辈从事太监阉割的。太监的阉割是将整个生殖器割掉。在阉割的时候为了防止尿道长死，于是就在尿道上插一根麦管，等到伤口长好了以后再将麦管拿掉。进入宫里，这些孩子要拜师傅、要教给他们礼节，怎么伺候人。

太监从小在宫内生活一直到死。最后他们被埋葬到一个专门埋葬太监的地方。而他们曾经被割掉的生殖器也被用一个假的物品代替，和他们一起埋葬。

末代皇帝爱新觉罗溥仪出宫时，宫内的太监是中国最后的太监。从那时候开始，中国的太监制度彻底消失了。后来，这些老太监聚集在北长街会计司胡同。上个世纪50年代初，那里还有28名太监，都是六七十岁以上。他们大都没有胡子，说话的声音也尖声尖气。

唐朝的后宫侍寝制度

唐朝是个很人性化的王朝，唐朝的后宫侍寝制度，无论是时间安排，还是人员选择，都堪称人性化的典范。唐朝的大明宫规模巨大，是明清紫禁城的三倍。地方大了，里面的人自然就会多，别的朝代是“后宫佳丽三千人”，唐朝的后宫人数达到了惊人的佳丽数万。

唐朝的宫女在忙碌着

为了管理如此庞大的“娘子军”，唐朝统治者实行了品级制，一共八级，与官员的管理模式异曲同工。皇后贵为国母，与皇帝一样独一无二，无需划入品级制度，至于其他妃嫔等级如下：

1. 正一品为夫人，包括：贵妃，淑妃，德妃，贤妃四类；

2. 正二品为九嫔，包括：昭仪，昭容，昭媛，修仪，修容，修媛，充仪，充容，充媛；

3. 正三品为婕妤，正四品为美人，正五品为才人，这三个等级人数均为九人，合在一起统称二十七世妇；

4. 正六品为宝林，正七品为御女，正八品为彩女，这三个品级的人数均为二十七人，合称八十一御妻。

根据品级的不同，各级宫妃享受的待遇也不同。第一等的夫人是除皇后之外最高等级的人，相当于宰相级别的人，服侍她们的人包括数目庞大的随侍女官，宫女，针凿妇，杂役等等，加上负责后宫炊事用度的宫女，

比一个宰相府的人还要多。

另外，还有一些工作是宫女们不能胜任的，于是就出现了由太监们充当劳力的如下机构：

1. 掖庭局：主要负责掌握后宫簿籍。

2. 奚宫局：负责管理后宫的疾病以及死亡。

3. 内仆局：这个机构比较有趣，主要负责后宫的照明系统，当时的照明用具是蜡烛，所以他们就负责管蜡。

4. 宫闱局：这个是最忙的部门，事无巨细，全要操心，包括有掌扇、给使等等职务。

5. 内宫局：类似于现在的财务部门，负责仓库及出纳。

除了这五大局外，为了把这些美女们养得白白胖胖的，皇宫里还设置了内侍省，共有内侍（长官）四人，内常侍六人，内谒者，监六人，内给事八人，谒者十二人，典引十八人，寺伯二人及寺人二人。他们作为太监的管理机构，负责培训、考核宦官，保证向后妃们提供一流的服务。

太监宫女们伺候后妃，后妃则伺候皇帝。她们的伺候时间集中在晚上，为了体现人人有份，又兼顾尊卑有别，皇帝每月的夜生活安排是按照月亮的阴晴圆缺来安排的。

每个月的前十五天，月亮越来越圆，而后十五天则渐渐变缺，初一到十五就由地位低的御妻一直轮到最高的皇后，而十六到月底前则反过来由地位高的轮到低的。其中，皇后的福气最好，可以在十五、十六独占皇帝两天。而数量最多的八十一个御妻只能在每月二十二到三十的这九天里，每九个人共同伺候皇帝一夜。

可怜的皇帝们白天忙政务，晚上忙御妇，一夜九人，而且要连续九天，那种痛苦是常人很难体会的。不过这也正体现了唐朝的人性化，皇帝可以根据自己的喜好，随意翻牌子，如果他看不上的女人，一辈子都等不到见面的一天。

唐朝公主为何不受欢迎

唐朝的文成公主

在唐朝，男人们对于担任驸马这件事情，不但不羡慕，大多数还非常排斥，比如有名的戏曲《醉打金枝》，就是说的唐朝时期的事情。然而，何以唐人都畏惧娶公主为妻？这是有几个原因造成的：

1. 公主下嫁后设有公主府，驸马不过是府内的附庸。

一般而言，在唐朝，普通的公主封邑是千户，有时恩宠高的公主还可封到一千四百户。所谓封邑的户数，实际上就是中央政府将这些户数的赋税，都送给公主花费，所以公主等于是有薪俸的，她拿的是政府丰厚的津贴。

此外，公主设有公主府，公主府里面有邑臣，也就是她有下属官吏归她指挥。根据《唐六典》记载："公主府有令一人，从七品下；丞一人，从八品下；录事一人，从九品下。公主邑司官，各掌主家财货出入、田园征封之事，其制度皆隶宗正焉。"

皇帝在公主出嫁时还会赐给奴仆，这些奴仆人数数量不受限制，所以公主下嫁有很多陪嫁的仆人与财货。此外，公主下嫁，皇帝必定会为公主盖一间新宅第，这些新宅第有些是觅地新建，也些则根本就将驸马原先旧家拆了重建，所以公主下嫁，嫁妆非常丰渥。

公主下嫁是带了大量的财产与官吏、官署、仆人一起进门，所以做驸马的人住的房子就住在公主府里，公主府的一切财富，官吏、奴仆，都是属于公主，由公主直接指挥，所以驸马在公主府中的地位类似附庸般，完全没有主权。

如果公主死亡，驸马尚要为公主守三年丧，而唐代毕竟还是个以男性为中心的社会，驸马在家中似乎缺少男性的尊严。所以做驸马的人心中内心感受，多半不愉快。

2. 唐朝的公主多半品德有问题。

据记载，唐朝的大多数公主的品德都有问题。如唐宣宗想把永福公主嫁给于琮，后来宣宗发现永福公主品行不佳，于是婚事作罢，也就是宣宗自己把婚约收回了。

公主出嫁后的败德之事甚多，譬如高祖的女儿永嘉公主嫁给了窦奉节，却跟有妇之夫杨豫之淫乱私通。唐太宗女儿合浦公主嫁给了房遗爱，房遗爱就是太宗亲信重臣房玄龄之子，双方家族都是当时有头有脸的人物，但合浦公主竟偷偷和一位叫辩机的和尚私通。

唐中宗女儿安乐公主嫁给了武三思之子武崇训，却又跟武崇训的堂兄弟武延秀淫乱，她还曾当着上官婉儿的面脱去武延秀的下裳高谈阔论，荒唐行径十分嚣张。

3. 当了驸马反而不容易升官。

一个男人娶了公主以后，便有了"驸马都尉"的官衔，于是简称为驸马。一般来说，驸马与公主结婚后，都会立刻加上一个"三品员外官"的官衔。在唐朝，三品是很高的职阶，唐朝的宰相，一般都是三品官，因为按唐朝惯例，除非真的如郭子仪般立过天大功劳，否则一、二品的高官官阶，是不会轻易颁赐给官员的，所以可说三品官已是唐代的最高官阶。

但是"三品员外官"则不然，所谓"员外官"，是指原缺以外的官，也就是正式编制以外的官，只是个编制外的虚衔，不是个正式的官。唐玄宗以后，员外官又改称为"检校官"，

凡是任何一个官位，哪怕是上至宰相的大官，只要是加上“检校”两字衔头，就根本只是一个虚衔空位而已，即令是检校宰相，一样没实权、没薪俸，也不能去任何单位上班。

所以驸马虽然有官衔，但也只是个虚的官衔而已，根本不能算正式官吏。当然，如果皇帝对某位驸马有恩赏或有意提拔的话，他仍可以当正式的占缺官员。

4. 家庭礼仪的问题。

公主是皇帝的女儿，身分尊贵，所以下嫁以后，常常不肯用当时家庭礼仪来跟公公婆婆行家礼，反而要公公婆婆跟她行君臣之礼，也就是要公公婆婆来拜见媳妇，这实在违反家庭伦理的礼仪。

唐太宗的女儿南平公主嫁给宰相王珪的儿子王敬直，王珪便说：“当今皇上（指唐太宗）是位有道明君，皇上向来遵守法度，所以我也要让我家公主媳妇遵守家庭礼仪，我想皇上不但不会罪怪我，反而会认为我这样做，是为了成全国家礼仪啊！”于是王珪要公主按媳妇礼仪拜见自己，当然也接受了公主的拜见。但这在当时，不过是件例外，因为在王珪以前，公主媳妇向来是不拜公公婆婆的，所以太宗听到这件事情后也非常高兴，下令说：以后公主都要拜见公公婆婆。

然而事实上，公主下嫁后，对公公婆婆仍旧不肯拜见。唐高宗显庆二年（657）时，曾下诏书说：公主下嫁后仍需要拜见公公婆婆。可见太宗以后到高宗此时为止，做人家媳妇的公主，仍照样不拜见公公婆婆，所以高宗才必须下诏再特意强调一次。但这次诏书也未必发生功能，因为到唐德宗建中元年（780）时又再下一次命令说：“按旧例都是公公婆婆拜见公主，而公主媳妇也不回礼，所以朕希望礼官们能制订相关的拜见礼仪。”

此后，还是有好几位皇帝下过类似诏书。一直到唐宣宗大中三年（849）万寿公主出嫁，宣宗还特别告诫万寿公主要守做媳妇的礼仪去拜见公公婆婆，可见当时公主媳妇不拜见公公婆婆实在是很普遍的现象。公主自恃是皇帝的女儿，身分尊贵，所以，对公公婆婆常视之为“臣”，而自视为“君”的家族成员，这种心态常会让公公婆婆跟驸马造成一种委屈感。

郭子仪的儿子郭暧娶了升平公主，有一年，郭子仪生日，他的儿子、女儿、媳妇全都去拜寿，但唯独升平公主不肯去。郭暧见状就很生气，督促升平公主快点动身，升平公主就生气说：“我是君，他是臣，哪有君跟臣拜寿的道理？”就硬是不去。

郭暧就更生气地说：“连皇太子都跟我父亲去拜寿了，你身为媳妇，为什么不去？”然而升平公主仍旧是不肯去，于是郭暧盛怒下，就打了升平公主一巴掌。

升平公主平时骄蛮惯了，受不了这种气，就哭哭啼啼地跑去跟皇帝父亲告状，此时郭子仪听了这消息，吓了一大跳，顾不得满是前来拜寿的贺

客临门，就绑着郭暧，送进宫中求见唐代宗，要儿子向唐代宗认罪道歉。

唐代宗在这件事的处理上还是很得体的，他笑着安慰郭子仪说："两口子哪有不吵架的呢？我们做长辈的不装聋作哑，怎么互相当亲家呢？"还安慰郭家父子，没有对郭家父子追究。

以郭暧的例子看来，又有哪个家族愿意娶公主为媳妇呢？这种媳妇若进了门，那真成了家中的老祖宗老佛爷了，所以谁家愿意娶公主为媳妇呢？

唐代宫女的归宿

据《隋书》中载，隋炀帝时，宫女人数竟有十万之众。唐朝初建，国力贫乏，为了安抚人心、节省开支，唐高祖李渊曾下诏放出部分宫女，任由其嫁人，一次性放出宫女三千多人。到了唐太宗时，后宫的宫女仍有数万之多。唐玄宗时，宫女的数量曾达六万之众。唐代其他时期的宫女数量最少也在万人以上。宫女的人数如此庞大，那么她们的归宿是怎样的呢？

宫女的生活范围被局限在长安宫城的"掖庭"中，除非有特殊任务或者不再当宫女，否则她们不能踏出宫门半步。大部分的宫女都在宫中日复一日的辛苦劳作中逐渐老去，"入时十六今六十"，待到青春逝去、娇颜不再，她们便只能在尼姑庵中与古卷青灯共度余生，或被发配到帝王陵寝侍奉先王，了此残生。

不过，唐代也常有"出宫女"的情况，遇到水旱等自然灾害或者新皇帝即位，常会放出部分宫女。唐代妇女史专家焦杰说："放宫女依皇帝的个人喜好而定，皇帝个人如果同情宫女，就会放得比较多。比如唐高祖和唐太宗时期放得就比较多，玄宗时期放得就比较少。"

有些被放出宫的宫女也得到了自己的幸福。唐代后期的一个秋天，年轻的诗人卢渥赴长安应举，一天，他来到御沟边散步，无意间看见水上漂来一片红叶，捞起之后，发现上面题有一首五言绝句："水流何太急，深宫尽日闲。殷勤谢红叶，好去到人间。"他一时好奇就将红叶放入箱中妥善保存。多年后，唐宣宗即位，放出了部分宫女。卢渥也娶到了这样一位宫女。一天，那位宫女无意中看到了卢渥收藏的这片红叶，不禁感叹不已："当年我偶然题诗于叶，谁料想竟然被卢郎收藏。"大家起初并不相信，于是取来笔墨检验笔迹，竟和红叶上的一般无二。这就是著名的"红叶题诗"的故事。然而，这样千年难遇的佳缘必竟太少。

被放出的宫女有些嫁人，有些回家奉养父母，还有很多无家可归，便流落民间，过着飘零无依的生活。焦杰副教授说，唐代很多出宫的宫女后来都沦为有钱人的"别宅妇"，就是被人包养了，在唐代的法律中属于通奸，是违法的，捉住了要判刑。

然而，她们还算是得到了自由。大多数宫女一旦进宫便再未踏出宫门半步，在宫中终其一生，待到香消玉殒之时，便被埋葬在被称为“野狐落”、“宫人斜”的宫女墓地，寂寂无人闻。

灭绝人性的明朝“朝天女”殉葬

明朝的"朝天女"殉葬图

洪武二十八年（1395）朱元璋的次子秦王朱樉死后，朱元璋就命朱樉的两名王妃殉葬，以陪伴自己躺在地下孤独的儿子。

洪武三十一年（1398），朱元璋死后，他的孙子朱允炆继位，朱允炆遵遗诏、依古制，凡没有生育过的后宫嫔妃，皆令殉葬。但是当时场面混乱，加上负责此事的官员出于某种不可告人的目的，就是已经生育过的妃嫔，也有不少在陪葬之列。这些殉葬的妃嫔都被叫做“朝天女”。

朱元璋死后，那些没有生育的妃子，都得到了上面的命令，要上吊自杀。殉葬那天，所有被列入殉葬名单的宫女和妃嫔都被集中到一个屋子。这个屋子里安放了一把把太师椅，每个太师椅的上方都悬挂着七尺白绫。

宫女妃嫔们在侍臣和太监的逼迫下，无奈地站到太师椅上，然后将自己的头伸进了那早已系好的套扣……当然，有的宫女会被这样的场面吓呆了，颤抖地坐在了地上，这个时候那些太监都开始发挥他们的作用，他们几个人扶持着，强行把宫女扶上太师椅，然后把那个套扣套在了宫女的头上，随后搬走了椅子。

这种残忍的殉葬制度，一直到明代第六位皇帝明英宗才终止。虽然明英宗生前没什么大杰作，但他死前，下了一道遗诏：不要妃嫔殉葬了。这给明英宗的一生画上了美妙的句号。”

不过，明英宗只是让皇帝的嫔妃不用陪葬了，他以后的皇帝，还是有很多宫女甚至太监陪葬的。当时，皇帝入葬后，宫人（包括宫女和太监）就手端着果盘、珍珠、玛瑙以及金银宝贝往陵宫里送，也许是意识到生命危险，宫人们拼命往外走，但这时候，陵寝已经开始封门了，不管宫人们怎么挣扎，都将被活活闭死在古墓内。

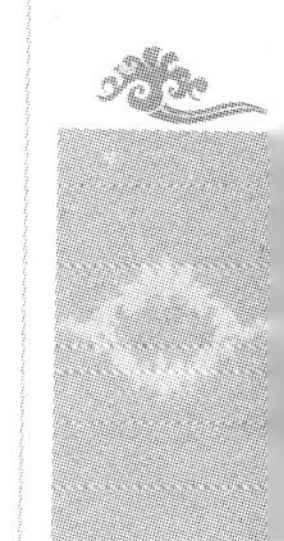

明代公主下嫁奇闻

明朝壁画

明朝一代的驸马爷绝大多数都是民间男子，在国家政治中地位不高。如今我们常常说一个女孩嫁给了条件不如自己的男子，叫“下嫁”，不过，整个中国历史上，最有资格称得上是“下嫁”的，就是明代皇室的公主们。这些公主出于帝王之家，贵为金枝玉叶，其老公却几乎全是平民百姓。

原来，明朝的皇帝非常忌讳外戚干政，担心大臣武将用子女联姻的手段来干预朝政。所以明代皇室有规定，大凡公主的婚配，多选择民间英俊善良的男子，不许文武大臣的子弟娶公主为妻。所以，有明一代，皇家公主的婆婆家往往都是寒门之辈，在政治上没有多大的地位，也就不会通过联姻的方式来施加影响力。所以从朱元璋到崇祯皇帝，虽然宦官干政的危险没有消除，在特定的年代还非常剧烈，但外戚干政倒是有效地避免了。

明代皇室的公主是分等级的，皇帝的姑姑叫“大长公主”，皇帝的姐妹叫“长公主”，皇帝的女儿叫“公主”，皇家亲王的女儿叫“郡主”；亲王的外孙女叫“县主”。这些大长公主、长公主、公主、郡主、县主，都是皇家的金枝玉叶，掌上明珠，对她们的婚嫁，皇家自然都极其重视，无不是千挑百选，风光大嫁。

于是民间男子争当驸马爷，成为明代一道独特的风景。由于官府和民间脱离，皇家又高高在上，如何了解驸马爷，如何挑选驸马爷，成了一个大难题。那个时候，只能靠口碑相传和别人的推荐。驸马爷的好坏高低、品性如何，也就完全凭一张嘴而已。离皇帝最近的莫过于宦官，于是为公主牵线搭桥的人，大多都是宦官。遇到道德品质良好的宦官，他自然会尽心尽力地为公主挑选一个称心如意的驸马。倘若遇到一个唯利是图的小人，自然会从中以权谋私，这样就给民间骗婚之辈留下了一个出口。

于是，明代有众多民间男子通过贿赂宦官近臣，向皇室骗婚，诈娶公主，谋求富贵。这种事在明代简直是层出不穷，堪称一个历史奇闻。

明弘治八年（1495），民间有个大款叫袁相，他向内宫太监李广大肆贿赂，目的就是请李广帮自己娶到一位公主，让自己可以攀龙附凤。明朝

皇室有规定，公主选驸马，大多由太监、女官来负责。所以李广便利用各种机会，极力向弘治皇帝推荐袁相，对其大肆吹捧，漂亮话可算是说尽了。

弘治皇帝信任李广，便同意招袁相为女婿。袁相如愿以偿，成为准驸马，他家里上上下下也是欢腾不已、兴高采烈。弘治皇帝还亲自召见了袁相，感觉还可以，便和袁相的父母约定了大婚的日期。

不料此时，突然有人告发了李广和袁相的骗婚阴谋。弘治皇帝立刻派人调查，经查明，李广接受了袁相许多的贿赂，而坊间对袁相的评价并不是高，远远不是李广说得那么好，这下子，弘治皇帝恍然大悟，不由龙颜大怒。

可是袁相和德清公主早已经定好了婚期，从风俗习惯上已经是铁板钉钉，不容更改。但弘治皇帝怎么能容忍把女儿嫁给一个骗子呢？于是他逆势而为，推翻了婚期，下一道圣旨废了袁相的驸马名号，另选了新的驸马给自己的女儿。

袁相骗婚功亏一篑，让弘治皇帝惊出一身冷汗。弘治皇帝虚惊一场，好在德清公主完好无损，终没吃骗子的亏。

万历十年（1582）时，万历皇帝的亲妹妹永宁公主要选驸马。风声一出举国震动，民间众多有钱有势的男子蠢蠢欲动。

北京城有个姓梁的富豪，认定这是个攀龙附凤的机会，便使尽手段贿赂大太监冯保，让梁家子弟梁邦瑞参与驸马的海选。有钱能使鬼推磨，经过重重审查，梁邦瑞在大太监冯保的运作之下果然中选。可实际上，这个梁邦瑞早已重疾在身，病入膏肓了。

大婚的时候，这个梁邦瑞就出了一个大漏子，在婚礼现场大流鼻血，连婚袍都被染红了。可是收受了梁家大肆贿赂的太监们，眼见事情要败露，急中生智，便撒谎说道，大婚见红乃是吉祥事。于是众人一通连骗带哄，硬是把大明帝国的永宁公主推进了梁家大门。

梁邦瑞已经病入膏肓，自然无法行人伦之事，永宁公主到了此时才知被太监们骗了，但悔之晚矣，终日以泪洗面。新婚刚满一个月，这位梁驸马便一病呜呼了，永宁公主寡居了数年之后也抑郁而死。

明清皇后的出嫁过程

明清时期的皇后的洞房之路并非容易，必须经过“六礼”的海选才能迎娶进入皇帝后宫的洞房，也就是坤宁宫。所谓“六礼”始于周代。《礼记·王制》，以“冠、婚、丧、祭、乡、相见”为“六礼”。其中的“冠”，为“成年礼”；没到成年，没举行过“成年礼”，就结婚，那就是“非礼”。《礼记》、《唐律》、《明律》规定，六礼屡纳采、问名、纳吉、纳

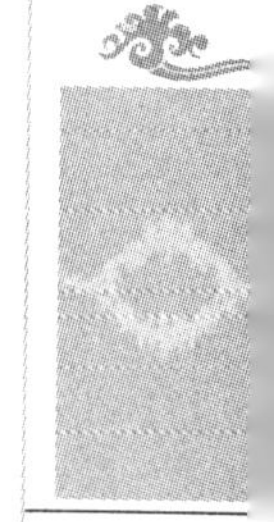

征、告期、亲迎。即使是九五至尊的皇帝，也不免要受到“六礼”的约束。

明朝画

1. 纳采

纳采即送礼、议婚，请媒人去探探口风、虚实。古人认为，大雁“夫唱妇随”，感情专一，值得学习；因此，纳采时拿一只大雁作见面礼。明清时期，见面礼可就丰盛了，互相攀比，再也不能光拿只大雁去蒙事儿了。

2. 问名

问名就是举行一个仪式，询问对方的姓名、出生日期，看看“命相”是否合适。到了纳采、问名这一天，礼部官员拟定了礼仪程序和规范，又和一大帮太监、宫女，忙前忙后，布置典礼会场。按“常仪”，陈设仪仗于乾清门外，设女乐于乾清宫丹陛上。乾清宫正殿内，临时设置两张桌子，铺上杏黄色缎子桌布，一桌上面放“节”，另一桌上面放“问名”诏书。准备送往候选皇后家中的礼物，也一水儿展示在光天化日之下。

3. 纳吉、纳正

大婚的礼仪，皇室成员、朝廷命官也难得一见。钦天监的官员报告说吉时已到，皇帝需在内大臣、侍卫、太监簇拥下，隆重登场，在乐曲声中步入乾清宫正殿，升座。王公大臣伏地叩拜，高呼万岁。宣制官奉诏书，站在东侧丹陛上，高声宣诏，任命正、副二天使，去钱尚书家纳采，问名。乐曲声中，两位天使奉节、奉诏。礼成，皇帝退朝。

正使持节，副使捧问名诏书；仪仗队、鼓乐队在前开路，送礼官员跟在二使后头，自乾清宫出发，吹吹打打、浩浩荡荡地奔向候选皇后的府邸。

候选嫔妃的父亲要在大门口跪接天使，奉旨，接受礼品，谢恩。就事儿举行问名仪式，把写着女儿姓名、简历、生辰八字儿等项内容的“表”，呈交天使。礼毕后，盛宴招待天使。

盛宴结束，天使率队回紫禁城。进午门，在太和门外打住，将“节”和“表”，交给司礼监太监，就算圆满完成了任务。司礼监太监持节、表，到乾清宫复“皇命”。

皇室择日为皇帝举行隆重的“上中礼”，即《周礼·王制》所说的“冠”礼。皇帝在“上中礼”上，带上了一种名为“通天冠”的帽子。这

样一来，他就可以是成人了。太皇太后、皇太后等皇室长辈，临场观礼；王公大臣三跪九叩，表示热烈祝贺。礼成，皇帝要去祭祖，再到太皇太后、皇太后的寝宫，跪谢养育之恩。

小皇帝行过“上中礼”之后，按钦天监选下的吉日、吉时，行纳吉、纳征礼。

说到纳吉之礼，说白了，就是算一卦，即古人为结亲的事儿占卜吉凶。如果是“吉兆”，生辰八字儿又合适，就请媒人携带礼品去订婚。而纳征之礼，就是送订婚礼品。古人云：“男女无媒不交，无币不见。”因此，纳征又叫作“纳币”。币，是古人用作订婚礼物的玉或帛类丝织品。

行纳吉、纳征之礼，宫中仍要举行相应的仪式，派天使持节，带着礼物和有关文件，前往候选皇后家中，宣读圣旨，送上彩礼。经过纳吉和纳征，这门“皇亲”就算攀定了。按照明清两朝皇室传统定例，一旦订了婚，候选皇后就是皇家的人了。清末，内务府大臣庆善的女儿阿元，与慈禧太后娘家大侄儿订了婚，万事俱备，只等举行婚礼了。就在这个节骨眼上，太后的大侄儿死了。然而，阿元已经是叶赫那拉家的人了，终生不得再谈婚论嫁。刚满十八岁的黄花闺女，就被人称作“元大奶奶”。到她满 20 岁的时候，还要“名副其实”的嫁过去。

至于告期，就是把结婚的日期，通知后选皇后的家庭。至此，大婚的序曲唱完。真正的大戏，在亲迎那天上演。

4. 亲迎

亲迎这天，小皇帝要按照钦天监认定的“吉时”进行，他先去祭祖、拜太皇太后和皇太后。然后，在乐曲声中御太和殿。迎亲和册立皇后用的节、证书、金印，等等，放在大殿内临时设置的桌子上。小皇帝走过去，装模作样地查看一遍，才可以升座。

皇宫中到处张灯结彩。各主要宫殿，都备足了鞭炮、红色烫金双喜字儿大蜡烛。御路上都铺了红毡子。中和韶乐设在太和殿前，丹陛大乐设在太和门内。法驾卤簿陈设在太和殿丹陛及庭院内。皇后仪仗陈设在午门之外，其中有一顶皇后礼舆，外面的杏黄色缎子帷幔上，用金线绣着大凤凰。“女乐”分设在乾清宫后面和交泰殿前面。王公大臣喜气洋洋地站在太和殿丹陛上和太和殿庭院中。静鞭三响，在鼓乐声中，王公大臣向皇帝行“三跪九叩”礼，“万岁”之声，地动山摇。礼毕，乐止，礼部尚书奉金册、金宝，宣读册文、宝文；然后，把节、册、宝授予迎亲使者。王公大臣再拜。朱祁镇在乐曲声中，起驾回乾清宫，静候佳妇。

迎亲使者把金册、金宝放到“龙亭”里。仪仗队、鼓乐队在前，迎亲使者居中，后面跟着迎亲官员、太监、侍卫，出午门，会同皇后仪仗，抬上大批的礼品，直奔候选皇后的府邸。一行人马，花花绿绿，绵延数里，绝

对是难得一见的“靓丽的风景线”。沿途观者如潮，尾随始终者也大有人在。

候选皇后的家中自纳采、纳吉、告期以来，全府总动员，上上下下，谁都不能闲着，整修宅院，大搞环境卫生，阖府内外，要光彩夺目；举家老小，要置办里外三新的行头，还要张灯结彩，张罗喜筵，广泛散发“喜帖”。

5. 化妆

为新娘子化妆，也是候选皇后家中的大事。先要给新娘子沐浴一两个时辰，然后，反复地用以绿豆粉为主要原料制成的护肤剂、西域香水，揉面擦身；再用蜂蜜、玫瑰花瓣等原料制成的洗面奶涂面，用朝廷大臣都难得一见的高级纸膜，轻轻地擦拭；又用羊脂、白色素馨香等原料制成的护肤霜，反复涂抹。最后一道工序是，在脸上扑香粉，画眼线，涂眼影，描青眉，抹红唇；再在两个脸蛋子上，鼓捣出两块“颊红”来。

至于发式，当然要按“典籍”中规定的几种样子，选择处理。那是有“级别”的，整得像妃子、贵妃，那就糟了。不管是浪漫的“飞天髻”，还是新颖的“朝天髻”，既要考虑带凤冠的方便，又要脸型美观。两绺鬓发，无论如何也要“自然下垂”，有如飘逸的蝉翼。

6. 大礼

随着亲迎的鼓乐声越来越近，候选皇后的全家老少，要在大门口跪接迎亲队伍。迎亲使者高声宣诏。鼓乐声中，锦衣卫轿夫把皇后礼舆、龙亭，抬入前院，再由太监抬到后院的“绣楼”前，按钦天监官员指定的“吉利方位”停放。新人要着全身礼服，戴凤冠霞帔，闪亮出场，跪受金册、金宝，回“楼”等待吉时。

吉时一到，候选皇后升舆启驾。大队人马经前门，沿御路，过大明门，入天安门、端门，到午门，城楼上钟鼓齐鸣。队伍从午门正中门洞进入紫禁城，经太和门，到乾清门。皇后仪仗入乾清门，太监、宫女列队夹道，鼓掌“热烈欢迎”。在丹陛下，迎亲使者还节复命。鼓乐声中，礼部官员奉皇后金册、金宝，交有关人等陈列于乾清宫后面的交泰殿。新娘子坐的礼舆，由诰命夫人、女官、宫女，或引，或抬，或扶，或随，送到坤宁宫的“洞房”去拜天地，行大礼，候选皇后也就成为了母仪天下的正式皇后了。

7. 合卺

这时合卺宴开始。卺即“瓢”，古时，把一只葫芦剖成两个瓢，新郎新娘各执其一，喝交杯酒，取“合二而一”之意。看来，古人早就意识到“男人的一半是女人”。然而，俗话又说：按下葫芦起来瓢。这东西似乎不大吉利，后来人们多用杯子喝交杯酒。明末时期，帝后有了特制的“青玉合卺杯”，也就是两只连体圆筒杯，高

约七十五厘米，外侧有凸雕、镂空的龙凤呈祥。这只专用合卺杯，现存故宫博物院。是国家二级文物。

8. 洞房

礼毕后，小皇后和小皇帝在坤宁宫里相对而坐。小皇后斟酒一杯，递给小皇帝；小皇帝抿一口，交给小皇后，小皇后一饮而尽。新郎斟一杯酒，交给新娘；新娘抿一口，还给新郎，新郎一口喝干。交杯酒喝完了，小皇后名分既定，也就开始在坤宁宫定居下来。

但到了清代晚期，坤宁宫不再是皇后的寝宫，只在东暖阁入“洞房”。大婚礼仪与明代大同小异。据《清史稿》记载，同治皇帝载淳大婚，“纳采、大征、发册、奉迎，悉遵成式。”有的史料说，光绪皇帝载湉大婚的程序为：纳采礼，大征礼，册立礼，奉迎礼，合卺礼，庆贺礼，赐宴。

清朝宫廷是如何选美的

清代皇帝在选后妃方面，创立了具有自己特点的“选秀女制度”。现在，我们来看一下，它的独特之处。

皇帝的后妃要从旗籍女子中挑选，被选中的八旗秀女，有的可能要配给皇帝的近支宗亲。并规定每三年在固定的八旗内部选一次秀女。选择作为后妃的秀女有严密的定制。秀女一般从满、蒙八旗中遴选凡年龄在13至16岁，身体健康无残疾的旗籍女子。

秀女年满13岁称“及岁”，超过16岁称“逾岁”。“逾岁”者一般不再参加挑选如因故未能阅选者，则必须参加下届阅选，否则虽至二十余岁亦不能出嫁，违者将受惩处。凡应选的旗女，在未阅前私自与他人结婚者，也将由该旗都统参查治罪。即使的确残疾不堪备选者，亦须各旗层层具结，呈报本旗都统，然后由都统咨行户部上奏皇帝，才能免选。

选中记名的秀女，在记名期内（一般为五年）不许私相聘嫁，违者上至都统、副都统、参领、佐领，下至旗长及本人父母，都要受到一定的处分。选中留牌子的秀女久不复选，而记名期已过，那么，这样的女子只得终身不嫁了。

选秀女由户部主办。届时，由户部行文八旗各都统衙门、直隶各省驻防八旗及外任旗员，将适龄备选女子呈报备案。每届入选日期，均由户部奏准，然后通知各旗，具备清册，准备入选引看之日，秀女们都在神武门下车，按顺序排列，由太监引入顺贞门，让帝后们选看。选看地点各朝不尽相同。

清朝除秀女外，也选宫女，有的宫女入宫以后，还可晋封为内廷主位。宫女指在宫中供役使的女子。宫女的上层，为宫中女官。历代宫女也都要经过挑选才能入内廷服役，如汉朝的

家人子、采女等，都是从民间采选而后入宫的。明代挑选宫女皆奉钦命而行。

宫女是在内务府包衣、佐领下的女儿中，每年引选一次，由内务府会计司主办。她们在宫中的地位无法和秀女相比，主要是供内廷各宫主位役使。清代选宫女的具体做法与选秀女大体相同。在民间广选美女，以充实后宫，对平民百姓而言，完全是一种虐政。13岁以上的女子大都被禁止结婚，居家待选，而有的女子甚至终生独守空房不能结婚。而女孩子们一旦被选中，就意味着骨肉分离，一入深宫，不知几时才能与家人相见。

所以，选入宫廷的美女绝非升入天堂，极少数人固然可成为后妃，似乎一步登天，但绝大多数孩子都是没有这种机会的，况且后妃之间为争宠而明争暗斗，不少人为之心怀杀机，高贵富丽的宫廷中，其实处处是陷阱，一不小心，便有不测之祸，这绝对是对嫔妃和宫女们的身心双重的摧残。

参考资料

1. 张淑娟 编著，《中国历史上的十大女性传奇》，中国致公出版社，2008 年 1 月出版。
2. 倪方六 著，《你不知道的历史真相——帝王秘事》，湖北人民出版社，2009 年 1 月出版。
3. 解语 著，《清宫宛妃传》上，中国友谊出版公司，2007 年 11 月出版。
4. 纳兰秋 著，《疯狂的玫瑰——历代后妃的争权夺爱之路》，广西人民出版社，2009 年 9 月出版。
5. （清）褚人获 编撰，《隋唐演义》，长春出版社，2008 年 1 月出版。
6. 易中天 著，《易中天读史》（全四册）上海文艺出版社，2007 年 8 月出版。
7. 向斯 著，《皇帝的风华雪月》，文化艺术出版社，2006 年 1 月出版。
8. 匪我思存 著，《冷月如霜》，新世界出版社，2007 年 10 月出版。
9. 王立群 著，《王立群读《史记》之汉武帝》，长江文艺出版社，2007 年 4 月出版。
10. 宋晓明 著，《解密大清皇宫》，中国华侨出版社，2008 年 3 月出版。
11. 熊肖春 著，《凋落的红颜/中国历代后妃往事》，农村读物出版社，2006 年 10 月出版。
12. 沐非 著，《宸宫》（上下册），朝华出版社，2008 年 4 月出版。
13. 陈存仁 著，《被阉割的文明》，广西师范大学出版社，2008 年 1 月出版。
14. 紫百合 著，《唐宫外传》，重庆出版社，2008 年 2 月出版。
15. 向斯 著，《后宫的金枝玉叶》，华艺出版社，2003 年 9 月出版。
16. 君子心 著，《读史做女人》，华文出版社，2008 年 9 月出版。
17. 蒙曼 著，《蒙曼说唐：武则天》，广西师范大学出版社，2008 年 1 月出版。
18. 煌瑛 著，《一年天下》，朝华出版社，2007 年 10 月出版。
19. 陈靖宇 编著，《大清后宫秘史》，中国华侨出版社，2007 年 8 月出版。
20. 许啸天 著，《细说明宫十六朝》，陕西师范大学出版社，2005 年 5 月出版。
21. 文欢 主编，《历史不忍细看》，河南文艺出版社，2007 年 7 月出版。

22. 上官丰 编，《禁宫探秘》，新世界出版社，2005 年 1 月出版。
23. 金人 等著，《中国宫闱秘史》，团结出版社，1997 年 7 月出版。
24. 张宏杰 著，《中国皇帝的五种命运》，山西人民出版社发行部，2007 年 1 月出版。
25. 高阳 著，《明朝的皇帝》，广西师范大学出版社，2006 年 1 月出版。
26. 卫道存 著，《最厉害的皇帝：刘邦》，作家出版社，2009 年 1 月出版。
27. 程维 著，《皇帝那些事：沉重的逍遥》，江西人民出版社，2009 年 7 月出版。
28. 张秀枫 主编，《历史非一本正经》，远方出版社，2009 年 2 月出版。
29. 王镜轮 著，《皇帝的宫禁游乐——宫廷生活丛书》，文化艺术出版社，2006 年 3 月出版。
30. 押沙龙 著，《出轨的王朝》，鹭江出版社，2007 年 4 月出版。
32. 渔樵耕读 编著《这样读史更有趣》，中国城市出版社，2007 年 5 月出版。
33. 徐广源 著，《正说清朝十二后妃》，中华书局出版社 2005 年 8 月出版。
34. 李天晴 著，《后宫之绝色倾城》，花山文艺出版社，2007 年 6 月出版。
35. 罗杰 著，《历史罪：不忍细读的史案真相》，辽宁教育出版社，2009 年 4 月出版。
38. 赵玫 著，《唐宫女性三部曲：武则天》，长江文艺出版社，2007 年 2 月出版。

后　记

在中国古代史上，生活在皇宫里的人绝对是一个非常特殊的群体，在外界人看来，里面的人高高在上，又神秘无比，女人们挤破脑袋往里钻，男人们不惜自宫往里跳，皇宫的大门仿佛就是一扇“龙门”，只要跳进去，便从鲤鱼变成了龙，实现了脱胎换骨，一步登天。

而编写本书时，在那万重宫阙中，在那高高的城墙之内，编者看到的却多是血泪、幽怨、控诉、哀号，华丽的衣装里裹着的也许是一颗绝望的心，美艳的面庞或许刚以泪洗过，而幸福、平静、恬然，仿佛从来就与她们无缘，呜呼，谁羡皇家多高贵，岂知深宫不胜寒？

编写完本书，兀自对后宫佳丽掬一把同情，帝王们只知芙蓉帐暖度春宵，不知胭脂泪冷湿孤枕。因一人之享受，而储万人于深宫；因一人之快乐，而造众人之苦怨。但那些欲取富贵、得权势之家，明知宫门深似海，仍争先恐后地将女儿送往其中，岂不可气可悲可叹哉？

佳丽既多，万紫千红，必争奇斗艳；帝王常稀，资源紧缺，必致其争宠夺爱。于是后宫之中，在奢靡的享受，肆意的挥霍，无度的淫乱背后，女人们也在争名夺利，争雄斗狠，有谋权夺位的阴险，有屠戮杀伐的血腥。

本书也是一本中国古代后宫史，遍观本书，也等于在细究皇宫中的一切，好在后宫史也不是血泪史，后宫中的情况其实也直接反映了当时朝廷的情况，乃至天下的情况。在一个王朝建立初期，国家振兴，后宫之中也是一派祥瑞，而若帝王贤能，后妃贤惠，国家也能振奋富强，如成康之治、文景之治、光武中兴、明章之治、开皇之治、贞观之治、开元盛世、仁宗盛世、康乾盛世这些时代，天下政通人和，后宫之中也风和日丽，特别是东汉光武一朝，刘秀于乱世中拨乱反正，使天下迅速大治，让人称赞，而后宫之中人人躬行仁义，没有行奸谋私之行，可为万世垂范，而刘秀与阴丽华的爱情，也圆满地让人羡慕。

而若西汉之末世，赵飞燕姐妹专宠后宫为己谋私，而汉祚微；晋朝初兴之节，杨艳为一人之欲致八王之乱，而晋室衰；开元全盛之时，玉环一入昭阳殿，明皇从此不早朝，安史之乱

狼烟起，唐朝一蹶不复振。此后宫之乱政，怎不让人唏嘘悲叹？

还好，历史有悲亦有喜，漫览千古事，闲评帝王家，看完本书，您是否有着和我一样的感受呢？

最后，特别感谢李霞、刘志伟、何江华、张明、陈海燕、蒋立、吴维、蒋焱兰等人在本书编撰过程中提供的资料和信息资料考证等方面的帮助。书中或许有疏漏和失误之处，还望读者朋友能给予批评指正，同时也感谢读者朋友们对此书的关注！